별별 교사들

별도의 표시가 없는 한 교육공동체 벗이 생산한 저작물은 크리에이티브 커먼즈
[저작자표시-비영리-변경금지 4.0 국제 라이선스]에 따라 이용하실 수 있습니다.
http://creativecommons.org/licenses/by-nc-nd/4.0

별별 교사들
다양성으로 학교를 숨 쉬게 하는 교사들의 이야기

ⓒ 이윤승 외, 2023

2023년 5월 15일 처음 펴냄
2024년 12월 23일 초판 3쇄 찍음

글쓴이 | 이윤승, 김헌용, 선영, 애리, 유랑, 조원배, 함께 걷는 바람, 진냥, 김은지
편집부장 | 이진주
기획·편집 | 서경, 공현
출판자문위원 | 이상대, 박진환
디자인 | 이수정, 박대성
제작 | 세종 PNP

펴낸이 | 김기언
펴낸곳 | 교육공동체 벗
사무국 | 최승훈, 이진주, 설원민, 서경, 공현
출판등록 | 제2011-000022호(2011년 1월 14일)
주소 | (03971) 서울시 마포구 성미산로1길 30 2층
전화 | 02-332-0712
전송 | 0505-115-0712
홈페이지 | communebut.com

ISBN 978-89-6880-177-8 03370

* 책에 등장하는 학생들의 이름은 별도의 설명이 없는 경우 모두 가명입니다.

별별 교사들

다양성으로 학교를 숨 쉬게 하는 교사들의 이야기

이윤승 김헌용 선영 애리 유랑
조원배 함께 걷는 바람 진냥 김은지

교육공동체벗

추천의 글

　세계에는 다양한 존재들이 살아가고 있다. 그것은 학교라는 사회도 마찬가지일 것이다. 명시적, 잠재적 교육과정에는 소위 정상으로 여겨지는 비장애인, 이성애자, 중산층, 정규직 등이 자연스러운 것으로 배치되어 있다. 그 과정에서 정상 바깥에 위치한 존재들이 비가시화되고 배제되기 일쑤이다. 특히 교사에게는 유독 그런 '정상 규범'이 요청된다. 그래서일까. 우리에게 교사의 모습은 중산층의 정상 가족에 속한, 대학 교육을 이수한, 비장애인, 이성애자로 그려진다. '과연 교사 집단이 동일성을 가진 집단일까?' 하는 질문이 생긴다. 동일성의 추구는 동일성이라는 범주 바깥을 배제한다는 점에서 폭력적이며, 다수의 존재들의 개별성과 고유성을 삭제한다. 그런 점에서 나치즘과 닮아 있기도 하다. 어쩌면 동일성이 전제된 보편적 교사상은 주류 담론과 이데올로기라는 정치적인 권력의 작동 결과가 아닐까 의심이 들기도 한다.

　이 책에는 학교에는 정형화된 모습의 교사만 존재하지는 않는다는 사실을 보여 주는 교사들의 이야기가 담겨 있다. 그들은 정상 바깥의 존재로서 자기 자신을 적극적으로 드러냄으로써 정상 규범에 포섭된 교사상을 해체하고 재구성하며 살아간다. 별별 교사들의 이야기가 교사를 넘어 학교 안에서 비가시화된 수많은 존재들의 해방으로 이어지는 희망의 씨앗이라는 생각이 들었다. 더 많은 이들이 학교에서, 고유한 존재의 빛을 드러내며 살아갈 수 있으면 좋겠다.

남미자 | 경기도교육연구원

　이 책은 신기한 책이다. 학교에서 만난 '덜 재수 없는' 교사들과 별별 교사들의 이야기가 겹쳐 보였다. 나는 중학교에서 선생님들을 마주할 때면 '재수 없다'는 생각을 자주 했다. 초·중·고를 별 탈 없이 졸업하고 대학에 들어가 교사가 된 모범생들 같다는 인상을 받았다. 그래서 공부를 못하고 수업 시간에 잠을 자는 학생들을 이해하기는커녕, 이해할 필요도 못 느낄 것 같은 '재수 없음'을 느꼈다. 그러다 좀 더 자유로운 고등학교를 다니게 되면서 '교사=재수 없음' 공식을 적용하기 어려운 교사들을 몇 명 만났다. 규제를 강화하려는 교감과 교무부장을 꼰대라고 욕하는 교사. 조퇴할 때마다 흔쾌히 외출증을 써 주는 교사. 반의 분위기를 잡기 위해 적극적으로 통제하는 것이 아니라, 반이라는 공동체가 단단해질 수 있도록 조력만 했던 교사. 머리를 기르며 두발 규제를 없애야 한다고 주장한 남성 교사.

나는 그런 교사를 만날 때마다 기분이 좋았다. 덜 빡센 교사를 만나서 좋은 것도 있었지만, 외롭지 않아서 좋았다. 교사도 학교의 억압적이고 폭력적인 구조에 균열을 낼 수 있는 가능성을 가진 사람들이라는 것을 확인할 수 있어서 덜 외로웠다. '학생을 통제하지 않는 교사도 있는데, 왜 저 교사는 저러는 걸까?'라는 의문을 품게 되기도 했다. 별별 교사들의 존재는 학생들에게는 새로운 학교에 대한 가능성을 보여 주고, 학교에 답답함을 느끼는 학생들에게 힘이 되어 줄 수 있다고 생각한다. 그렇기에 이 책이 더 많은 교사들에게 읽히고, 더 많은 교사들이 별별 교사가 되겠다는 다짐을 했으면 좋겠다.

김찬 | 고등학생, 청소년인권행동 '아수나로'

'교사들은 어쩜 저렇게 다 똑같이 말할까?' 학교에 다니는 동안 나의 풀리지 않는 의문이었다. 그때의 나에게 다른 삶, 다른 경험, 다른 말을 하는 교사가 있었더라면 어땠을까? 우리는 학교의 틀을 벗어난 상상을 나누고, 비밀을 공유하는 관계가 될 수 있었을까? 교육 안에서 '똑같은 말'만 하고 싶지 않다는 마음은 나를 인권교육의 세계로 이끌었다. 인권교육 중에 참여자들의 커밍아웃이나 숨겨 왔던 경험을 만날 때가 있다. 오랫동안 '말할 권리'를 갖지 못했던 '별별 존재들'의 이야기가 터져 나오는 순간이다.

이 책은 모나지 않기를 요구해 온 학교를 비집고 나온 각양각색의 삶을 담고 있다. 그러나 다양한 교사를 소개하는 것에 그치지 않는다는 점이 이 책의 매력이다. 다양한 삶의 궤적을 그려 온 교사들은 자신의 경험을 통해 한국 사회 교육 시스템에 대한 통찰과 질문을 던진다. 책을 읽으면서 '별별 교사'도 이러한데 '별별 학생'은 어떤 분투를 하고 있을지 궁금해졌다. 지금도 어디선가 자기 자신으로 존재하기 위해 애쓰고 있을 이들에게 '별별 교사들'의 이야기가 삶을 확장하고, 상상력을 북돋는 숨구멍이 될 수 있기를 기대한다. 학교 안팎에서 '다양성으로 학교에 숨결을 불어넣'기를 시도해 온 사람들을 응원한다. 지금 학교의 구성원뿐 아니라 학교를 지나온 사람, 떠난 사람, 내쳐진 사람, 거부하는 사람 모두가 읽어 보기를 추천한다.

연잎 | 인권교육센터 '들'

띵동은 찾아오는 이들에게 상담과 위기 지원을 제공한다. 상담을 통해 많은 것이 해소되긴 하지만 성인이 된 자기 모습이 잘 그려지지 않아 어려워하는 청소년 성소수자들이 많다. 그들에게 다양한 성인 성소수자 롤 모델을 보여 주고 싶지만 그렇지 않은 것이 현실이다. 2000년에 커밍아웃한 연예인이 있다. 커밍아웃을 시점으로 그 전에 태어난 이도, 그 한참 이후에 태어난 이에게도 동성애자(혹은 성소수자)라고 하면 여전히 그 사람을 떠올릴 것이다. 우리 주변에는 제빵사 레즈비언, 게이 승무원,

트랜스젠더 회계사 등이 존재하지만 그들은 잘 보이지 않는다.

여기 다양한 모습을 커밍아웃한 교사들의 이야기가 담겨 있다. 기억을 더듬어 보면 가르치던 수업으로 기억했던 선생님들도, 교실 안에 다양한 학생들이 있는 것처럼 사실 다양한 삶을 가지고 있다. 자퇴를 경험하거나 성소수자이거나 페미니즘과 장애 등에 대해 고민하지만 어쩌면 우리는 그러한 이야기를 들어 볼 수 없는 작은 20평 공간에 함께 있었다.

용기를 내어 자신의 이야기를 해 준 선생님들에게 감사를 드리며, 학교가 누구나 안전하게 나의 삶을 고민하고, 경험을 안전하게 이야기할 수 있는 공간이 되기를 바란다. 성인이 된 나의 다양한 모습을 그려 보고 고민하며 차별 없이 미래를 꿈꿀 수 있도록.

선호찬 | 청소년 성소수자 지원센터 '띵동'

나는 집이 필요하다. 나를 있는 그대로 인정해 주는 집. 나는 길이 절실하다. 사람들의 기대를 배신하고 떠나는 길. 별별 교사들의 이야기에는 길도 있고 집도 있다. 그들도 나처럼 집도, 길도 간절하다. 그래서 나처럼 평범하다. 하지만 평범하다고 여겨지는 것은 기적과도 같은 일이기도 하다. 장애, 성적 지향, 가난, 자퇴, ADHD……. 이런 말들을 평범하게 여기는 일이니까. 하지만 이 기적은 필요한 기적이고 일어나야만 하는 기적이다. 누구도 소외되지 않고 배제되지 않기를 원한다면 꼭 필요한 기적이다. 이런 기적을 원하는 사람들과 이 책을 나누고 싶다. 그리고 반대의 기적을 바라는 사람들과도 이 책을 나누고 싶다. 장애를 극복하는 기적을, 동성애를 이성애로 바꾸는 기적을, 가난을 극복하는 기적을, 자퇴를 극복하는 기적을, ADHD를 극복하는 기적을 원하는 사람들과도 나누고 싶다.

비비새시 | 전북 중등 교사

이 책의 집필에 참여한 사람들

이윤승 하루 종일 혼자 가만히 있을 수 있는 인간이지만 친구만 있다면 세상 모든 주제로 하루 종일 떠들기를 좋아한다. 라디오헤드가 싫어하던 'Talks in math'의 상황을 즐기는 수학 교사다. 수학으로 시를 쓰는 일을 하는 사람이고 싶다. 학교 유일의 자퇴생 출신 장애인 교사라 아주 만족하며 지낸다.

김헌용 언어, 음악, 장애를 인생의 주제로 삼고 살아가는 영어 교사다. 서울 강동구라이프를 즐기며 특기는 '보지 않고 이해하기'이다. 2019년에 세계 최초의 장애인 교원으로만 구성된 노동조합인 함께하는장애인교원노동조합을 만드는 일에 참여했고 위원장을 맡고 있다.

선영 국가가 허락하지 않은 결혼과 이혼을 겪은 초등 교사다. 다양성이 개인을 더 자유롭게 하고 세상을 더 풍요롭게 할 것이라 굳게 믿고 있다. 그 믿음을 교육 현장에서 실천하려 노력 중이다. 페미니즘 때문에 첫 학교에서는 자발적 외톨이가 되어 좀 외로웠다.

애리 하울의 움직이는 성처럼 모든 것이 쌓여 있는 교실에서 어린이를 가르치고 있다. 쌓여 있는 모든 것 중에 어린이에게 가장 좋은 것을 골라 주기 위한 다양한 시도를 하고 있다. 하고 싶은 게 많은데 이 많은 걸 어떻게든 다 해 볼 수 있다는 점에서 초등 교사는 여러모로 멋진 직업이라고 생각한다.

유랑(유아름) 레즈비언 교사이자 페미니스트이다. 비인가 대안학교에서 20대를 보내며 가르침과 배움을 넘나들었다. 지금은 학교 밖에서 퀴어 청소년과 어떤 꿍꿍이를 벌이면 좋을지 고민하고 있다. '존재만으로 투쟁'이 되는 정체성들이 이 세상을 뒤흔들리라 믿는다.

조원배 '삶=교육'이라고 믿고 시를 사랑하는 사회 교사로 청각장애가 있다. "친구가 될 수 없는 자는 스승이 될 수 없고 스승이 될 수 없는 자는 친구가 될 수 없다"라는 이탁오의 말을 좋아하고, 학생들이 나를 '좋은 벗'으로 대해 줄 때 가장 행복하고 보람을 느낀다.

함께 걷는 바람 성소수자로 태어난 삶에 늘 감사함을 느끼며 살아가는 초등 교사다. 노래와 인권을 통해 세상에 목소리를 전달하고 있으며, 위기를 겪는 성소수자 청소년들에게 힘과 용기를 주는 단체와 함께하고 있다.

진냥(이희진) 인권, 나이주의, 반폭력에 관심을 가지며, 언젠가 마녀가 되고 말겠다는 장래 희망을 간직한 채 머리카락을 기르고 있다. 청소년인권행동 '아수나로'와 '평등한연대', 인권교육센터 '오리알'에서 활동했고 지금은 전교조 여성위원회와 '연대하는교사잡것들'에 참여하고 있다.

김은지 대학 졸업장 없이 교사가 되었다. 빈한했던 내게 곁을 내어 준 이들처럼 비빌 언덕을 자처하며 산골 마을에서 8년간 교사로 지냈다. 학생들과 함께했던 시간을 통해 경험은 살아 있는 교육이 될 수 있음을 확신한다. 가난의 흔적이 삶의 언어를 제한하지 않도록 정신 줄 바짝 잡으며 살고 있다. 슬픔이 쓰이는 다정한 세상을 꿈꾼다.

차례

추천의 글 ··· 4
이 책의 집필에 참여한 사람들 ··· 8

프롤로그 ··· 12
학교에 존재하지 않던 사람들, 그러나 학교에 필요한 사람들

너의 삶은 꼭 누군가와 닮지 않아도 된다고 | 이윤승 ··· 17
자퇴한 학생, 교사로 돌아오다

교무실의 이방인 | 김헌용 ··· 53
나를 교사로 키운 것은 시각장애였다

누구에게나 비밀은 있으니까 | 선영 ··· 83
각자의 소수성이 우리의 보편성이 되길

나는 서른 살의 ADHD | 애리 ··· 109
그때의 나에게 필요했던 돌봄을 지금 그에게

우리의 존재가 세상을 바꿀 수 있을 때 | 유랑(유아름) … 133
　레즈비언의 퀴어한 대안교육 도전기

당신이 응원해 주었으면 좋겠습니다 | 조원배 … 165
　잘 듣지 못하지만, 마음에 귀 기울입니다

학교가 차별이 아닌 존엄을 가르치는 공간이 될 수 있다면 | 함께 걷는 바람 … 193
　학생에게, 동료에게, 가족에게 나눈 나의 커밍아웃 이야기

피해자이자 가해자로서 '복수'를 도모하다 | 진냥(이희진) … 223
　학교도, 교사도 아직 용서하지 못한 교사

경로 이탈의 삶이 배움이 될 수 있을까 | 김은지 … 247
　대학 밖에서 모색한 자립의 경험을 나누다

프롤로그
학교에 존재하지 않던 사람들, 그러나 학교에 필요한 사람들

내가 교사가 될 수 있을까?
나 같은 사람이 학교에 어울릴까?

교사가 되기 전에도, 교사로 지내면서도 계속 자문하는 사람들이 있다. 쉽게 당연하다고 답하지 못하기에 그렇다. 질문을 하다 보면 점점 외롭다. 나의 정체성이 학교와는 어울리지 않는다는 생각에 고립감을 느낀다. 아닌 척, 괜찮은 척해 보지만 외로움은 금방 사라지지 않는다.

왠지 내가 아닌 모든 교사들은 정상성의 범주 안에 있는 것 같다. 학교에는 비슷한 사람들이 모여 비슷한 말을 하는 곳처럼 느껴진다. 학생이던 시절의 경험도 그랬다. 이 나라의 모든 학생들이 다름을 찾기 힘든 공간에서 같은 책으로 배운다. 같은 책으로 수업하는 교사들 역시 같은 말을 반복한다. 학년이 달라져도 비슷한 말을 반복해서 듣다 보면 학교는 언제까지나 같음을 잘 유지할 것 같다. 그렇기에 만약 내 안의 소수자성을 발견하게 된다면 학교에는 내가 있을 자리가 없다고 느껴진다. 나를 위한 자리가 없는 공간에서 내가 버틸 수 있는 방법을 찾기란 매우 어렵다. 어떻게든 매달리고 싶은데 손가락 마디를 걸칠 틈을 찾기가 어렵다. 이제 어쩌지. 학교는 원래 그런 곳이니 나로서는 어쩔 도리가 없는 게 아닐까. 나를 버리고 학교에 나를 맞추며 버티든가 학교를 포기하고 내가 떠나든가. 결국 둘 중 하나의 결말로 흘러갈밖에.

하지만 그렇게만 끝나면 안 된다고, 익숙한 전개와 결말을 거부하는 사람들이 있다.

나를 버리지 않고도 학교에 나의 자리를 만들 수 있다고, 학교에 균열을 만들어 누구든 얼마든지 매달리고 버티어 벽을 오르내릴 수 있어야 한다고 믿는 사람들이다. 이윤승, 김헌용, 선영, 애리, 유랑, 조원배, 함께 걷는 바람, 진냥, 김은지의 이야기들이 그렇다.

이윤승은 학교의 폭력적인 교육 방식을 견디지 못해 자퇴를 했지만 자퇴 이후의 경험으로 인해 교사로 학교에 돌아오고자 했고 김헌용은 시각장애인으로 특수학교에서 학생 시기를 보낸 이방인으로서의 경험을 원동력 삼아 일반 학교의 교사가 되고자 했다. 선영과 유랑, 함께 걷는 바람은 학교에서 드러내기 힘든 성소수자의 정체성을 갖고 있기에 결혼, 육아라는 교사들의 일상에 어울리지 못한 교사들이다. 그들에게 자신의 삶과 교사로서의 삶을 지탱하게 해 준 것은 페미니즘이나 성소수자 커뮤니티 활동들이었다. 자신을 숨기지 않아도 안정할 수 있는 공간과 그들과 함께하여 일상의 변화를 꾀하는 활동들이 있었기에 교사로서의 삶도 유지할 수 있었다. 조원배는 교사가 된 이후 청각장애가 심해지며 교사를 그만둘 위기를 겪었지만 그럼에도 자신이 교사를 지속해야 할 이유와 자신만이 할 수 있는 역할을 찾아 가고자 했다. 애리는 성인 ADHD를 겪으며 과연 자신이 누군가를 가르치고 돌보는 일을 할 수 있을까 걱정하다, 다른 교사들과 같은 방식이 아닌 다른 방식으로 학생들을 돌보고자 마음먹는다. 진냥의 경우엔 학생 시절에 학교에서 겪은 권위적인 폭력으로 인해 학교는 슬픈 곳이라 말하지만, 자신과 학생들이 겪은 모든 것들을 증거로 남기고 전달하는 역할을 수행하며 학교의 변화를 이끌어 내고자 한다. 그리고 가장 학교에서 흔치 않은, 이 책에서도 유일한 대학 비진학자로서의 교사 경험을 가진 김은지는 '대학에 꼭 가야 하는 것은 아니'라고 말하면서 대학 나온 교사들만 있는 학교에서 학생들의 큰 환호를 받으며 교사 일을 시작했다. 그의 글을 읽고 나면 교사라고 하면 당연하게 떠오르는 대학 학위, 교사 자격증이 누군가를 가르치는 데 있어 반드시 필요한가에 대한 의문을 나눠 볼 수 있을 것이다.

아홉 교사들의 글은 서로 다른 정체성을 가진 이들이 서로 다른 공간에서 겪은 이야기이지만 그들의 이야기엔 공통점들이 있다. 이들은 저마다 자신이 가진 정체성으로 인해 학교에서 구름처럼 부유하는 시간을 겪었다는 점이다. 하지만 이들 모두는 부유하다 떠내려가지 않고 각자의 자리를 잡고 자신의 역할을 찾았다. 그들이 떠내려가지 않을 수 있었던 이유 중엔 누군가의 응원과 지지도 있었고 학교 안팎에서의 연대도 있었다. 그리고 다른 누군가가 아닌 자기 스스로의 인정이 그들을 자신의 자리에 있게 해 주었다. 학교와 자신에 대한 믿음이 없던 교사들이 자신의 자리와 역할을 찾고 인정하기까지는 분명 짧지 않은 시간이 필요했을 것이다. 그래서 이 책의 아홉 명의 교사들의 글은 각각의 분량은 짧지만 읽는 동안 한 사람의 긴 일대기를 읽고 있는 것 같은 착각이 들 수 있다. 이런 '나'라도 교사가 될 수 있을지에 대해 고민하고 이런 '나'여서 외롭던 시간의 이야기들이 있고 그럼에도 '나' 같은 사람이 '어떻게' 학교에서 계속 교사로 지낼 수 있게 되었는지에 대한 이야기가 있다.

나는 원고를 쓰는 동안 이 책을 읽을 독자를 떠올릴 때 먼저 떠오르는 사람은 교사가 되기를 원하지만 학교에 자신이 어울리는지에 대해 의문을 가진 분들이었다. 그리고 교사를 희망하는 사람이 아니더라도 학교에서 고립되었다고 생각하고 외로움을 느끼는 학생들도 읽어 주면 좋겠다고 생각했다. 비단 학교가 아니더라도 우리를 정상과 비정상으로 분리하는 이 세상에서 자신의 자리를 찾기 위해 분투하고 있는 분들에게도 이 책의 글들이 지지와 연대의 의미로 읽히면 좋겠다.

교사의 이미지를 떠올릴 때 장애인, 성소수자, 대학 비진학자, 학교에 맞서 싸우는 교사를 떠올리는 사람들은 거의 없을 것이다. 이들은 분명 우리 사회에 존재하지만 학교에는 존재하지 않는 것처럼 여겨지는 존재들이다. 그들이 학교에서 살아가는 이야기를 통해 다른 어떤 사람들도 이런 '나'라도 괜찮을지에 대한 의문에 이런 '나'여서 오히려 좋다고 말하며 자신의 공간에서 잘 살아가기를 바란다.

우리 모두의 한때의 시간을 점유하는 학교라는 공간이, 별별 사람들이 모여 함께 어우러지고 각자의 정체성을 편견과 차별로부터 자유로이 지켜 나가는 공간으로 변화되기를 바라며 서문을 마친다.

2023년 5월

저자들을 대신하여

이윤승

너의 삶은 꼭 누군가와
닮지 않아도 된다고

―――

자퇴한 학생,
교사로 돌아오다

―――

이윤승

"저처럼 매력 있는 멋진 사람이 되고 싶나요? 그러면 자퇴하세요!"

이렇게 대사를 시작하면 된다고 했다. 그 뒤엔 자기가 하는 질문에 내가 평소 하고 싶은 말을 다 하면 된다고. 한 학생이 자신의 공모전 영상에 출연해 달라고 부탁하면서 한 말이다. 미디어 계열의 특성화고에 있다 보니 가끔 영상 출연 요청을 받을 때가 있는데 저런 대사를 부탁받은 건 처음이었다. 의아해하니 내가 이미 했던 말이라고 한다. 기억이 없어 학생에게 자세히 말해 달라 하니 1년 전쯤에 결근한 교사의 보강 수업에 내가 들어왔는데 들어오자마자 인사를 하고는 저렇게 말했다고 한다. 그럴 수 있다. 난 자습을 별로 안 좋아하고 보강에 들어가서도 자습을 요청하고 가만히 있는 게 힘들어서 아무 말이나 하곤 한다. 학생들이 잘 들어줄 때도 있고 아닐 때도 있지만 항상 난 떠들고 있다. 그리고 저렇게 말했을 수도 있다. 평소에 난 저런 생각을 갖고 살고 있으니까.

나의 매력은 자퇴의 경험에서 온 것이 많다. 전부는 아니어도 상당히. 살면서 주류의 삶에서 비껴 나 있는 경험을 안 해 보고 어떻게 매력적인 인간이 될 수 있을까. 자퇴는 나에게 꽤 좋은 선택이었다. 지금도 그렇게 생각한다. 자퇴는 세상의 끝도 아니고 엄청난 큰일도 아니다. 도전해야 하는 대상도 아니고 불우한 결말의 시작도 아니다. 그냥 '선택'이다. 누구나 하는 선택은 아니지만 아무나 할 수 있는 선택이다. 특별한 사정이 없어도 할 수 있는 선택일 때 더 좋다. 너는 학교에 가니? 난 학교에 안 가기로 선택했는데. 하는 느낌. 그 정도였으면 좋겠다. 그래서 담임으로 일할 때도 자퇴를 하는 학생들에게 특별한 응원이나 염려를 하지 않는다. 전학을 가는 학생과 나누는 만큼의 응원과 당부의 말만 전한다.

"잘 지내, 건강하게. 언제든 놀러 와. 온다고 하면 언제나 반갑게 기다리고 있을 테니까."

내가 자퇴를 하던 때에 듣고 싶었던 말이 그런 정도였다. 내가 자퇴를 하던 때, 난 불쌍했고 가여웠다. 낭떠러지에서 떨어지는 모습이었다. 가족도, 친구들도, 담임 교사도 날 그렇게 바라봤다. 그리고 나도 나를 그렇게 보기도 했다. 다시 그때로 돌아간다면, 좀 웃으라고 말해 주고 싶을 만큼 처절했다. 학교는 정말 최악의 장소였고 어떻게든 떠나고 싶은 공간이었다. 도망이 아니라 그곳에 있으면 죽을 것만 같아서 선택한 탈출이었다. 하지만 당시엔 그곳을 떠나면 무엇이 있는지를 몰라서 두려웠던 것 같다. 마치 지구가 평면인 줄 알던 인간이 수평선을 향해 항해를 시작하는 마음이었을 것이다. 그 항해의 끝에 또 다른 땅이 분명 나올 것이라는 믿음이 내 주위의 모두에게 없었다. 그런데 수평선은 아무리 다가가도 계속 수평선이었고 지구는 둥글었다. 결국 난 다시 학교로 돌아왔다. 학생 시절 가장 혐오했던 직업인 교사로.

벌써 15년이 넘었다. 고등학교를 자퇴한 사람이 고등학교의 교사로 일한 시간이 그렇게 길어졌다. 이젠 학생이던 시간보다 교사로 학교에서 보낸 시간이 더 길다. 내가 학생일 당시의 고등학교와 지금의 고등학교가 다른 학교이긴 하지만 어떻게 보면 크게 다를 것이 없다. 시간과 공간은 다르지만, 학교의 본질은 비슷하다. 학생으로서나 교사로서나 학교는 쉽지 않고, 별로 재밌는 곳이 아니다. 하지만 오늘, 지금 난 잘 지낸다. 자퇴를 고민하는 학생들에게도 그렇게 보였으면 좋겠다. 물론 자퇴라는 선택에 이르기까지는 고통스러웠고, 선택 이후의 삶에서도 여러 고충이 있긴 했지만 어쨌든 지금의 내게 주어진 비교적 만족스런 삶은 자퇴의 순간에서부터 시작되었다고 믿는다. 특히 자퇴를 하지 않았다면 교사도 되지 않았을 것이다. 다시 태어나도 난 또 교사가 되고 싶은데 그만큼 좋아하는 일을 하게 된 시작에 자퇴가 있었으니 역시 자퇴는 나에게 좋았다.

자퇴로 잃은 것과 얻은 것

한때는 영화감독이 되고 싶었고 어떤 때엔 사진작가가 되고 싶었다. 그리고 시인을 꿈꾸던 시절도 있었다. 기형도를 좋아했다. 나의 가장 친한 친구도 그랬다. 중학교를 같이 다닐 때는 그 친구의 꿈이 무엇인지 잘 몰랐다. 운동을 좋아하고 가끔 책에 빠지면 한참이나 책에 대한 이야기를 하는 정도였다. 내가 먼저였는지, 그 친구가 먼저였는지 정확하게 기억나진 않지만, 어느새 고등학생이 되니 그 친구의 손에도 나의 손에도 카메라가 있었고 시집도 있었다. 몇 년 후, 그 친구는 국어국문학과에 입학하여 시를 공부하게 되었다. 나의 가장 친한 친구가 시인이 되려고 하는지 몰랐고 국어국문학과를 가기 위해 공부하는 모습도 보지 못했다. 함께 있었다면 나도 시를 계속 읽고 쓰지 않았을까. 어느새 시를 쓰는 삶을 살고 있는 친구를 볼 때 가끔 부러울 때가 있다. 나도 학교를 계속 다녔더라면 지금 어떤 삶을 살고 있을까. 나도 시인이 될 수 있었을까.

그런 생각을 할 때면 자퇴해서 잃은 것도 분명 있음을 느낀다. 난 대부분의 친구들이 겪은 고3의 시간을 보내지 않았다. 진로를 고민하는 동안 친구들과 서로의 고민을 공유하지 못했다. 점심시간의 수다, 하교 후의 추억 들이 적다. 친구들이 전화로 알려 주는 근황으로는 충분치 않았다. 난 집에만 있었고 나의 일상은 게임과 독서 들이 전부였다. 특히 당시엔 사고로 병원에서 몇 달을 보냈고 집에 와서도 재활 치료를 하며 휠체어를 탄 내 모습을 보며 좌절하는 것이 전부였다. 그렇지만 좋은 시간도 있었다. 특히 자퇴를 하고 첫날, 아침에 일어나 '오늘 뭘 하지'라는 생각을 할 때가 좋았다. 생각할 필요 없이 아침에 일어나 교복을 입고 도시락을 챙겨서 학교에 가고 시간표대로 생활하는 루틴이 사라지니 24시간을 오롯이 내가 선택한 것들로 채울 수 있었다.

학교에선 내가 선택할 수 있는 것이 없었다. 학급의 친구들도 내가 선택한 멤버들이 아니었고 담임도 교과 선생님들도 나의 선택은 아니었다. 아무리 수학 수업이 재밌어도 50분이 지나 종이 울리면 내가 좋아하던 수학 공부를 멈추고 곧이어 국어를 하고 또 국어가 재밌어질 즈음 또 종이 울리면 사회나 과학을 해야만 하는, 타의로 움직이는 스케줄이 나를 숨 막히게 했다. 그것이 너무 싫어서 사회 시간에 시를 쓰곤 했지만 그건 사회 교사에겐 허용할 수 없는 일이었다. 지금은 사회 교과서를 펴야 하는 시간이라는 말을 수도 없이 들었다. 왜 그래야만 하는지에 대해 설명하는 교사의 당위가 나에겐 와닿지 않았다. 결국 사회 교사는 나에게 계속 그럴 거면 차라리 엎드려 자라고 했다. 일어나면 때리겠다고 협박했다. 잠도 오지 않는데 자야 할 이유가 없었고 난 글을 쓰고 싶고 그림을 그리고 싶었다. 덕분에 사회 시간에 엎드려 자지 않았다는 이유로 맞았다.

때로 국어 시간에 시를 수업하는 와중에도 나의 시를 썼다. 국어 교사의 시 분석은 저질스럽다고 느꼈다. 국어 교사는 매번 그러는 나를 고마움을 모르는 인간이라고 평했다. 어느 날은 교사가 격분하여 독방에 들어가 문을 잠그더니 맞짱을 뜨자고도 했었다. 내가 어떻게 사람을 때리겠냐고 그냥 선생님이 마음껏 때리라고 엎드렸다. 한참을 맞았다. 맞다 보니 내가 왜 그가 때리기 좋은 자세를 취해야 하는지 의문이 들었다. 엎드려뻗쳐 있던 자세를 풀고 엎드려 누워 버렸다. 교사는 내 허리춤을 잡고 내 엉덩이를 한 손으로 들고 다른 한 손으로 막대를 들고 때렸다. 너무 많이 맞아서 통증이 느껴지지 않았다. 교사가 땀 흘리며 때리는 모습이 우스웠다. 더 신나게 때리라고 추임새를 넣고 노래를 불렀다.

그 후로 난 학교의 '또라이'가 되었다. 그 공간의 나와 선생 모두 미친 사람들이 아니었을까. 당시는 1학년을 다 보내기 전이었고, 난 스스로 학교에서 떠나야 하는 사람이라고 느꼈다. 부모는 극구 반대했다. 차라리 지각과 조퇴를 하라며 돌팔이 같은 의사에게서 진단서를 받아 오셨다. 만성 편두통을 앓고 있고 혈류에 문제가 있어 휴식이 많이 필요하다는 말이 쓰여 있었다. 진단서를 제출하자 담임이 오히려 반가워했다. 2학년 1학기까지는 그 진단서 덕분에 보건실이 내 교실이 되었다. 친구들과 점심을 먹고 집으로 갔다. 자퇴에 동의하지 않는 부모와 담임 탓에 자퇴가 계속 미뤄졌다. 친구들은 자유롭게 등교하고 하교하는 나를 부러워했다. 그래도 학교는 지옥 같았다. 보건실에 누워서도 탈출하고 싶어 했다. 교실에 있는 친구들과 어릴 때는 잘 지냈던 것 같은데, 왜 난 이렇게 그들과 다른 사람이 된 건지 알 수 없었다. 알 수 없어서, 이유가 분명 있긴 한데 그것을 적절한 언어로 풀어낼 수 없어서 불안하고 답답했다. 아마 나를 아끼던 친구들도 그랬을 것이다. 분명 착하고 얌전하고 성실했던 친구가 매일 선생과 싸우며 맞고 있으니.

나에게 학교가 잘 맞는 곳이 아니라는 느낌과 교사들에 대한 불신의 감정은 갑자기 생겨난 것은 아니었다. 초등학교 때 이미 느꼈고 중학교 때 확신을 가졌지만 학교를 떠나지 못한 것은 순전히 무지 때문이었다. 그땐 검정고시에 대해 몰랐고 자퇴는 퇴학같이 느껴졌다. 고등학교에 입학하고 나서는 자퇴를 머릿속에서 계속 떠올렸지만 실행하지 못했던 것은 두려움 때문이었다. 미래가 그려지지 않았고 학교 안에서 좋았던 것들을 끊어 내기가 어려웠다. 학교를 떠나면 친구를 모두 잃는 것은 아닐까. 학교를 그만두면 중졸로서 힘든 인생을 살아가는 것은 아닐까. 학교에서 또라이 취급을 받고 교사들의 체벌을 견디면서 그냥 버티기만 하면 어쨌든 졸업은 할 텐데 굳이 고등학교까지 와서 자퇴하는 것은 의미 없는 일이 아닐까. 지금처럼 자주 조퇴하고 자주 결석하면서 버티기만 한다면 괜찮지 않을까. 이런저런 생각들이 날 학교에 붙잡아 두려고 했다. 하지만 지옥은 지옥이었다. 괜찮다고 아무리 생각해도 아침에 눈을 뜨면 괴로웠다. 친구들과 떠들고 매점에서 간식을 나눠 먹고 복도에서 놀다가도 종이 울리고 교실에 들어갈 시간이 되면 막막해졌다. 쌓이고 쌓이다 보니 어느새 떠남에 대한 두려움보다 남음에 대한 두려움이 더 커졌다. 그렇게 난 탈출을 결심했다. 특이점에 도달했던 어느 날, 학교에서 아무런 두려움 없이 빠져나왔다. 망설임도 없었고, 걱정도 없었다. 그 순간엔 그랬다. 이곳을 떠나야만 한다는 마음이 무한히 발산하는 순간이었다.

학교를 떠나던 날, 장애인이 되다

"자퇴를 하신 이유는 무엇인가요?"

교사가 되기 위한 면접을 할 때면 먼저 받는 질문이었다. 면접관들은 '널 보면 이것부터 물어보려고 했다'고 마음먹은 듯이 거의 다 첫 번째로 질문했다. 무언가 특별한 사정이 있어야만 인정할 수 있다는 눈빛이 느껴진다. 우릴 납득시키려면 뭔가 합당한 이유가 있어야 한다는 듯한 기다림의 시간이 있다. 답하기 위해 입을 열기까지 그 잠깐의 시간 동안이 그렇다. 난 무엇을 말해야 할까. 항상 하던 답을 할까, 오늘은 새로운 이야기를 꾸며 내 볼까. 면접을 준비하며 나름 생각해 온 것들이 있지만 그 순간 여러 생각을 하게 된다. 내 답을 저 면접관들은 어떻게 생각할까. 어떻게 그들이 가진 선입견을 바꿀 수 있을까. 진실과 거짓 중 선택을 해야 한다. 선택적인 사실과 약간의 거짓을 채워도 나쁜 행동은 아닌 것 같다. 당락의 결정권은 저쪽이 가지고 있지만 대화의 주도권을 가진 쪽은 나일 수 있다. 조금은 편안하게, 익숙하게 이야기를 만들어 본다.

고등학교를 그만둔 날은 공교롭게도 내가 장애인이 된 날이기도 하다. 우연은 아니다. 학교를 떠나야겠다는 그 순간의 발산의 마음에 충실했고 난 그 순간 교실 창문으로 나갔다. 높은 층수였기에 큰 사고로 이어졌다. 통증이 극심했고 하루 종일 아픈 날이 많았다. 하지만 이상하게도 마음이 편한 순간들이 있었다. 내게 허락된 자유로운 공간도 없고 나 혼자 있을 수도 없었기에 갇혀 있기로 따지면 학교보다 병원이 더한 공간이었지만 난 더 이상 갇힌 것 같지 않았다. 학교의 친구들은 없었지만 옆 병상의 환자가 있었고 매일 두 번씩 찾아오는 담당 의사, 휠체어를 태워 주는 간호사, 복도에서 만나는 다른 병실의 환자들이 있어서 외롭지 않았다. 통증과 함께 장애인으로서의 몸을 자각하는 시간을 제외한다면 나머진 편안했다. 아쉬운 것이 있다면 친한 환자들이 자꾸 퇴원한다는 것 정도였다. 난 계속 병원에 남아 있고 그들이 떠나는 모습을 보는 것은 별로 좋지 않았다. 떠나는 그들이 부러웠다. 퇴원은 마치 새로운 세계로 떠나는 것 같았기에 부러웠다. 병원에서 병원 밖으로.

한편으로 나도 그런 느낌을 주면서 떠났다면 좋았을 것 같다는 생각이 들기도 했다. 학교에서 학교 밖으로. 통제된 공간에서 자유로운 공간으로 떠나는 모습으로 보였다면 좋았을 것 같았다. 내 친구들에게 난 그렇게 떠나는 모습이었을까. 내가 학교를 떠날 때, 지옥 같은 학교를 떠나는 날 보며 부러워하는 마음이 조금은 있었을까. 다치지 않고 자퇴 절차를 밟았더라면 분명 부러워했을 학생들이 많았을 것이라는 생각이 들어 조금 아쉬웠다. 자퇴와 장애를 동시에 선택하기는 했지만 분명 난 더 온전히 나로서 살아가기 위해 병원에서 퇴원하듯 학교를 떠난 것이었다. 사람들이 보기엔 난 온전한 학교생활을 포기하고 통증과 장애를 겪는 고통스런 삶으로 떠난 것이었지만, 분명 나에게는 그들이 매일 겪는 환경보다 나은 점들이 있었다. 더 이상 시간에 맞춰 종이 울리지 않으며 그 종소리로 인해 내 생각이 통제될 일도 없다는 것. 24시간의 대부분을 내가 선택한 것들로 채울 수 있다는 점은 분명 학교를 다니는 친구들이 가질 수 없는 나만의 자유로움이었다. 물리 치료를 하며 오늘의 신문을 읽고 과자 한 봉지를 사 와서 침대에 기대 TV를 보며 과자를 먹고 가습기가 분무하는 물방울에 한낮의 햇살이 스며드는 것을 보며 낮잠을 자는 일상의 여유로움은 학교를 다니던 시절에 한 번도 느껴 보지 못했던 것이었다. 1년 후 퇴원을 하고서는 더 자유로웠다. 읽고 싶을 만큼 책을 읽었고 지겨울 만큼 게임도 했다.

  빠르게 시간이 지났다. 학교를 떠난 지 2년쯤 되었다. 그 사이 친구들은 고등학교를 졸업했다. 졸업식에 초대받았지만 가지 않았다. 아쉬웠고 조금 부러웠다. 분명 나와 친했던 친구들인데 그들의 대화에 내가 없어진 것 같아 아쉬웠고 이제 그들도 고등학교를 졸업해서 나와 같은 자유로움을 느끼게 될 거라 생각하니 내가 갑자기 보잘것없게 느껴졌다. 자퇴해서 좋았던 점들로 비교 우위 삼았던 시간이 끝났다. 열일곱 살의 이윤승을 떠올렸다. 너에게 필요했던 것이 자유로움이었다면, 통제당하지 않음을 느끼는 일상들이었다면, 만약 학교를 다니고 있는 시간 속에서도 그럴 수 있었다면 나올 이유가 없지 않았을까. 만약 열여덟 살의 이윤승에게 지금의 통제와 규칙들, 폭력을 참으라고만 하지 않고 도움을 주려는 교사가 한 명이라도 있었다면 스무 살의 이윤승은 학교를 졸업하고 시를 쓰거나 영화를 배우러 대학에 가지 않았을까. 자퇴해서 좋았던 것들을 자퇴하기 전에 느낄 수 있었다면, 학교가 그런 곳이라면, 학교에 나를 위한 교사들이 있었다면. 온갖 생각이 매일 매일 반복되었다. 나도 졸업해야겠다는 생각이 들며 학교로 돌아가고 싶어졌다. 학생으로가 아닌 교사로 돌아갈 생각을 했다. 열일곱의 이윤승과 열여덟의 이윤승이 원하는 그런 교사가 되고 싶었다.

자퇴생도 교사가 될 수 있을까

독서와 게임의 시간을 줄였고 검정고시와 수능을 준비하기 시작했다. 학원은 선택지에 없었다. 내게 그곳은 또 다른 학교였기에 시간이 얼마가 걸리든 집에서 혼자 공부하고 대학에 가야겠다고 생각했다. 계획은 2년이었지만 실제로는 8개월이 채 걸리지 않았다. 처음 겪은 공부의 시간이었다. 매일 국영수사과를 할 이유가 없었다. 어차피 시간은 충분했다. 사범대학에 입학할 때까지 공부하기로 마음먹었기에 몇 살에 대학에 가야 한다는 기준이 없었다. 하고 싶은 과목을 먼저 했다. 제일 먼저 수학을 공부하기 시작했다. 두 달이 지나고 고등학교 3년 과정의 내용을 모두 익혔다. 그 후 국어를 마치고 사회와 과학, 영어를 순서대로 공부했다. 영어까지 다 배운 후에 몇 년 치의 기출 문제를 풀어 보고 두 번의 모의고사를 본 후 수능에 응시했다. 첫 수능은 경험이라고 생각했다. 하지만 너무 높은 점수가 나와 버렸다. 갑자기 사범대에 갈 수 있는 기회가 생겼다. 뜬금없이 궁금해졌다. 자퇴생은 교사를 못하는 것은 아닌가? 교육청에 전화로 문의하고, 할 수 있다는 답을 들었다. 안심하고 대학에 원서를 넣었다.

대학 면접에서 처음으로 내가 왜 자퇴했는가를 어떻게 말해야 할지 생각했다. 솔직하게 얘기해도 될까? 학교가 너무 싫어서 그만뒀는데 막상 나오니 너무 좋아서 이 좋은 것을 학교에서도 학생들이 느끼며 살게 해 주고 싶어 교사가 되고 싶어졌다고. 그러면 교수들이 참 잘했다고 반겨 줄까? 얼마나 다행인지, 면접에 들어온 세 명의 교수들 중 누구도 묻지 않았다. 뭐라고 말할지 마음속에서 정하지 않은 상태였다. 그들은 오로지 수학과 교육에 대해서만 질문했다. 심지어 장애를 가지게 된 경우도 묻지 않았다. 수학을 잘하는 것과 수학을 잘 가르치는 것의 차이에 대해서만 여러 차례 답을 주고받으며 토론하듯 면접을 봤다. 교수에 대한 첫인상은 그동안 만난 어떤 교사들보다 좋았다. 대학이 고등학교보단 낫겠다, 이런 교수들과 공부한다면 대학은 어쨌든 졸업할 수는 있겠다고 안심했다. 대학은 꼭 졸업해야 했다. 그래야만 학교로 돌아갈 수 있으니까. 이제 4년만 지나면 난 고등학교로 돌아갈 것이다. 그 생각으로 4년을 보냈다. 정말 아무 걱정 없이. 면접 때와 비슷하게 대학 생활 내내 교수들은 나의 장애나 자퇴엔 관심이 없었고 수학에 대한 것에만 관심을 두었고 언제나 존댓말로 묻고 답했다. 분명 나에게 학교는 매일 나이 많은 사람들과 전투를 벌이던 곳이었는데, 나도 나이 많은 사람과 이렇게 잘 지낼 수 있다는 것에 놀랄 만큼 편한 대학 생활이었다. 하지만 편한 생활은 딱 졸업 전까지였다.

대학 입학 전, 교육청에 문의할 때는 몰랐다. 자퇴생도 교사가 되는 데 아무런 문제가 없다고 할 때, 그 교사는 국공립 학교의 교사였다. 교사 임용 시험의 자격 요건에 장애인에 대한 공식적인 차별은 없었다. 하지만 내가 바란 것은 국공립 학교의 교사가 되는 것이 아니었다. 난 항상 사립 학교를 다닌 학생이었고 내가 바꾸고 싶은 학교도 바로 내가 다니던 그와 같은 학교였다. 내가 바란 곳은 사립 고등학교였다. 심지어 모교로 갈 수 있다면 좋겠다고 생각하기도 했었다. 그 바람은 4학년 교육 실습을 모교에 신청했을 때 거절당하며 이룰 수 없는 목표가 되어 버렸지만 적어도 내가 다닌 학교와 비슷한 학교에서 일하고 싶었다. 그곳에서 나와 같은 고민을 하고 있을 학생의 편이 될 생각이었다.

임용 시험을 준비하는 스터디에도 들어가지 않았고, 노량진의 학원가에도 가 보지 않았다. 고등학교 수학과 대학교에서 배운 수학만 혼자 공부했다. 사립 학교 시험은 서류 전형, 필기시험과 시범 강의, 면접으로 이뤄졌다. 지금은 모든 학교에서 필기시험이 1차 전형이지만 내가 대학을 졸업하던 시기엔 서류 전형이 1차 전형인 곳이 대부분이었다. 졸업을 앞두고 처음 원서를 접수하기 위해 공고를 찾아보다 당황했다. 서류 전형의 필수 서류에 고등학교 생활기록부가 있었다. 자퇴생에게 그런 것이 있을 리가 없는데, 어쩌나 싶어 해당 학교에 문의했더니 1년이라도 다녔다면 그거라도 제출하라고 했다. 정말 다시 가고 싶지 않은 내가 그만둔 학교를 찾아갔다. 누구도 날 알아보지 않기를 바라는 마음과 모두가 알아보길 바라는 마음을 모두 갖고 찾아갔다. 아무도 알아보지 못했다. 이런, 어떻게 아무도 못 알아볼 수 있지. 누구라도 물어보면 너희들이 어떻게 날 대했든 이렇게 살아남아 학교로 갈 생각을 하고 있음을 자랑하고 싶었는데 아무도 묻지 않았다. 그날 받아 온 서류는 정말 쓸데없는 서류였다. 다른 학생들의 생활기록부는 이것저것 양식에 맞춰 기록된 그럴듯한 서류였는데 내 것은 1980년대부터 쓰던 커다란 양식지에 담임이 자필로 몇 가지 써 둔 종이 한 장뿐이었다. 악필이었던 담임의 자필 기록을 애써 해독해 봐도 별 내용이 없었다. 며칠 자에 자퇴를 했는지만 크게 쓰여 있었다. 차라리 다행이었다. 내가 겪은 고등학교의 생활이 모두 기록되어 있다면 그것이 더 문제가 될 것 같았다. 어쨌든 이것도 생활기록부이긴 하니 필수 서류를 내지 않아 교사 채용에 결격 사유가 될 일은 없게 되었다. 그런데 처음 넣은 원서는 창고로 직행했는지 학교로부터 연락이 없었다. 그 후로도 이유는 알 수 없지만 여러 차례 서류 전형에서 탈락했다. 서류 전형이 1차 전형인 곳에서는 거의 모두 떨어졌다. 결국 졸업한 해에 정교사로의 채용은 실패했다. 5월이 되어서야 이미 한 번 탈락했던 학교에서 연락이 왔다. 아주 급한 사정이 있는 듯했다. 바로 이번 달에 일할 수 있냐는 섭외의 연락이었고 바로 다음 날 첫 면접을 보았다. 정말 교사가 되기 위한 첫 면접.

"오래 교사를 하려면 자신을 다 드러내지 마"

그때가 처음으로 왜 자퇴를 했느냐는 질문을 받았던 날이다. 지금이 아니면 교사로 일할 자리가 다시 없을 수도 있었다. 약간의 거짓을 보태어 설명했다. 실제로는 자퇴를 하던 날에 장애가 생겼지만, 그 순서를 바꿨다. 학교는 잘 다니고 있었는데 다치게 되어 어쩔 수 없이 자퇴를 하게 되었다고 했다. 지금 이 순간만 거짓말을 하고 교사가 되어서는 솔직하게 살면 되지 않겠냐는 생각으로. 그 정도만 말해도 나의 보잘것없는 생활기록부가 나름 도움을 준다. 동아리가 등산부였다는 것이 도움이 된다. 교장이 장난끼가 많은 학생이었나 보다 하고 맞장구를 치며 등산하던 중에 사고가 있었냐고 묻는다. 그날로 나의 장애 사유는 등산 도중의 추락 사고로 둔갑하게 되었다. 교감은 더 보태기도 한다. 당시엔 외고, 과고 학생들도 내신 성적을 위해 자퇴하는 학생들이 많았다고, 나 같은 경우도 자퇴하고 이 정도 대학에 간 것을 보면 공부는 잘했던 것 같다고. 자신들의 사정이 급하니 알아서 희망 회로를 돌리며 나를 좋게 평가했다. 그날 바로 채용이 결정되었다.

운 좋게 맡은 교사의 자리였다. 내가 바라던 사립 학교였고 교칙도 엄격한 곳이었다. 학생들과 이야기도 잘 통했다. 학생들에게도 먼저 말했다. 자퇴를 했고 장애인이기도 하다고. 장애의 이유는 후천적이라는 것만 말했다. 그리고 학교를 자퇴한 후에 학교로 돌아온 사정도 간단히 말했다. 여기서 학생들이 편하게 대할 수 있는 교사이면 좋겠고 교사의 엄한 이미지를 바꾸고 싶다는 포부도 전했다. 학생들은 대부분 반겨 줬다. 꽤 빡빡한 교사들로 채워진 학교에 젊고 요상한 교사가 왔으니 그럴 만했다. 동료 교사들 중에도 반겨 주는 사람들이 많았다. 사립 학교에서 보기 드문 모습의 교사였기에 호기심을 가지기에 충분했다. 자신들의 젊은 시절을 떠올리며 무엇 무엇을 주의하고 어떻게 수업을 하는 게 좋다는 조언들을 많이 해 주었다. 수업이든 교무실 생활이든 난 결국 그 조언과는 상관없이 지냈다. 그분들의 조언이나 충고는 기존의 학교 시스템에 어떻게 닮아 가며 적응해야 하는지에 대한 것들이 대부분이었다. 후배를 위한 조언이라고 볼 수도 있었고 어느 미꾸라지가 물을 흐릴까 걱정하는 충고 같기도 했다. 지나가는 말로 툭 던지듯 말하는 동료도 있고 술자리에서 진지하게 말하는 사람도 있었다.

나의 자퇴와 장애에 대해서도 궁금해하는 것 같았다. 직접 물어보는 사람은 없어도 뒤에서 서로 이야기를 나누는 것 같은 느낌을 받았다. 나름 친해진 선배 교사가 쉬는 시간에 이야기를 시작했다. 이윤승 선생님은 위험한 사람이라고. 어쨌든 자퇴라는 선택을 했다는 것은 갈등의 순간에 극단적인 선택을 염두에 두고 있다는 뜻이라고. 그러니 그런 것들이 학생들에게 전해지는 것은 꽤 위험하다고 말했다. 직설적이었지만 표정은 다정했다. 너무 드러내지 말라는 따뜻한 당부. 정말 그런가. 난 그렇게 살아온 건가. 내가 가진 선택의 폭은 정말 극단적인 것을 포함한 것들이었나. 그땐 그렇게 느끼지 않았다. 자퇴는 어쩔 수 없는 돌파구였고 그것은 극단의 선택에 해당하는 것이 아니었다. 그런데 그 후 10여 년이 지나고 보니 지금의 동료 교사들도 나를 그렇게 보고 있다. 현재도 여전히 난 극단적으로 살고 있다고 생각하지 않는데 주위 사람들은 나를 극단적인 사람으로 인식하고 있다. 처음 나에게 위험한 교사라고 말해 준 선생님은 나의 무엇을 보고 그렇게 말했을까. 만난 지 한 달 정도밖에 되지 않은 나에 대해서 어떻게 그런 판단을 했던 것일까. 내가 자퇴생이라는 것을 몰랐더라도 그렇게 생각했을까. 단지 자퇴생 출신이라는 것만으로도 충분히 판단 가능하다고 느꼈던 것일까. 다정하게 말하던 그 선생님은 나에게 위험한 교사이니 교사를 하지 말라고 한 것은 아니었다. 오래 교사를 하려면 조심하라고, 너무 자신의 모습을 다 드러내지 말라고 했던 것이다. 그렇게 드러내고 살다 보면 사람들이 나를 결국은 멀리할 것이라고, 호기심은 금방 지워지고 이질감 때문에 학교에서 고립될 것이라고 했다. 그 선생님은 정말 학교라는 곳을 잘 알고 있는 분이었다.

난 그 뒤로 쭉 호기심의 대상이었고 학교의 이물질이었고 결국 고립되었다. 여러 학교에서 그랬다. 지금도 달라지지 않고 있다. 그 선생님의 조언을 깊게 새기지 않았고 난 나를 드러냈다. 학교가 이상한 것은 이상한 것이었고 이상하다고 말했다. 첫 학교에서 계약은 연장되지 않았다. 두 번째, 세 번째 해에도 그랬고 5년 동안 그렇게 매년 새로운 학교에서 일했다. 5년 동안의 면접 경험들과 탈락, 기간제 생활의 반복이 있었다. 하지만 5년간 같은 일만을 반복한 것은 아니었다. 예상하지 못한 면접 경험들과 예상보다 좋았던 학교생활들이 있어서 기간제 교사 생활이 지치고 힘든 시간만은 아니었다. 첫 학교에서 이미 편견에 대한 주의는 들었으니 새로운 학교에서의 편견의 시선은 새로울 것이 없었고 기간제 교사로 생활하며 교장에게 잘 보이는 것도 포기했으니 내가 할 수 있는 한 시험과 시범 강의를 잘 치르고 면접에만 운이 따라 주면 정교사가 될 것 같았다. 그리고 기간제 교사여도 담임을 못 하는 것만 아쉬웠지 수업 시간 학생들과의 교류는 충분히 즐거웠다.

사립 학교 면접 분투기

그 5년의 학교생활들과 면접의 경험이 어쨌든 지금의 나를 만드는 데 영향을 주었으니 짧게라도 몇 가지 이야기를 하고 싶다. 마치 신생 팀이 겨울마다 시즌을 반복하며 팀이 완성되는 것처럼 나의 5년도 팀을 구성하고 손발을 맞추는 시기와 비슷했다.

정교사가 되기 위한 도전의 두 번째 시즌, 첫해와 마찬가지로 모두 탈락했다. 이번에도 서류 전형에서 통과되지 못했다. 서류엔 장애인이라는 말이 없었는데도 모두 탈락했다. 두 번째 해에 수많은 학교에 응시했지만 필기시험을 보러 오라는 연락도 없었다. 두 번째 해에도 결국 기간제 교사 자리를 구하는 것으로 겨울 교사 채용 시즌을 마감했다. 급하게 병휴직을 쓴 교사 덕분에 자리를 구했다. 두 번째 학교에서도 도돌이표가 있는 악보 같았다. 학생들과 즐겁게 지내고 교사들과 잘 어울리는 듯하다 뭔가 안 맞게 되는 학교생활의 반복. 다행히 두 번째 학교에선 나를 귀여운 후배처럼 대하며 내가 뭘 하더라도 너그럽게 생각해 주는 분들이 많았다. 이 학교에서도 고립되기만 했다면 학교에서 일하기를 포기할 수도 있었겠지만, 그분들 덕분에 학교에 어떻게든 계속 있고 싶다고 생각했다. 교사들이 좋아서가 아니라 학생들이 좋아서. 학생들과 이야기를 나누고 학생들이 학교라는 공간에서 지칠 때, 나를 통해 웃을 수 있다면 학교는 나에게 충분히 의미 있는 공간이었다. 학교에서 도망치고 싶은 학생, 성적으로 줄을 세우고 성적만으로 학생을 판단하는 교사들 사이에서 지친 학생에겐 내가 쉴 수 있는 곳이 되는 것 같았다. 교실이 있고 학생만 있다면 시간이 금방 지나갔다. 학생들도 그 시간을 여느 수학 수업과 달리 즐거워했다. 기억에 남는 것은 수학보다 다른 이야기들이었겠지만 어차피 내가 바라는 것은 수학을 잘하도록 하는 것보다 학교에서 즐거울 수 있는 방법을 찾도록 돕는 것이었다. 수학을 잘하게 도와줄 선생님은 많았다. 학교에도 많았고 학원과 인터넷 강의에도 많은데 굳이 나까지 보탤 필요가 없었다. 나로 인해 수학을 싫어하게 되지만 않는다면 그것으로 충분했다. 심지어 가끔은 내가 수학을 대하는 방식이 마음에 들어서 내 교과 수업을 좋아하는 학생들도 있었으니 더 바랄 게 없었다. 행복했다. 또 계약은 연장되지 못했지만 괜찮은 1년이었다.

세 번째 시즌의 결과는 첫 두 해보다 안정적이었다. 기간제이긴 하지만 급한 사정이 없는 학교에 일찍 채용되었다. 기간제 교사로 채용된 후에도 정교사를 뽑는 학교에 계속 응시했다. 면접의 기회도 많았다. 그해부터 1차 전형으로 필기시험을 보는 학교가 많아졌기에 가능했다. 필기시험을 보게 되면서 이번 시즌에 바로 정교사가 될 수도 있겠다는 희망을 가졌다. 난 수학 시험을 잘 볼 자신이 있었다. 가끔 미션 스쿨에서 성경 문제를 내는 경우도 있었지만 그런 시험조차 풀 수 있도록 준비했다. 서류 전형에서 밀릴 것 같으니 어떻게든 시험이라도 잘 봐서 시범 강의와 면접까지는 가야겠다고 생각했다. 직접 만나서 나와 이야기를 나눠 본다면 자퇴든 장애든 걸림돌이 되지 않을 수도 있다고 자신했다. 정말로 시험은 거의 통과했다. 수학 교사들이 평가하는 시범 강의도 거의 다 통과했다. 응시했던 학교들 중 많은 곳에서 교장이나 이사장과 면접하는 최종 단계에 갈 수 있었다. 하지만 마지막 면접의 문턱은 높았다. 자퇴나 장애에 대한 선입견을 넘어설 만큼의 교사로서의 매력을 보여 줄 수 있다고 생각했지만 그런 일은 일어나지 않았다. 시험 점수가 높고 시범 강의를 잘했다고 자부했지만 그런 것들은 사립 학교의 채용에서 가장 중요한 부분은 아니었던 것 같았다.

최종 면접에 가서 떨어지는 일이 많아지자 난 시험도 잘 보고 수업도 잘하는데 오로지 자퇴 이력이나 장애 때문에 결국 떨어진다고 생각했다. 하지만 어쩌면 최종 면접에 도달할 수 있었던 이유 중 가장 큰 것은 대학 졸업장이었을 수도 있다. 필기 점수나 수업 실연 평가에서의 변별력보다 사립 학교는 학벌을 중요하게 생각했고 시험 점수와 시범 강의 점수만 통과하면 웬만큼 면접 기회는 주는 것 같았다. 그리고 최종에 남은 몇 명은 나와 비슷한 학벌을 가지고 있었고 그 상황에서 굳이 자퇴생 출신의 장애인을 뽑을 이유는 없었을 것이다. 난 장애를 넘어설 점수가 필요했다고 생각했지만 한국의 사립 학교에서 장애를 덮을 만한 것은 실력보다 학벌이었던 것 같다. 사실 그동안 정교사는 되지 않아도 마지막에 기간제 교사 자리라도 얻을 수 있었던 것도 그 탓이 컸을 것이다. 사정 급한 학교에서 기간제 자리 정도는 줄 수 있는 스펙. 최종 면접을 보는 과정에서 깨달은 것이 있다. 사립 학교에 채용되려면 대단한 운이 따르거나 관리자가 엄청난 인권 감수성을 가진 사람이어야 가능하겠다고 생각했다. 결국 내 면접 태도도 조금씩 달라졌다. 관리자가 원하는 대답을 하려 했고 장애가 대수롭지 않을 정도처럼 보이게 노력했다. 자퇴 사유도 어쩔 수 없는 사정이 있어서인 것처럼 포장했다.

정교사를 뽑는 면접은 더 길고 질문도 노골적인 경우가 많았다. 당연히 첫 질문은 왜 자퇴를 했는가였고 두 번째는 어쩌다 장애를 갖게 되었는가였다. 아무래도 장애의 이유를 묻는 것은 그들이 생각하기에도 실례였던 모양인지 대부분 첫 두 질문의 순서는 일정했다. 처음 교사가 되던 날처럼 어물쩍 넘어갈 수도 없었다. 정교사를 뽑는 학교는 전혀 사정이 급하지 않은 학교들이었다. 뽑으면

뽑고 아니면 내년에 뽑겠다는 자세였다. 최종 2인에 들어도 자신들의 성에 안 차면 둘 모두 떨어뜨리고 둘 중 한 명에게 기간제 계약을 제안하는 곳도 있었다. 느긋하고 집요하게 물었다. 난 머리를 굴리면서 대답해야 했다. 자퇴의 이유는 건강상의 이유였고 다치게 된 사정은 추락이었다고. 때론 학교에서 창문을 청소하다 너무 열심히 하려고 몸을 내밀다가 발을 헛디뎌서였고, 때론 등산하던 중의 부주의였다. 하지만 숨긴다 해도 결과는 같았다. 떨어지고 또 떨어졌다.

면접으로 다시 만난 학교의 민낯

네 번째 겨울에도 그랬고 다섯 번째 겨울에도 그랬다. 서울의 웬만한 사립 학교 교장은 다 만나 본 것 같았다. 면접을 많이 보고 자주 떨어지다 보니 면접에서 긴장하는 일도 거의 없게 되었고 떨어져도 아주 실망하지 않았다. 면접 날의 분위기에 맞게 사실과 거짓을 섞는 비율도 잘 조절했다. 몇 번은 솔직하게 말한 적도 있었다. 내게도 학교에 대한 선호가 있으니 필기시험과 시범 강의를 통해 느낀 분위기가 별로 맘에 안 드는 곳에선 떨어지면 어떠냐는 심정으로 거의 다 사실대로 말했다. 학교라는 곳에 있으면 너무나 갇혀 있는 느낌이 들었고 그로 인해 자퇴를 결심했다고, 학교라는 곳에서 학생들이 자퇴하지 않고도 자유로운 감성을 가질 수 있는 곳이 되길 바라는 마음으로 교사가 되고자 한다고 말하기도 했다. 그렇게 말하는 와중에 바라본 교장과 이사장의 눈빛은 언제나 같았다. '이놈은 안 되겠다.' 나도 같은 마음으로 봤다. '이 학교는 영 안 되겠다.'

면접의 질문 수준과 태도에서 면접관의 교양 수준을 느낄 수도 있었다. 왜 자퇴를 했는지, 왜 장애를 갖게 되었는지를 묻는 것은 마찬가지였지만 적어도 몇몇은 질문 앞에 '실례지만'이나 '묻기 죄송스럽지만' 같은 말을 붙였고 그런 말을 안 하더라도 마치 우린 자퇴나 장애를 기준으로 널 평가하는 것은 아니라는 듯한 느낌을 주기 위해 노력하는 경우도 있었다. 분명 평가의 주요 항목이었을 테지만 아닌 척 연기라도 했다. 반면 아주 노골적으로 묻고 평가의 주요 사항임을 드러내는 경우도 많았다. 필기시험도 잘 보고 시범 강의도 잘 하셨지만 고등학교를 졸업하시지 않아 고등학생의 생활을 이해하기 어려우실 것 같다는 말을 들었다. 장애가 있어서 걸을 때 부자연스러움이 보이는데 그것이 학생들에게 좋지 않은 영향을 줄 것 같다며 채용이 어렵다는 교장도 있었다. 심지어 그 교장은 내가 자식 같다면서 어차피 교사가 되기는 힘들 것 같은데 앉아서 할 수 있는 직업을 택하는 게 어떠냐고 말해 주기도 했다. 정말 성실해 보이고 공부도 잘해 온 것 같아 지금 시작해도 다른 직업을 가질 수 있을 것 같다며 자신감을 가지라고 했다. 대꾸할 말이 없었다. 잘 보이고 싶은 마음도 사라졌다. 선생님 같은 교사에게 배우는 학생들이 불쌍하다고 말해 주고 자리를 떴다. 그 교장은 그렇게 말하는 나를 보며 한심히 여겼을 것이다. 자신의 동정심을 이해하지 못한 마음이 꼬인 사람이라고 생각했을 것이다. 처음 휠체어를 타던 시절, 길 가다 웬 어르신이 갑자기 만 원짜리 지폐를 손에 쥐어 주던 때와 비슷했다. 난 돈을 왜 주느냐며 거절했고 할머니는 안 받겠다는 돈을 굳이 던지며 화를 내고 가 버렸다. 어른이 주면 그냥 받는 거라며. 그 교장은 스스로 어른이라고 생각했겠지. 어른스럽게 가망이 없어 보이는 젊은 응시자에게 만 원을 주려고 한 거였겠지. 그런데 그런 교장이 최악은 아니었다. 교장과 했던 최종 면접까지 통과하고 합격자라고 축하한다고 전화까지 해 놓고는 형식적이나마 이사장님이 보고 싶어 하신다 해서 찾아갔더니, 우리 학교는 힘이 좀 센 남자 교사가 필요한데 이번에 교장이 실수로 뽑은 것 같다며 정교사 채용은 힘들다며 미안하게 됐다고 전하는 경우도 있었다.

대학을 졸업하고 정교사 채용을 위해 6년을 준비하다 보니 궁금해졌다. 자퇴나 장애가 탈락의 결정적 사유이긴 한지, 자퇴생과 장애가 각각 얼마만큼의 비중으로 탈락 사유가 되었는지 궁금했다. 물어볼 곳도 없고 물어봐도 알려 줄 리 없지만 알고 싶었다. 나름대로 머리를 굴려 보며 자퇴보다 장애가 더 큰 이유였을 것이라고 추측했다. 장애만 아니면 이미 합격했을까 원망스러운 때도 있었다. 한편으론 나에게 장애와 자퇴가 같은 시점의 일이었던 것처럼 나를 평가하는 사람들도 둘을 묶어서 생각하는 것 같기도 했다. 두 개의 질문은 항상 연달아 이뤄졌으니까. 면접에서 두 질문을 안 받아 본 적이 없었고 두 질문에 앞서 다른 질문을 한 경우도 거의 없었다. 교직관이나 취미, 꿈, 목표 등 수많은 질문거리들이 있고 대학 학점이나 대학에서 이수한 과목들에 대해서도 물을 수 있었고 다른 응시자들은 그런 질문을 받았다고 했다. 하지만 나를 평가하기 위해 필요한 많은 정보 중 가장 궁금한 것은 오직 자퇴의 이유와 장애의 이유뿐인 듯 첫 두 개의 질문으로 면접이 시작되었다. 그렇지 않은 곳은 두 군데 정도였는데 하나는 웃긴 학교였고 다른 하나는 지금 내가 일하는 학교였다. 웃긴 학교의 이사장은 정말 특이하게도 첫 질문으로 왜 대학에서 러시아사상사를 공부하고 자기소개서에 도스토예프스키 이야기를 썼냐고 물었다. 좌파냐고. 좌파인지 아닌지가 중요했던 나머지 자퇴나 장애는 지나가는 정도로만 물어보았다. 그는 나를 좌파라고 확신했다. 내가 좌파여서 면접에서 떨어져 보다니. 나쁘지 않은 경험이었다.

나를 합격시킨 지금의 학교는 면접 날 좋은 예감이 들었다. 익숙한 면접과 달랐다. 자퇴에 대해서도 장애에 대해서도 질문하긴 했지만 수학과 교육에 대한 질문에 비중을 크게 두었고 장애가 아니라 혹시 나중에 아파서 그만두게 되진 않을까에 대해서만 걱정했다. 오래 일하며 사립 학교의 장점을 살릴 수 있는 교사를 원한다고 했다. 다행히 5년간의 기간제 경력 동안 결근한 적이 없었기에 신뢰를 줄 수 있었다. 고마운 분들이라고 생각했다. 편견이 있었겠지만 편견에만 머물지 않고 판단해 준 것이 좋았다. 며칠이 지나고 처음으로 정교사 합격 전화를 받았다. 더 이상 자퇴의 이유나 장애의 이유를 설명하기 위해 이리저리 머리를 굴릴 필요가 없게 되었다. 좋았다. 나를 면접에서 좋게 평가해 준 관리자분들은 몇 달 지나지 않아 후회했다. 후회한다고 하도 여러 사람에게 말해서 나도 알게 되었다. 고마운 분들이긴 하지만 난 정교사가 되어 이제 나를 숨길 필요가 없었으니 어쩔 수 없었다. 고맙다고 충성만 할 순 없지 않은가. 내가 교사가 되려던 이유가 분명했기에 동료 교사와의 관계 같은 것은 중요하지 않았다. 내가 원하는 교사의 모습으로 학생과 만났다.

학생이 저마다의 이유를 가지고 등교할 수 있다면

정규직 교사가 되자 담임 교사도 처음으로 맡을 수 있었다. 1학년 학생들의 담임이 되어 담임으로서 오랫동안 하고 싶었던 것들을 거의 다 해 보게 되었다. 학생들과 학기 초에 상담할 때엔 성적에 대한 이야기를 하지 않았고 꿈에 대한 이야기도 잘 하지 않았다. 학교는 성적을 잘 받아서 진학이나 취업에 이르는 도구가 아니라고 믿었고 고등학교에 입학한 첫 1년을 얼마나 재밌게 보낼 수 있을까에 대해서 주로 상담했다. 우리 반은 매일 오래 떠들었고 자주 웃었다. 쉬는 시간에 공부를 하는 학생을 위해 조용히 하기보다 쉬는 학생이 마음껏 쉴 수 있는 공간으로 만들고 싶었다. 공부가 아니라 '서로의 관계에서 얼마나 타인의 존재를 인정하고 포용할 수 있는가가 학급 생활의 중심이었다. 아직 휴대전화를 강제로 수거하고 아침마다 치마 길이를 단속하고 두발의 모양을 감시하는 학교였지만 학급 안에서만큼은 자유로웠다. 지각을 해도 그것이 죄송한 일이 아니었고 쉬는 시간에 휴대전화를 자유롭게 사용하면서 수업 시간에 자신이 관리하도록 했다. 아픈 날이든 슬픈 날이든 조퇴를 할 수 있었고 조퇴증도 담임에게 받는 것이 아니라 각자 휴대하도록 했다. 집에 가고 싶은 날엔 허락받지 않고 집에 갈 수 있다고, 대신 갈 때 나도 알고 있도록 문자 하나만 보내 달라고 부탁했다. 생리통이나 배란통으로 결석을 한다고 죄송하다는 문자를 보낼 필요가 없었고 관련 서류를 내라는 학교 측과 다투어 담임 확인서로만 대신할 수 있게 했다. 학교에 갇힌 느낌을 주고 싶지 않았고 학교에 오는 이유를 가진 채 등교하도록 돕고 싶었다. 난 오늘 왜 학교에 왔는가에 대한 질문에 스스로 답을 하며 등교할 수 있기를 원했다. 언제든 학교에 오지 않을 자유가 있었고 학교에 온다면 정말 반갑게 맞이할 담임이 있다는 믿음을 주고 싶었다.

덕분에 우리 반은 기가 센 학생들이 모인 반이라고 손가락질받기도 했고 담임이 아직 경험이 없어서 도대체 통제가 안 되는 반이라는 말도 들었다. 첫해에도 다음 해에도 나의 담임으로서의 역할은 비슷했고 학교에서도 경험 부족의 문제가 아니라는 것을 알게 되었다. 여러 선생님들이 교장과 교감에게 이윤승 학급 때문에 주위 학급의 분위기도 안 좋아진다고 어떻게 좀 해 달라는 요청을 했다고 한다. 교장은 나를 불러 이런 식으로 하면 다시는 담임을 맡길 수 없다고 압박하기도 했다. 그게 인사위원회 소관인데 어떻게 교장이 그렇게 말할 수 있냐며 월권이라고 답했지만 정말 그 후로 그 교장이 퇴직하기 전까지 담임을 못 맡기도 했다. 학급 담임이 아니어도 내 역할은 마찬가지였다. 교칙이 학생인권조례를 위반하는 경우가 많아 내부 고발을 통해 바꿔 보고자 교육청에 여러 차례 민원 신청을 했다. 한번은 학생회장 선거에서 교장이 개입하려고 하자 해당 학생을 위해 구제 신청을 대신 하기도 했다.

나는, 우리는 참지 않는다

처음에는 많은 교사들이 나의 장애에 대해 신경 썼는데 나와 생활하다 보니 장애보다 조직에 대한 애착 면에서 더 문제가 있다고 생각하게 되었다. 한마음 한뜻으로 교육을 해야 학생들이 혼란스럽지 않은데 매번 내가 학교와 다른 이야기를 하고 다른 교사들과 정반대의 말을 하고 다닌다고, 이래서야 교육이 되겠냐고 한탄했다. 여러 선생님들은 내가 곧 그만둘 것이라고 예상했다. 학교와는 안 맞는 사람이라고 생각했다. 난 이상한 교사였다. 내가 보기엔 교사들 한 명 한 명이 다 다른 사람이고 성격도 다른데 자신들끼리는 서로 한 범주에 넣어 두고는 나는 제외시키는 듯했다. 내가 누군가와 다르듯 우린 모두 조금씩 다르고 조금씩 비슷한 사람인데, 유독 나를 제외한 다수들끼리만 교집합이 큰 것처럼 여겼다.

특히 정교사가 되고 몇 년 지나서 학생들과 서로 반말을 쓰기로 정한 후부터는 더 고립되었다. 대학에서 교수와 대화하며 좋았던 느낌을 학생들에게도 주고 싶어 처음 교사가 된 후로 줄곧 학생에게 존댓말을 해 왔는데 오히려 고등학교에선 서로 반말을 하는 것이 더 직관적으로 권력의 위계를 허무는 효과를 줄 것 같았다. 8년 정도 계속해 오다 보니 생각보다 많은 학생들이 익숙하게 평어를 사용하게 되었고 그런 학생의 경우 나에게 자신의 생각과 감정을 더 솔직하게 표현하기도 했다. 막말을 하면 어쩌나 걱정하는 사람들도 많았지만 그런 일은 없었다. 교사들도 처음엔 놀라거나 절대 허용할 수 없다는 의견을 피력하는 교사들이 많았지만 그래 봐야 내가 달라지지 않으니 어느새 그러려니 하고 모른 척했다. 포기하지 않고 계속 불만을 드러내는 무리도 있긴 하지만 무시하고 있다. 그들에게 내 모습은 그들의 세계를 붕괴시키는 일이겠지만 그들이 그동안 권위적으로 학생들을 대했던 모습을 기억하고 있기에 그들의 분노에 대응하고 싶지도 않았다. 그들이 무리를 지어 나를 욕한다 한들 신경 쓰지 않았다. 그들이 더 큰 무리가 된다 해도 그들에게 맞춰 줄 생각도 없었다.

나를 걱정하는 동료 교사는 나를 타이르며 조금 천천히 가자고 조언했다. 빨리 혼자 가지 말고 천천히 함께 가야 한다고 충고했다. 학교를 하나의 개체로 본다면 그것도 일리 있는 말일 수 있다. 하지만 학교는 하나의 개체가 아니라 수백 명의 학생들이 단 3년을 생활하는 공간이다. 사립 학교 교사들에게 시간은 더디게 흐르지만 학생들의 3년은 금방이다. 고통스러운 일상을 3년간 참고 난 후 몇 년이 지나 학교에 놀러 왔을 때, '학교가 참 달라졌네요' 하는 정도로는 만족할 수 없었다. 지금 당장 힘들어하고 뭔가 조치가 필요한 학생들에게 나중엔 좋아질 거라는 말은 기만이었다. 내가 학생이던 때, 나를 때리고 야단치던 교사들이 늘 하던 말이 있었다. 학교에서 배워야 하는 것은 공부만이 아니라 바로 참을성이라고, 참을 줄 아는 인간이 되라고 늘 타일렀다. 교사가 된 후에 내가 듣던 말을 학생들에게 반복할 수는 없었다. 참는 것이 할 수 있는 유일한 것이 아닐 수 있다는 점을 알려 주고 싶었다. 난 더 좋은 방법을 찾지 못해 자퇴를 선택했지만 자퇴하지 않고서도 학교에 변화를 주거나 학교로부터 강요만 받지 않을 방법이 있었다. 설령 학생이 변화를 위한 노력에 실패했다고 느끼고 학교에 대한 희망을 접고 자퇴를 한다고 해도 참을성이 없어서가 아니라 단지 더 나은 것을 선택한다는 마음으로 자퇴를 하기를 바랐다.

그래도 자퇴를 선택하는 학생에 대한 교사들의 생각은 쉽게 바뀌지 않는다. 그들이 보기엔 참지 못한 채 떠난 도망자의 이미지로 기억된다. 자퇴를 해 본 나에 대한 생각도 그렇다. 조직에 융화되지 못하는 현재의 내 모습을 보며 자퇴했던 학생 시절에는 어땠을지를 추론하고 지금의 학교에서도 언젠가는 참지 못해 도망칠 수 있다고 여겼다. 하지만 난 떠나지 않았다. 참을성이 커진 것이 아니라 지금 나의 일이 좋아서 남아 있다. 내가 자퇴를 했던 것도 지금 남아 있는 것도 참을성의 문제는 아니다.

너의 삶이 남의 삶과 꼭 닮을 필요는 없다는 것

　중학교를 졸업할 때 어느 학교에 진학할지를 결정하며 대입을 준비하기 시작하는 학생들이 많다. 정시 혹은 수시, 수시라면 교과 혹은 종합, 둘 다 아니라면 논술이나 실기. 고등학교에 입학하고 대학을 선택하고 인생의 과정을 계획하는데 시작하는 단계의 경우의 수가 너무 적다. 삶의 가능성에 비해 학생들의 선택의 폭은 좁다. 아직 시작하는 단계여서 선택지가 적은 것이라기보다는 학교와 교사들이 제안하는 선택지가 적은 것이다. 학교라는 곳은 평균의 사람들에게만 열려 있는 듯하다. 수백 명의 학생들을 한 공간에 넣어 두고는 학생들의 꿈, 취향, 태도와 같은 것들이 좌표 평면상의 수많은 점들로 자리를 잡고 학생의 수만큼 다양하게 패턴을 만들어 내기를 바라기보다는 그 점들이 선형적인 형태로 단순하고 깔끔하게 이어지기를 바란다. 선형의 분포에서 벗어난 점들은 오차 범위 밖의 존재로 인식하며 얼른 교사가 그어 놓은 선형의 자리로 돌아오라고 다그칠 뿐이다. 각각의 점들이 가진 자취와 분포들이 다양하게 해석될 여지를 주지 않는다. 교사들은 학생뿐만 아니라 교사의 모습도 단순한 규칙성 안에 자리 잡기를 원한다. 자신도 거기에 있고 다른 교사들도 그 주위에 있어야 한다고 믿는다. 오차 범위를 벗어난 교사는 연못을 망치는 미꾸라지다. 하지만 난 딱 그런 교사이길 원하고 앞으로 그렇게 지내고 싶다. 선형적인 분포에서 벗어난 존재들을 위해 내가 먼저 평균으로부터 벗어난 교사의 모습으로 학교에서 지내고 싶다. 아직까진 괜찮게 지내고 있으니 당분간은 더 교사를 하고 싶은 마음이 크다. 나도 모르게 평균적인 교사의 모습에 수렴하는 모습을 보이기 전까지는 교사이고 싶다. 그러다 보면 모든 학생들이 좋아하지는 않겠지만 모두가 싫어하는 것도 아니니, 괜찮다.

작년 말, 어느 수업 중 올해를 마무리하면서 감사 편지를 쓰는 시간이 있었는지 한 학생이 편지를 써 주었다. 수업을 마치고 자리에 오니 이름도 없는 편지가 있었다. 그는 편지에 고맙다고 썼다. 자신의 꿈을 말하면 비웃을 것 같아서 아무에게도 말 못 하고 이런 꿈을 가져도 되나 고민했는데 내 이야기들을 들으며 마음이 편해졌다고 한다. 웃긴 사람이 해 주는 웃기는 이야기 같았는데 그 안에 나의 실패의 이야기들이 담겨 있어서 좋았다고.

'나처럼 하면 돼', '너도 할 수 있어'라는 말을 하지 않아서 다행이다. 대부분의 학생은 내가 웃으며 던지는 자퇴하라는 이야기에 웃기만 하고 자퇴하지 않는다. 웃긴 선생의 웃기는 이야기일 뿐이다. 하지만 조금 마음에 남았으면 좋겠다. 다양한 삶이 가능하고 자신의 삶이 누군가의 삶과 꼭 닮을 필요가 없다는 것. 그리고 선택하고 또 선택하다 보면 어디서 왔는지는 몰라도 어딘가로 다가

가고 있다는 것.

　난 학교를 떠나고 학교로 돌아왔다. 지구가 둥글어서 돌아온 것 같기도 하지만 난 둥그런 구를 이동하고 싶지는 않다. 내가 돌아오고 싶었던 학교는 내가 있던 학교가 아니다. 나의 공간은 구가 아니라 팽창하는 우주였으면 좋겠다. 한번 떠나면 다시 돌아오기 어려운, 모든 점들이 서로 멀어지는 우주. 제임스웹을 통해 본 우주처럼 나도 학생들도, 교사도 학교도 서로 닮지 않았으면 좋겠다. 별 하나가 온 우주에 중력의 영향을 줄 수 없지만 각 별들이 멀리 있어도 서로 빛을 통해 서로의 존재를 인식하고 마찬가지로 자신의 존재를 우주에 보여 주듯, 나 한 명이 학교를 완전히 바꾸기도 어렵고 학교를 힘들어하는 모든 학생들에게 큰 도움을 주기도 어렵지만 우리 학교에 자퇴생 출신의 장애인 교사가 한 명 있다는 것을 학생들이 알고 있다면 자신들도 학교에서 각자의 정체성을 가진 채 살게 되지 않을까 기대한다.

　자퇴하고 교사가 된 이야기를 쓰기 위해 나의 예전의 모습을 떠올리는 시간을 갖다 보니, 지금의 내가 어디서 시작되어 어떻게 흘러왔는지 정확히 떠올리려 할수록 묘하게 현현한 느낌이 들 때도 있었다. 어두운 상점들의 거리를 걷는 기분이었다. 이번 기회를 통해 한참의 시간을 들여 기억을 정돈해 보았으니 이제 잊고 싶다. 과거가 아파서는 아니고 과거를 지금의 주된 동력으로 삼고 싶지는 않아졌기 때문이다. 마침 시인 친구의 새로운 시집이 이 글을 생각하고 쓰고 다듬던 도중에 출간되었다. 시집을 읽다 한 시에서 손이 멈추었다. 내 이야기를 들려준 것도 아닌데 수천의 글자로 쓴 나의 교사 이야기에서 전하고 싶었던 것들이 흘러왔는지 시 한 편*에 다 담겨 있었다. 우리는 함께 학교를 다니지 못했고 그로 인해 함께 시인의 꿈을 이루지 못했다. 인생의 길은 갈라졌고 어느 순간부터는 우리가 걷는 길이 평행한 직선을 이루듯 일정한 거리를 두기도 했다. 하지만 친구의 시를 읽다 보니 깨닫게 되었다. 우린 결국 각자의 위치를 지키면서도 만날 수 있었다. 그곳은 '미래'일 수도, '지금, 여기'일 수도 있다. 각자의 방향을 지키면서도 만나게 될 수 있다. 한 점을 향하지 않고도 우린 지금 여기에서 만날 수 있다.

---

* 이우성(2022), 〈미래의 나무〉, 《내가 이유인 것 같아서》, 문학과지성사.

교무실의 이방인

나를 교사로 키운 것은 시각장애였다

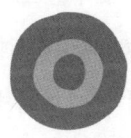

김헌용

안녕하세요! 저 정민이에요. 저번에 사 주신 음료수는 잘 마셨습니다. 저는 눈이 잘 보이지 않는데도 어려움을 이겨 내는 선생님이 처음엔 신기했어요. 진짜로 너무 잘 걸으셔서 눈이 잘 보이는 줄 알았는데 그게 선생님이 많은 노력을 해서 그런 것 같았어요. 저는 선생님을 보고 선생님이 본받고 싶어졌어요. 그 이유는 선생님의 많은 노력이에요. 노력해서 안 될 게 없는데 노력 하나 안 해서 시험도 못 봤어요. 그래서 전 선생님의 노력을 본받고 싶은 거예요. 그럼 수고요~

- 2009년 5월 13일 수요일, 정민 올림

교육 실습 중 학생으로부터 받은 쪽지 편지였다. 이 쪽지를 보고 피식 웃음이 났다. 걷는 모습을 보고 본받고 싶어졌다니. 영어를 잘 가르쳐 줘서도, 자상하게 대해 줘서도 아닌, 그저 걷는 모습만으로도 자신의 학업까지 돌아보게 되었다니. 명백히 희망적이었다. 누구나 자신의 있는 그대로의 모습으로 사랑받고 싶어 하지 않던가? 교사로서 이처럼 남는 장사도 없을 것 같았다. 그때까지 교직을 준비하며 내 가슴을 짓누르던 부담감이 일순간 걷히는 기분이었다.

이방인이라는 정체성

나는 여섯 살에 실명했다. 부모님은 내 눈을 고치기 위해 나를 이 병원에서 저 병원으로, 다시 저 병원에서 이 병원으로 데리고 다녔지만, 결국 눈앞은 흐릿해지고 말았다. 그러나 부모님의 손을 붙잡고 병원에 다녔던 시간은 결코 헛되지 않았다. 아버지는 라디오 종교 방송에 사연을 보내 어려운 상황을 알렸고, 부모님의 노력과 여러 행운이 겹쳐 나는 독일 쾰른대학병원에서 눈 수술을 받았다. 종국에는 안 보이게 될 눈이었지만, 그래도 그 덕분인지 10대까지 나는 돋보기 너머로 책이며, 휴대전화 문자 내용이며, 화면 속 축구 선수들의 사진을 마음껏 볼 수 있었다. 비록 일반 학교 근처는 얼씬도 못 했지만, 내가 다녔던 맹학교에서는 나 정도의 잔존 시력이 있으면 '약시(당시 저시력을 가리키던 용어)'로 불렸다.

맹학교에 다니고 있으니 시각장애인임은 분명한데 약시여서 나름의 특권을 누렸다. 선생님들의 신임을 받았고, 친구들을 도와주며 자존감을 다질 수 있었다. 반면, 다른 측면에서 열등감도 있었다. 맹학교에는 TV에서나 볼 것 같은 음악 천재들이 실제로 있었다. 같은 반에 절대음감을 가진 친구가 4명이나 있었는데 학급 인원이 8명밖에 안 되었으니 비장애인 사회에서는 상상도 할 수 없이 높은 비율이었다. 안타깝게도(한참 후에서나 안타까워할 만큼 흔한 일이 아니란 걸 알게 됐지만) 나는 그 그룹에 속하지 못했고 꽤 오랫동안 내게 없는 재능을 한탄하며 열등감에 시달려야 했다.

하지만 결과적으론 맹학교에서의 12년은 손해 보는 장사가 아니었다. 먼저, 대한민국에서 오로지 시각장애인만 발급받을 수 있는 국가 공인 안마사 자격증을 손에 넣었다. 해부 생리, 한방, 실기 같은 과목으로 이루어진 2년에 걸친 직업교육 과정을 이수한 시각장애인에게만 주어지는 빛나는 자격증이었다. 또 얻은 것은 독특한 경험이었다. 사실 이것이 이 글의 주제와는 더 부합할 텐데, 바로 남들과 철저히 분리됐던 경험이 그것이다.

맹학교는 특수학교로 분류된다. 특수학교는 일정 부분 일반 사회와 거리를 두고 있다. 그렇지 않고서는 특수학교라고 부를 수도 없을 것이다. 특수학교가 일반 사회와 분리되지 않는다면 굳이 통합교육 같은 개념을 논할 이유도 없을 것이다. 달리 말하면 특수학교는 분리되어 있기 때문에 특수할 수 있는 것이다.

생애 최초의 정체성을 형성해 나가던 때, 특수학교에서 보낸 12년은 나를 뼛속까지 이 사회의 이방인으로 만들었다. 당시에는 그렇게 느끼지 못했으나 임용 시험을 통과하고 서울의 한 중학교에서 교직을 시작한 첫날 나는 그것을 바로 깨달았다. 2010년 3월이었다. 그 후 이방인으로서의 정체성은 오래도록 내 삶을 앞으로 밀고 나가는 가장 강력한 원동력이 되었다.

첫 출근

정민이의 쪽지는 가히 신탁과도 같은 것이었다. 교단에 선 후 나는 매우 열심히 걸었고, 학생들은 물론 동료 교사와 학부모들도 그것을 신기하게 바라보았다. 그들이 그렇게 보면 볼수록 나는 더 우아하게 걸으려고 노력했고, 나의 노력이 효과가 있었는지 언론사 기자들도 수없이 다녀갔다. 실은 근무를 시작하기 전부터도 카메라가 따라붙었는데 오죽하면 내가 처음 출근하는 모습을 찍겠다며 유명 방송사 PD가 올 정도였다. 그들이 찍어 간 것은 실상 내가 흰 지팡이를 손에 들고 걷는 모습이 거의 전부였는데도.

처음엔 모든 것이 생경했다. 매일 비슷한 정장을 입는 것도(맹학교에는 교복이 없다), 매일 같은 시간 붐비는 지하철에 몸을 싣는 것도(그 전까지는 늘 학교 근처에 살거나 기숙사에 살았다), 30명이 넘는 학생이 모인 교실에 서는 것도(맹학교는 한 반에 아무리 많아도 15명을 넘지 않았다). 학생들이 책장 넘기는 소리, 연필로 뭔가를 쓰는 소리마저 신기하게 들렸다. 나는 그 이질감에 압도될 지경이었다.

새로운 곳에 가면 지형지물도 낯설지만 소리에도 적응해야 한다. 첫 한 달간은 학교 소음에 익숙해져야 했다. 학생들이 모두 돌아간 방과 후가 되어서야 몸과 마음에 평화가 찾아왔다. 아이들이 가면 텅 빈 교실에 남아 한참을 멍하니 앉아 있곤 했다. 그러다가 지금은 돌아가신 외할머니께 전화를 받고 울컥 눈물이 났던 기억도 생생하다. 너무나도 편안하고 익숙한 음성. 그것은 머나먼 과거로부터 새로운 세계로 시간을 뛰어넘어 걸려 온 전화처럼 느껴졌다.

그러나 머지않아 그 불편함에도 곧 익숙해졌다.

교직 사회에 받아들여지다

우아하게 걷는 것이 모든 문제를 해결해 주진 않았다. 교사로서의 첫 여름 방학을 나는 강원도 영월의 한 연수원에서 꼬박 보냈다. 마침 영어교육의 바람을 타고 교육청에서 의욕적으로 실시하던 영어 교사 심화 연수 프로그램 중 하나에 참여한 것이다. 서울과 충남 소속 영어 교사들과 함께였다. 첫 학기를 마치고 보니 아직 교사로서 충분히 준비되지 않았음을 절실히 깨닫게 되었다. 학기 말이 되자 학생들은 수업 때 종이비행기를 날리며 놀기 시작했다. 그렇다고 해서 딱히 학생들을 통제해야겠다는 강한 의지가 생기지 않았다. 무얼 어디서부터 손대야 할지 혼란스러웠다.

나름 특단의 조치로 감행한 영월에서의 합숙 연수는 효과 만점이었다. 그때만큼 짜릿하고 포근했던 연수는 이후에 한 번도 경험하지 못했다. 프로그램도 좋았지만, 동료 영어 교사들과 밤새 이어 간 대화는 내게 자신감만큼이나 위로를 주었다. 나처럼 수업을 고민하는 교사가 그렇게도 많았다니. 그 사실만으로도 큰 힘이 되었다. 내 고민의 본질이 내 장애에 있지 않다는 것을 확인받아 좋았다. 비로소 다른 영어 교사들과 같은 평범한 신규 영어 교사가 된 것 같아 뒤늦게 가슴이 벅찼다.

그해 2학기는 내 교직 인생에서 가장 아름다운 장면으로 남아 있다. 매일의 수업이 신났고, 출근이 두렵지 않았다. 지금도 그때를 생각하면 얼굴에 절로 미소가 떠오른다. 그 가을의 공기와 아이들의 웃음소리가 지금도 내 얼굴에 와닿고 귓가에 맴돈다.

장애로 비롯된 고민이 없진 않았다. 하지만 그것은 그것대로 하나하나 풀어 가면 될 일이었다. 예컨대, 교과서를 시각장애인이 읽을 수 있도록 전자 문서화하고, 전자 문서화된 교과서를 읽을 수 있는 점자정보단말기를 복지관에서 대여받는 일 따위였다. 그런 문제들은 비슷한 시기에 교단에 선 시각장애인 동료 선생님들과 함께 해결했다. 시각장애인 교사를 위한 점자 교과서와 보조기기 지원 업무를 교육청에서 전격적으로 담당하기 시작한 것은 그 후로도 10년 가까운 세월이 흐른 뒤였지만, 스마트폰이 발명되기 전에도 인류 문명은 아무 문제 없이 일상생활을 영위하지 않았던가? 장애인 교원을 위한 편의 지원 정책이 지금의 모습을 갖추기 전에도 장애인 교원들의 교직 생활은 이어져야 했다. 우리는 꼭 필요한 것부터 우리 손으로 하나씩 찾아 나갔다. 그것마저도 흥분되는 경험이었다.

이런 일들을 제외하고는 나는 평범한 영어 교사였다. 같은 학교에 발령받은 다른 신규 교사들 역시 나와 비슷한 수업 고민과 인생 고민을 했다. 그래서 자연스럽게도 비슷한 시점에 그간 쌓인 긴장을 풀 만한 이벤트가 필요했다. 그즈음 동료 선생님들과 회식다운 첫 회식을 했다. 퇴근 후 예닐곱 명의 교사들이 모였다. 계절도 마침 가을이라 해산물을 먹었다. 포장마차 같은 곳에서 시끌벅적하게 2차를 했고 노래방에도 갔다. 나는 그 자리에서 굴욕적이게도 다른 선생님들이 보는 앞에서 구토를 했다. 너무 부끄러웠다. 그 후로는 회식에서 그렇게 많이 술을 마셔 본 적이 없다. 하지만 아이러니하게도 그때 나는 처음으로 교직 사회에 받아들여진 느낌을 받았다.

동기들은 교사가 되어 가고, 나는 장애인이 되어 가다

모든 것이 평범했다. 내가 보이지 않는다는 사실만 제외하면.
학생들은 나를 오로지 교사로서만 바라보았던 것 같다. 2년 차부터는 교원능력개발평가의 서술형 답변에서 '장애가 있음에도 불구하고'와 같은 표현이 자취를 감추었다. 나도 아이들을 학생으로 대했고, 아이들도 나를 선생님으로 대했다. 그뿐이었다. 나는 최고까지는 아니어도 '괜찮은' 선생님이었다. 학생들과 록 밴드를 구성해 축제 무대에 올랐고, 점자반, 영어노래패러디반, 영자신문반 같은 동아리를 잇달아 개설하며 수업만으로는 쌓을 수 없는 사제 간의 정을 쌓아 갔다. 그때의 경험으로 학생들은 학교생활을 즐기는 선생님을 좋아한다는 단순한 진리를 깨우쳤다. 학생들은 놀기 좋아하는 선생님과 놀고 싶어 하고, 음악을 좋아하는 선생님과 음악을 연주하고 싶어 하고, 영어를 좋아하는 선생님에게 영어를 배우고 싶어 한다. 그것을 얼마나 잘하는가? 어떤 자격증이 있는가? 혹은 그 선생님에게 장애가 있는가? 이런 질문은 하등 중요치 않다. 그런 것들은 아이들에겐 배경 정보일 뿐이다.

그런데 동료 교사와 학교 관리자들은 굳이 배경 정보를 더욱 부각해서 보는 것 같았다. 그렇지 않고서는 함께 첫 발령을 받은 동기들이 모두 담임을 맡는 동안 나만 비담임 교사로 남아 있을 이유가 없었다. 풋풋하던 동기들은 조금씩 완연한 교사의 모습이 되어 갔다. 학급 업무를 처리하고 결코 쉽지 않은 학생 생활 지도에 헉헉대면서도 그들은 서로 의지하며 한 발 한 발 교사의 길을 걸어가고 있었다. 그들의 배경 정보에는 달리 '결격 사유'라고 부를 만한 것이 없었으므로 그들은 적절한 때 적절한 역할을 부여받았다.

같은 시기 나는 완연한 장애인의 모습이 되어 갔다. 잔존 시력을 거의 잃었다. 희미하게 보이던 횡단보도의 얼룩무늬가 보이지 않게 됐고 학생들의 실루엣이 안갯속으로 사라졌다. 원래도 중증 시각장애가 있었지만 진정한 어둠이 내린 것은 이 시기였다. 지푸라기 잡는 심정으로 부모님은 내게 마지막 수술을 권유했다. 나는 의료 행위에 기대하지 않았다. 그래도 효도하는 셈 치고 국내 최고의 병원에서 수술을 받기로 했다.

2박 3일 동안 입원했다. 성인이 된 후 받은 첫 눈 수술이었다. 어릴 때와 달리 전신 마취가 아닌 국소 마취로 진행됐다. 의사는 능숙한 손놀림으로 내 눈을 마취하고 흰자위를 절개해 눈 속 깊은 곳을 들여다보았다. 통증은 전혀 없었지만, 손에 식은땀이 났다. 머리 위로 쏟아지는 조명 불빛이 의사가 수술 도구를 든 손을 움직일 때마다 일렁였다. 놀랍게도 의사와 간호사들은 수술하는 내내 일상적인 대화를 주고받고 있었다. 내게 장애가 일상인 것처럼 그들에겐 수술이 일상이었으리라. 의사가 수술을 마치고 흰자위를 실로 꿰매는 것이 느껴졌다. 의사는 별다른 감정 없이 "잘 됐어요"라고 짧은 한마디를 남기고 수술실을 나갔다. 그제야 나도 큰 숨을 내쉬며 꾹 쥐고 있던 주먹을 풀었다.

수술 결과는 예상대로 '차도 없음'이었다.

그렇다고 해서 삶까지 덩달아 어두워진 것은 아니었다. 평범한 나날이 이어졌다. 내가 교직 사회에 받아들여졌다고 느끼게 한 그 문제의 회식 후 아주 오래간만에 동기들끼리 식사했던 날이 생각난다. 대화 주제는 동기들이 담임을 맡은 아이들 간의 소소한 다툼과 아이들의 세세한 특성으로 모아졌다. 내가 보탤 이야기는 많지 않았다. 수업만으로는 파악할 수 없는 구체적인 일화들이 주를 이루고 있었다. 나는 어떤 이야기를 했을까? 그즈음 기타를 배우던 일? 퇴근하고 영어 번역 학원에 다니던 일? 한 가지는 기억난다. 동기들의 이야기가 흥미롭지 않았다는 것. 그 정서적 반응은 어쩌면 방어 기제였을지도 모른다. 담임 교사들만이 겪는 지난한 교사의 일상은 비담임 교사인 내겐 신 포도처럼 보였다.

의심하지 않았던 세계를 다시 만나다

그 무렵, 나는 진학을 희망하던 통번역대학원에 한영 번역 전공으로 합격했다. 교직 3년 차가 끝나 가고 있었다. 교사로서의 삶에 슬슬 매너리즘을 느끼려던 즈음 찾아온 새로운 도전이라 타이밍도 더없이 안성맞춤이었다. 합격 소식을 인터넷 창에서 확인한 순간이 아직도 생생히 기억난다. 1교시 수업을 마치고 두근거리는 가슴을 진정시키며 교무실 자리에 앉았다. 수험 번호와 개인 정보를 입력하니 곧바로 '축하합니다'라는 메시지가 떠올랐다. 나도 모르게 그 자리에서 작은 탄성을 질렀다. 잠시의 교사 생활을 뒤로하고 다시 학생으로 돌아가는 순간이었다.

그로부터 7년여 전인 대학교 1학년 때 미국에 방문한 일이 있었다. 미국 사회 각 분야에서 일하고 있던 한국 출신 시각장애인 선배들이 마련해 준 40일간의 뜻깊은 여행이었다. 미국 시각장애인들과 함께 대학교 여름 학기 수업을 들으면서 미국 학교를 경험해 보라는 취지의 자선 프로그램이었는데 내겐 넓은 세상에 눈을 뜨게 해 준 어마어마한 경험이었다. 영어 교사가 되겠다는 꿈의 씨앗은 그때 심어진 것이나 다름없다. 특수교육과에 입학했던 나는 그 여행 이후 내리 영어 관련 수업을 수강했고 대학교 3학년 때 다시 파견 학생으로 한 학기 동안 미국을 경험했다. 두 차례의 미국 여행은 대학교 졸업 후 내가 무엇이 되든 영어 관련 일을 하리라는 장래 희망을 굳히는 결정적 계기가 되었다.

두 번째 여행에서는 CD로 된 〈해리 포터〉 시리즈 오디오북도 한 보따리 사 왔다. 100장도 넘는 〈해리 포터〉 CD를 한 장 한 장 리핑하여 당시에 가지고 있었던 MP3 플레이어에 넣어 두었는데 그 오디오북을 여행 직후에는 듣지 못하고 교사가 되고 나서 지하철로 출퇴근하면서 조금씩 들었다. 〈해리 포터〉를 듣는 통근길은 말 그대로 평행 우주를 꿈꾸는 시간이었다. 나는 〈해리 포터〉의 세계관이 좋았다. 우리가 살고 있는 세계의 어느 허술한 빈틈을 비집고 들어가면 그 너머로 전혀 딴판의 세계가 펼쳐진다. 이러한 상상은 평범한 다람쥐 쳇바퀴 도는 듯한 일상을 전혀 다른 차원으로 데려간다. 만원 지하철로 학교에 오가며 그렇게 수도 없이 환상적인 여행을 했다.

통번역대학원 입학은 그 환상을 현실로 옮겨 놓는 꿈만 같은 일이었다. 통번역대학원은 호그와트나 다름없었다. 다양한 배경으로 다양한 언어에 푹 젖어 든 학생들. 그리고 높은 곳에 서서 그들을 능숙하게 지도하시는 교수님들. 마법도 이런 마법이 있을까? 번역을 공부하는 건 내겐 어릴 적부터 닿을 수 없는 높은 이상이었다. 번역을 공부하며 나는 세상이 뒤집히는 경험을 수십 번도 더 한 것 같다. 그동안 학생들에게 영어를 가르친 것이 부끄러워질 정도로 몰랐던 것들을 많이 알게 됐고 몰랐던 세상을 끝없이 탐색

했다.

외국어를 공부하는 것은 이방인이 되는 훈련이다. 누구든 모국어의 집에서 나오면 철저한 타자가 된다. 당장 낯선 풍경을 맞닥뜨리게 되고 낯선 풍경을 해석하기 위하여 더 낯선 것을 찾아 헤매야 한다. 그렇게 어렵사리 찾아낸 말의 의미를 가지고 도로 모국어의 집에 돌아오면 익숙하리라 기대했던 것들이 모두 다른 모습을 하고 있어 다시 한 번 놀란다. 의심하지 않았고 의심할 수 없었던 세계가 붕괴하는 체험을 한다. 그렇게 모국어의 집을 다시 기우고 덧대면서 나의 언어 세계는 더욱 단단해졌던 것 같다.

통번역대학원을 졸업하는 데는 2년이 걸렸다. 졸업장과 세상을 바라보는 신선한 안목도 얻었지만, 사람도 얻었다. 평생의 인연을 만났고 둘도 없는 친구가 되었다. 졸업으로부터 7년 후 나는 수많은 사람들의 축복 속에 그 친구와 백년가약을 맺었다.

진정한 부적응자

그러나 만약 타임머신을 타고 통번역대학원 졸업 시점으로 돌아간다면 지금의 행복을 꿈에도 상상할 수 없을 것이다. 학교에 돌아왔을 때는 모든 것이 매우 낯설어져 있었다. 발령 동기들은 모두 다른 학교로 전보했고 마지막으로 가르쳤던 학생들도 모두 졸업한 후였다. 학생들과 함께한 추억은 모두 과거가 됐고 웬일인지 그곳으로 다시는 돌아갈 수 없을 것만 같았다. 세상이 바뀐 걸까, 내가 바뀐 걸까? 분명 후자일 터인데 내가 더 나은 사람으로 바뀌긴 한 걸까? 개인적으로는 더 나은 사람이 된 것 같은데 교사로서도 그런지는 확신이 없었다.

번역 공부를 하며 는 것은 말의 경계를 더욱 명확하게 인식하는 분별력이었다. 그런데 그것이 학생들을 가르치는 데는 큰 도움이 되지 않았다. 오히려 방해가 됐다. 교사라는 직업의 본질은 텍스트를 파고드는 일보다는 청소년인 아이들의 미숙한 언어를 파고드는 일에 더욱 가깝다. 내겐 더 이상 그것이 흥미롭게 느껴지지 않았다. 종종 영어에 남다른 관심을 보이는 아이들과는 이야기가 잘 통했지만, 그렇지 않은 대다수의 아이와는 벽이 생겨 버린 느낌이었다. 내가 너무 고상해져 버린 걸까. 눈도 보이지 않으면서 성미까지 까다로운 사람이 돼 버렸다면 교사로서 그만큼 난감한 일도 없었다.

장애가 문제가 아니었다. 교직에서 더 이상 보람을 느끼지 못했다. 교실 문을 열고 들어가기 전에 심호흡을 해야 했고 학생들과 걸핏하면 마찰을 빚었다. 수업 분위기는 몹시 좋지 않았다. 한번은 말썽쟁이 아이를 점심시간에 불러서 상담한다고 해 놓고 이야기를 나누다가 분을 못 이겨 아이의 등짝에 손바닥을 날렸다. 아이의 불손한 언행도 문제였지만, 애초에 교실 상황을 통제하지 못한 책임은 내게 있었다. 그래 놓고 내가 분노를 억누르지 못하다니. 학생에게도 미안했지만 가슴 깊은 곳에서 자괴감이 엄습해 왔다.

또 한번은 학생들이 수행평가에서 부정행위를 저지르는 일도 있었다. 수업에서 발표할 때마다 말하기 점수를 준다며 붙여 주었던 스티커를 학기 말이 되자 모든 아이들이 스티커 판에 꽉 채워서 가져왔다. 발표를 들은 기억이 거의 없는 학생도 30개가 넘는 스티커를 보여 주며 만점 점수를 받아 갔다. 한두 아이라면 눈치채지 못했을 수도 있는데 반마다 그런 아이들이 몇 명씩 나왔다. 이건 비상사태가 분명했다.

나는 믿을 만한 아이들을 불러 자초지종을 파악했다. 실제로 몇몇 학생들은 부정행위를 저지른 것이 밝혀졌다. 하지만 그것으론 부족했다. 나는 학생들을 모아 놓고 진심을 다해 열변을 토했다. 말하기 점수 몇 점과 양심을 바꾸지 말라고. 인생에서 부정행위를 통해 얻은 점수로 이득 볼 것은 없으며 두고두고 잃을 것만 있을 것이라고. 그러나 솔직하게 자기 잘못을 고백하는 학생들에게는, 선생님 인생을 걸고 장담하건대 점수와는 비교할 수 없는 큰 배움이 있을 것이라고. 그것이 지금 여러분의 나이에서는 그 무엇보다도 가장 중요한 공부라고.

내 말엔 일말의 설득력이 있었다. 아직 아이들은 순수했다. 쉬는 시간에 아이들이 내 교실로 줄줄이 찾아왔다. 나는 부정행위를 실토하는 그들의 점수를 정정하면서 정신 똑바로 차리자고 다짐하고 또 다짐했다. 그때 내게 찾아오지 않은 아이도 있을 것이다. 부정행위를 저지른 것으로 짐작 가는 아이도 있었지만 억지로 자백을 받아 낼 방법은 없었다. 그 일은 내게 두고두고 뼈아픈 기억으로 남아 있다. 학생들을 이상적인 모습으로만 바라보려고 했던 나의 설익은 생각도 그때 한층 현실적으로 바뀌었다. 초짜 교사가 치러야 한 값비싼 수업료였다.

상황이 이러하니 동료와의 관계도 순탄할 리 없었다. 누구보다도 나를 지원하기 위해 전일제로 배치된 장애 교사 업무 보조 선생님이 가장 힘들어했다. 업무도 수업도 잘 정리가 안 되니 옆에서 보조하는 입장에서 힘들 수밖에 없는 일이었다. 대학원에서 복직한 후 1년 반 사이에 업무 보조 인력이 네 번이나 바뀌었다. 세 번째 업무 보조 선생님의 근무 기간은 고작 한 달에 불과했다. 각자 일을 그만둔 이유는 다양했지만 가장 큰 이유는 내가 학교에 부적응한 탓에 있음이 틀림없다. 나 자신도 그만두고 싶은데 나를 도와주는 사람은 오죽했을까. 그나마 네 번째로 온 쾌활한 업무 보조 선생님 덕분에 학교생활에 가까스로 안정이 찾아왔다. 무척 오랜만에 되찾은 내적 평화이기도 했다.

'배제'가 '배려'가 되다

하지만 그것이 끝이 아니었다. 첫 학교에서 만기를 채우고 새로운 중학교로 옮겼을 때 새 출발을 거듭 다짐했건만 학교생활이 예전처럼 신나지 않았다. 어쩌면 대학원에서 정말 돌아올 수 없는 강을 건넌 것일까? 아니, 그런 거창한 이유가 아닐 것이다. 원래 신규의 열정이 이례적이고 그 후에 찾아온 권태로운 일상이 평범할 터이다. 거기까진 인정할 수 있었다.

문제는 외부에도 있었다. 나는 첫 학교 마지막 2년 동안 2학년과 3학년을 담당했으므로 새 학교에서도 1~2학년 또는 2~3학년을 걸쳐서 담당하리라 예상했다. 그런데 뜻하지 않은 교감 선생님의 '배려'로 1학년만 전담하게 됐다. 담당 학년은 영어 교과 선생님들과 협의해서 결정하겠다고 했지만, 교감 선생님은 다른 선생님들을 설득해 가며 굳이 내가 1학년 수업을 전담할 수 있도록 '조치'를 취했다. 그 과정에서 내가 교감 선생님에게 가장 많이 들은 단어가 '배려'였다. 다른 선생님들도 모두 이해하고 배려해 주겠다고 했으니 부담 갖지 말고 편한 수업을 맡으라는 것. 교감 선생님은 유능한 분이었고, 이후에 나와의 관계도 매우 좋았다. 그러나 그때 그 조치만큼은 배려인 듯, 배려 아닌, 배려 같은 차별이었다.

결과적으로 나는 교감 선생님의 권유를 받아들였다. 그리고 새 학교에서의 두 번째 해에도 똑같은 상황이 반복됐다. 그때도 교감 선생님의 입장은 변함이 없었다. 대화를 나누는 순간조차 나를 배려하고 있다는 느낌이 너무 강하게 들어 강하게 거부하지 못했다. 첫해에 1학년을 담당하는 동안 수업에 대한 만족도도 높았으므로 이젠 나의 반감도 거세지 않았다. 교장실에까지 찾아가 대화를 나누었지만 나는 설득 아닌 설득을 당했다. 이런 일은 세 번째 해에도 똑같이 일어났다.

사실, 첫 학교에서도 차별을 당한 적이 있었다. 학년 말에 이루어지는 다면평가자 명단에서 내가 제외된 것이다. 정확히 말하면 나는 평가 대상자 명단에는 포함되어 있었지만 평가자 명단에서는 빠져 있었다. (다면평가 결과는 인사 평가와 성과급 산정에 중요한 자료로 활용된다.) 다면평가를 설계한 교무부장 선생님의 논리는 내가 눈이 안 보이므로 다른 교사들의 수업이나 업무를 평가할 수 없다는 것이었다. 명백한 장애인 차별이었다. 어떤 선생님이 수업을 얼마나 잘하고, 업무를 얼마나 효율적으로 처리하는지 눈이 안 보이면 알 수 없다는 것은 매우 단편적인 접근이었다. 그러나 그런 명백한 차별을 하면서도 교무부장님의 설명은 나를 '배려'한다는 것이었다. 당시 나는 교장 선생님께 가서 이 점을 설명했다. 교장 선생님은 나의 주장을 수긍하면서도 "올해는 이미 방침이 결정됐으니 어쩔 수 없다"고 했다. 인사상의 차별은 거기까지일 것이라고 생각했다.

새 학교에서 3년 내리 1학년만을 전담하고 4년 차에 교감 선생님이 바뀌었다. 추후에 밝혀진 사실은 당시 교감 선생님이 내가 전보 오기 전에 학부모회장과 모종의 구두 약속을 했다는 것이었다. 새로 부임 오는 시각장애인 교사에게 고학년 수업을 맡기지 않겠다는 약속. 그 약속을 이행한 것은 결코 배려가 아니었다. 그것은 배제였다. 시각장애인 선생님에게 영어 수업을 듣는 것이 손해라고 말한 학부모도 야속했지만, 배제 조치를 하면서 배려라고 강변한 교감 선생님에게는 피가 거꾸로 솟는 분노를 느꼈다. 그간의 관계도 있고 이미 엎질러진 물이어서 별도로 항의하진 않았다.

하지만 내가 받은 차별은 기억에 아로새겨졌다. 담당 학년을 일방적으로 강요하는 것은 수업권 침해이다. 그런데 장애인이 아니었으면 당하지 않았을 수업권 침해라는 점에서 그것은 명백한 장애인 차별이었다.

학생들이 준 선물

차별은 조금씩 내 마음에 스며들어 교사로서의 자존감을 갉아먹었다. 첫 학교에서 쭉 담임 교사를 맡지 못한 데 이어 새 학교에서 첫 3년을 저학년만 담당하고 보니 교사로서의 역할이 반의반으로 쪼그라든 기분이었다. 학교는 계속해서 내가 교사가 아니라 장애인이라고 말하는 것만 같았다. 교사와 장애인이라는 두 정체성이 결코 양립할 수 없는 것이 아님에도 마치 그런 것처럼 모두가 행동하니 나 자신도 혼란을 느끼고 위축되고 말았다. 열정의 문제만은 아니었다. 교사로서의 경력은 쌓이는데 성장은 멈춘 비대칭적 상황이 괴로웠다.

그때 만약 학생들이 아니었다면 나는 진작 교직에서 튕겨져 나갔을지도 모른다. 학생들은 내가 교사로서의 항해를 계속하도록 뱃길을 밝혀 주는 등대가 되어 주었다. 놀랍게도 학생들은 나를 영어 교사로서 인정할 뿐만 아니라 장애인으로서의 정체성마저 긍정적으로 받아들여 주었다. 그것을 보여 주는 일화가 있다.

두 번째 학교에 출근한 지 두 달이 조금 넘은 어느 봄날이었다. 주말을 보내고 평소와 마찬가지로 학교가 있는 지하철역 출구를 나섰다. 발을 인도에 내딛는 순간 전에는 없던 것이 발바닥에 느껴졌다. 지난 금요일까지만 해도 없던 것이었다. 몇 걸음 걷는데 얼굴에 절로 웃음이 떠올랐다. 시각장애인을 위한 노란 점자 유도 블록이었다. 좁다란 길을 점자 블록을 밟으며 걸어가는데 어찌나 편하던지. 흰 지팡이를 짚지 않아도 방향을 쉽게 잡을 수 있었다.

누가 점자 블록을 깔아 달라고 민원을 넣었을까? 아무리 생각해도 이렇게 하루아침에 점자 블록이 생기는 것은 누군가 민원을 제기하지 않았다면 불가능한 일일 것 같았다. 교장 선생님이 민원을 넣었을까? 골똘히 궁리하면서 교문을 들어섰다. 바로 그때 귓가를 스치는 목소리들이 있었다. 약 3주 전에 담당하는 아이들이 내게 와서 인터뷰해 간 기억이 난 것이다. 아이들의 질문은 그간 내게 찾아왔던 숱한 기자들이 물어본 질문과 별반 다르지 않았다.

"시각장애인으로서 학교생활을 하며 불편한 것은 없으신가요?"

나는 딱히 없다고 답했다. 어차피 학생들에게 시나 국가 차원의 정책에 관한 복잡한 이야기까지 할 필요는 없었으므로. 다만 출퇴근길에 점자 블록이 없어서 불편하다는 얘기는 지나가듯 했다. 아이들은 더 이상 깊게 물어보지 않고 곧 감사하다는 인사와 함께 총총히 사라졌다. 너무나 짧은 인터뷰였기에 곧바로 인터뷰한 사실조차 잊어버렸다.

교무실에 가방을 내려놓자마자 그 학생들이 있는 반으로 찾아

갔다.

"○○아, 저번에 선생님 인터뷰해 간 건 잘 진행이 됐니?"

"네. 지난주에 보고서 잘 냈어요."

"그런데 그 인터뷰가 뭐에 대한 거라고 했었지?"

"사회참여토론이란 건데요, 보고서 결과가 잘 나오면 학교 대표로 나가서 토론하는 거예요. 그런데 저희가 '구청장에게 바란다'라는 앱에 글 올려서 지금 점자 블록이 깔린 것 같던데……."

그 말을 듣는 순간 가슴이 벅차올랐다. 학교에서 근무한 그 어느 순간보다도 기뻤다. 그동안 그토록 받아들여지지 않았고 숨기고만 싶었던 나의 일부가 전혀 뜻밖의 방식으로 학생들을 통해 받아들여진 셈이었다. 학생들의 행동은 장애를 부정적으로 바라보는 대신 환경을 바꿔야 할 대상으로 봤다는 점에서 신선한 발상의 전환이었다. 아이들의 선물은 하루아침에 학교 앞 풍경을 바꿔 놓았다. 덩달아 나의 출퇴근하는 발걸음도 훨씬 더 경쾌해졌다.

그동안 수많은 기자가 나를 인터뷰해 갔다. 교육청과 청와대 게시판에 장애인 교사들의 고충에 대해 건의한 것도 수차례였다. 하지만 내가 겪는 문제를 해결해 주기 위해 직접 행동에 나선 이는 많지 않았다. 동료와 관리자는 친절을 베풀면서도 동시에 선량한 차별주의자로 행세한 경우가 더 많았다. 그런데 아이들이 구청에 민원을 넣어 점자 유도 블록을 깔자고 생각했다니 그렇게 대견할 수가 없었다. 그 사건 이후 교육에 대해 다시 생각해 보게 됐다. 과연 누가 누구에게 가르침을 준다는 말인가? 누가 누구에게 장애 이해 교육을 실시한단 말인가?

지호의 한마디

학생들이 나를 놀래킨 일은 그뿐만이 아니었다. 아이들은 내가 미처 인지하지 못했던 내 안의 편견마저 깨닫고 허물도록 도와주었다. 역시 두 번째 학교에서 있었던 일이다.

나는 실명으로 인해 하얗게 변해 버린 오른쪽 눈동자를 가리기 위해 맹학교 졸업 후에는 홍채 렌즈라는 것을 늘 끼우고 다녔다. 홍채 렌즈는 눈동자 색깔과 같은 불투명 렌즈로 실명한 눈을 가려 주는 역할을 한다. 그런데 하루는 눈이 너무 쓰라려서 눈을 거의 뜰 수 없었다. 간혹 렌즈가 손상돼서 각막을 아프게 하는 경우가 있는데 그날따라 렌즈를 새 것으로 바꾸어 봐도 소용이 없었다. 13년 이상 버텨 온 각막이 드디어 수명이 다 됐나 하는 생각이 들 정도였다. 눈에 렌즈를 넣기가 무섭게 눈물이 흘렀다.

너무 통증이 심해서 어쩔 수 없이 홍채 렌즈를 끼우지 않고 집을 나섰다. 실로 오랜만에 렌즈 없이 한 외출이었다. 시원한 공기가 동공에 와 닿았다. 하지만 눈을 크게 뜰 순 없었다. 마치 눈을 크게 뜨면 누군가와 눈이 마주치기라도 할 것 같았다. 그날의 첫 수업은 내가 가르치던 반 중에서도 가장 말썽꾸러기가 많은 반이었다. 여느 때와 마찬가지로 아무 일 없다는 듯 수업을 시작할 수도 있었지만 일부러 평소보다 큰 목소리로 이야기를 시작했다.

"여러분, 선생님이 눈이 안 보이는 것 알죠?"

아이들의 소란이 잦아들었다.

"선생님은 원래 오른쪽 눈을 먼저 실명해서 오른쪽 눈이 왼쪽 눈보다 작고 색깔도 달라요."

이제 몇몇 아이들은 고개를 들어 나의 눈을 바라보고 있을 것이었다.

"우리의 몸은 계속 사용하지 않으면 형태가 바뀌기도 해요. 그동안은 렌즈를 끼워서 잘 티가 안 났을 텐데 오늘은 아침에 눈이 너무 아파서 렌즈를 끼우지 못했어요. 혹시 선생님이 가까이 갔을 때 깜짝 놀라지 마세요."

그때 뒷줄에 앉아 있던 한 여자아이가 큰 소리로 말했다.

"선생님, 렌즈 그냥 안 끼우시면 안 돼요?"

나는 의아해서 물었다.

"아니, 왜?"

아이는 걱정스러운 말투로 대답했다.

"눈 아프시잖아요~ 앞으로도 끼우지 마세요~"

어안이 벙벙해진 상태로 나는 수업을 시작했다. 그러다가 문득 호기심이 발동했다. 그 반에서도 평소에 가장 반항적인 한 남자아이의 곁에 가서 옆에 쪼그려 앉았다.

"지호야, 선생님 눈이 어떠니?"

그 아이는 예상한 대로 전혀 관심이 없다는 듯 대꾸했다.

"뭐가요? 그냥, 그래요."

나는 오기가 생겨 다시 한 번 물었다.

"그래? 근데 선생님 좀 쳐다보고 얘기해라. 어때? 이상하지 않아?"

그러자 그 아이는 귀찮다는 듯이 한마디 툭 내뱉었다.

"에이, 뭘 그런 걸 신경 쓰세요? 그게 선생님 매력이죠."

피식 웃음이 났다. 10여 년 전 교육 실습 때 받은 쪽지 편지와 묘하게 닮은 한마디였다. 우스꽝스럽게도 나는 '정말 그런가?' 하는 유치한 생각이 들었다. 그리고 웬일인지 그날 이후로는 홍채 렌즈를 끼우지 않았다.

한 달쯤 되었을 무렵, 회식에서 한 선배 선생님이 물었다.

"그런데, 김 선생님 눈 색깔이 조금 변하신 것 같아요."

회식이 한참 진행되고 분위기가 무르익은 후에야 물어온 조심스러운 질문이었다. 나는 태연하게 내 눈 상태와 홍채 렌즈에 관해 설명했다. 하지만 그뿐이었다. 그 후에도 홍채 렌즈는 끼우지 않았다.

가끔은 장애와 화해할 수 있을 것만 같은 순간이 찾아오곤 하는데 아이들이 내 눈이 괜찮다고 말해 준 날이 바로 그날이었다. 홍채 렌즈로부터 해방됐다는 것은 내가 나의 장애를 더욱 받아들이게 되었음을 의미했다. 내 안에 남아 있던 마지막 편견의 조각을 찾아낼 수 있었던 것은 순전히 아이들 덕이었다. 그날 아이들의 환대에는 오랫동안 내게 걸려 있던 봉인을 푸는 마법 같은 힘이 있었다. 그 마법의 주문은 나를 남들의 시선 안에 가두는 대신 홍채 렌즈를 렌즈 통에 가두어 버렸다. 마치 요술 램프에 지니를 가두어 버리듯.

전 세계 최초로 장애인 교원 노조가 탄생하다

곰곰 생각해 보면 학생들은 내가 교단에 선 첫날부터 늘 한결같았다. 장애인이라는 정체성을 교사라는 정체성과 조화시키는 데 그다지 큰 어려움이 없어 보였다. 그 점에선 오히려 당사자인 나보다도 학생들이 더 편견으로부터 자유로웠다. 어쩌면 그래서 학교 앞 점자 유도 블록 설치도, 홍채 렌즈와 얽힌 일화도 아이들보다 내게 더 큰 충격으로 다가왔는지도 모른다.

이러한 각성은 곧 행동으로 이어졌다. 내가 두 번째 학교에 재직하는 동안 나와 전국에 흩어져 있는 여러 장애인 교사들은 전국 단위 노조를 만들었다. 내가 아로새겼던 학교 내에서의 장애인 차별은 나만 겪은 것이 아니었다. 의미 있는 것은 나와 같은 시각장애 교사들만이 아닌 청각장애, 지체장애, 뇌병변장애 등 다양한 장애 유형의 선생님들이 한자리에 모였다는 사실이었다. 그래서 우리는 노조의 이름에 '함께하는'이라는 수식어를 새겨 넣었다. 안 보이는 것은 청각장애인 선생님들이 읽어 주고, 안 들리는 것은 시각장애인 선생님들이 들어 주고, 걸어갈 수 없는 길은 함께 먼 길을 돌아가는 식으로 노조를 꾸려 나갔다. 그렇게 2019년 7월

6일에 오랫동안 준비해 온 세계 최초의 장애인 교원 노조가 탄생했다.

이 글을 쓰는 시점에 전국 유·초·중·고등학교 및 대학교에는 4,800명이 넘는 장애인 교원이 근무하고 있다. 함께하는장애인교원노동조합은 이 장애인 교원들을 대표하여 교육부와 교육청을 상대로 교섭을 벌이고 학교에서 일어나는 장애인 차별에 공동 대응하고 있다. 우리의 목표는 한 가지이다. 대한민국의 학교를 장애인 차별 없는 평등한 곳으로 만드는 것. 그래서 동료들이 장애 감수성을 키우고 학교가 더 장애인 친화적으로 바뀐다면 그곳은 비단 교사뿐 아니라 학생, 학부모, 교직원 들에게도 모두 평등한 공간이 되지 않겠는가? 한때 이방인이었던 장애인 교사들은 이제 학교의 중심을 향하여 그렇게 함께 행진을 시작했다.

함께하는장애인교원노동조합이 출범하고 나서야 비로소 교육 행정가들과 동료 교사들은 장애인 교사를 남들과 다른 특성을 지닌 교사 집단으로 바라보기 시작한 것 같다. 누군가는 이것이 오히려 부자연스러운 일이라고 할 수도 있으리라. 장애와 비장애가 구분되지 않는 모두가 어우러지는 교무실 풍경은 얼마나 평화로운가?

그런데 한 사회가 장애와 자연스러운 어우러짐을 달성하기까지 반드시 거쳐야 할 관문이 있다. 그것을 생략한 채 우리의 교육은 지금 여기까지 왔다. 익숙한 모국어의 집에서 나와야 한다는 것. 이방인이 되는 훈련이 필요하다는 것. 오로지 그 과정을 통해서만

이 기존의 체제가 얼마나 부실한 것이었는지 깨닫고 한 단계 더욱 성장할 수 있다. 이 사회가 장애인의 언어를 배우기 전에는 결코 장애인을 수용할 수 없다. 그래서 우리는 우리의 언어로 말하기로 한 것이다. 요컨대 이방인의 언어이다. 교무실에서 누구나 눈치채고 있지만 모른 척하는 '방 안의 코끼리'가 되는 대신 존재를 명확히 드러내 놓고 이야기하는 것이다. "우리는 '장애인 교사'이다"라고. 낯설어지기 전에는 진정 익숙해질 수 없다는 것이 내가 잠시 교직을 떠난 사이 배운 가장 큰 교훈이다. 이제는 내가 이 교훈을 대한민국 학교에 되돌려 주고 싶다.

보이지 않는 빛

'잘 걷는다'라는 한마디에 용기를 얻어 교사가 되었지만 결코 순탄한 길은 아니었다. 그때마다 힘이 되어 준 것은 오히려 '뭘 그걸 가지고 그래요?' 같은 무심하고 가벼운 한마디였다. 여기 내가 영어 교사가 되길 잘했다고 느끼게 해 준 또 한마디가 있다.

두 번째 학교에서의 재직 기간이 끝나 갈 즈음 한 졸업생이 나를 찾아왔다.

"선생님, 우리 학교에도 선생님 같은 영어 선생님이 계셨으면 좋겠어요."

"아니, 왜? 너희 학교에 영어 잘하시는 선생님들도 많잖아."

"잘하는 선생님은 많은데 선생님처럼 영어를 좋아하는 선생님은 많지 않은 것 같아요."

소위 '명문' 학교로 불리는 외국어고등학교에 재학 중인 학생의 말이었다. 나는 미소를 지으며 고개를 끄덕였다. 생각해 보면 그것은 틀린 말은 아니었다. 나는 정말로 영어를 좋아했으니까. 그래서 영어 교사가 되었고 오디오북도 열심히 들었고 번역도 공부했으니까. 그런데 나는 왜 영어에 그렇게 끌렸던 것일까?

30년 전, 여섯 살밖에 되지 않은 어린아이는 쾰른대학병원의 한 병실에 누워 있었다. 마취에서 깨어나 보니 주변은 칠흑같이 어두웠다. 큰 소리로 울며 아빠를 불렀다. 병실 밖에서 대기하고 있던 아버지가 간호사와 함께 황급히 들어왔다. 그 이후에 어떤 대화를 나누었는지, 얼마나 오랫동안 입원해 있었는지는 잘 생각나지 않는다. 그 당시의 이미지들은 모두 흐릿하고 짤막짤막하다. 나중에 확인한 기록에 따르면 내가 쾰른대학병원에서 수술받은 시기는 1992년 11월이었다.

나는 머지않아 퇴원했지만 당분간 통원 치료를 받아야 했다. 아버지는 근처 한인 식당에서 우리 부자가 잠시 머물 수 있는 곳을 수소문했다. 감사하게도 쾰른대학병원에서 근무하는 한국 출신 간호사 아주머니 한 분이 우리를 거두어 주었다. 1960년대에 파독 간호사로 건너가 머나먼 타국에 터전을 잡고 꿋꿋이 살아가고 계신 분이었다.

그 뒤의 기억은 기분 좋게 낯선 장면들로 가득하다. 웅장한 쾰른대성당의 모습이며, 눈이 소복이 쌓이고 크리스마스 장식들로 화려했던 독일의 겨울 길거리. 길 위 선로를 달리는 신기한 트램이며, 꽃밭이 잘 가꿔진 아름다운 라인강변. 새벽의 잔잔한 공기를 타고 들려오는 은은한 성당 종소리며, 초저녁 하늘에 낮게 뜬 보름달. 그리고 도심 속에서 고요하게 평화롭던 묘원까지. 그 이미지들은 흐릿하나마 인생에서 가장 인상적인 장면으로 남아 있다. 그 가운데는 파독 간호사 아주머니가 독일어로 사람들과 나직이 대화를 나누곤 내게 통역해 주던 모습도 선하다. 나를 따스하게 챙겨 주던 아주머니의 자상한 목소리는 내가 한국에 돌아와서도 단 한순간도 잊히지 않았다.

퀼른대학병원에서 치료받던 시기에 내 삶엔 새로운 빛이 들어왔다. 그것은 미지의 세계로부터 불현듯 날아든 한 줄기 빛이었다. 그 후 세상의 빛은 잃었지만 난 끝없이 새로운 것을 보고 느끼고 싶어 했다. 독일어에 대한 관심이 영어에 대한 관심으로, 퀼른의 풍경이 전 세계의 풍경으로 바뀌었을 뿐 외국어를 통해 너른 세상을 경험하고픈 마음은 단 한 번도 꺾이지 않았다. 퀼른에서 시작된 그 빛을 따라 나는 지금까지 달려왔다. 시간이 흐를수록 그 빛은 한층 더 영롱한 색깔로 바뀌었다. 졸업한 아이에게 그 누구보다 내가 영어를 좋아하는 것처럼 보였다면 그것은 그 빛을 좇아 달리는 나의 모습을 보았기 때문이리라. 다소 불완전한 걸음이지만, 쉼 없이 앞으로 나아가는 모습을.

나는 지금도 그 빛을 따라 걷다가 뛰다가를 반복한다. 그 빛의 정체가 무엇일까? 〈해리 포터〉에서처럼 전혀 딴판의 세상이 언젠가 펼쳐지려는가? 아니면 이미 그 세계에 와 있는가? 나는 세 번째 중학교에 근무하고 있다. 이젠 교육계에도 많은 동지가 생겼다. 그중 어떤 이는 내게 살짝 와서 귀엣말로 속삭인다. "선생님, 사실 저도 장애가 있어요"라고. 그렇다면 이건 그저 소설 속의 얘기가 아니다. 남들 앞에서 꺼내기 힘든 그 말을 이젠 외쳐 볼까? "우리 곁에 장애인 교사가 있다!"라고.

여섯 살에 잉태한 장애인이라는 정체성은 지난날 나를 학교에서 이방인으로 만들었다. 그러나 그 정체성은 더 이상 나의 영어 교사로서의 그것과 유리되지 않는다. 얼핏 서로 충돌하는 듯 보이는 이 이질적인 두 정체성을 내 안에서 화해시키는 데 지난 십수 년의 시간이 사라져 갔다. 이젠 학교를 새로운 정체성으로 변혁시키는 데 나의 남은 교직 인생이 사라져 갈 것이다. 성공할까, 실패할까? 그것은 알 수 없다. 다만 한 가지는 분명하다. 멈추지 않으리라는 것. 왜냐하면, 이방인은 태생적으로 그 어느 곳에도 정착할 수 없기 때문이다.

오늘도 그 빛을 본다. 그 빛을 향해 우아하게 한 발 더 앞으로 내딛는다. 어른들은 잘 보이지 않을지도 모른다. 이방인의 눈에만 보이는 빛일 테니까. 그래도 괜찮다. 이미 그것을 봐 준 학생 덕분에 나는 교단에 섰고 그런 아이들은 계속 있었으니까. 앞으로도 그들과 함께 걸어가 보려고 한다. 남들은 보지 못한 그 빛을 향해.

누구에게나
비밀은 있으니까

―――

각자의 소수성이
우리의 보편성이 되길

―――

선영

나에게는 직장인으로서 마음속에 항상 품고 다니는 무기가 하나 있다. 아니다. 정확히 말하자면 이건 무기가 아니라 방패다. 상대를 공격할 수는 없고 그저 나 자신을 덜 다치게 할 수 있을 뿐이기 때문이다. 이 방패는 다양한 상황에서 변용할 수 있도록 점점 진화해 왔다. 그리고 언제라도 방패를 꺼낼 준비가 되어 있는 것이 무엇보다 중요하다. 아무리 열심히 갈고닦아 놓은 방패여도 적절한 방어의 타이밍을 놓치면 무용지물이 된다.

사실 퀴즈로 시작할 생각은 전혀 없었는데요. 이쯤 되면 '방패'가 무엇인지 맞혀 보고 싶지 않으신가요? 이걸 맞히는 당신은 이 시대의 참된 직장인으로 인정해 드립니다! 제가 실제로 수업할 때처럼 해 보자면, '여러분, 답을 알겠어도 말하지 말고 생각만 해 주세요. 다른 친구들에게도 생각할 시간이 필요해요.' (약 1분이 흐르고) '이제 정답을 공개할게요. 정답은, 바로, 바로……' (방송 진행자처럼 적당히 뜸을 들이며) '연애와 결혼 관련 질문에 대한 답변이었습니다!' 어떠세요, 정답을 맞히셨나요? 문제가 너무 쉬웠다고요? 그렇다면 우리 서로의 눈물을 닦아 주어요.

직장에서 '연애나 결혼 관련 질문'을 받고서 당황하거나 거짓말로 대답해 본 적이 없다면, 그런 당신이 참 부럽다. 나는 9년간의 직장 생활 중에 이런 일이 워낙 많았다. 그래서 고독한 대장장이처럼 나의 방패가 더 단단해지도록 망치질을 쉬지 않았다. 직장마다 문화와 분위기가 다르겠지만 초등 교사들은 결혼을 평균보다 참 빨리들, 참 많이들 한다. 물론 나는 누군가의 행복한 결혼 생활을 응원한다. 그런데 나를 결혼 열차표 예비 3,789번쯤으로 알고 안쓰럽게 여기면 좀 그렇다. 나는 그 표 살 생각도 없거든요!

아무 생각도 없던 신규 때는 결혼 열차표를 산 척, 곧 열차에 타는 척을 하기도 했다. 그래서 남들이 주선해 주는 소개팅에 열심히 나갔고, 선배들의 연애 노하우 및 결혼 성공 스토리도 열심히 박수 치며 들어 줬다. 그러다가 나도 모르게 스며들어 버렸는지 나의 겉모습은 어느새 또래 여성 선생님들과 90% 정도 비슷해져 있었다. 이제 연애만 하면 99.9% 똑같아질 수 있는 것이다. 그런데 나의 이 '척'을 알아챈 사람이 있었던 걸까. 교직 3.5년 차 어느 회식 자리에서 나는 이런 질문을 받게 된다. "너 레즈비언이야?"

"너 레즈비언이야?"

모두가 꽤 취한 n차 술자리였다. 이 질문의 주인공은 나와 3년째 같은 학년을 하면서 자기만의 방식으로 잘 챙겨 주었던 선배 여성 교사였다. 선배는 나와 경력 차이가 꽤 많이 났고 나에게 직업적 조언뿐만 아니라 인생 조언도 자주 해 주었다. 그 선배는 조금 특이하게도 결혼에 회의적이었으나, 결국엔 열정적인 연애 지상

주의자였다. 그 술자리에서도 뭐 역시 연애 얘기를 하고 있지 않았을까. 나는 워낙 주목받는 걸 싫어하고, 특히 연애를 주제로는 할 말이 없었기 때문에 가만히 듣고만 있었다. 그런데 갑자기 나에게 화살이 날아온 것이다.

아무리 술자리였어도 학교 선생님들 있는 자리에서 그런 질문으로 저격을 당했다고 생각해 보라. 심지어 그 선배가 덧붙인 질문의 이유는 이러했다. '너는 지금까지 한 번도 연애 얘기를 한 적이 없었어.' 나는 너무 당황스럽고, 아찔했다. '네?'라고 되물었는지, 그냥 허허 웃었는지 잘 기억은 안 난다. 한 가지 확실한 건 그 순간부터 방패를 만들기 위한 망치질의 여정이 시작되었다는 것이다. 아무튼 그 질문은 갑자기 분위기를 싸하게 만들었다. 넉살 좋아 보이고 싶어 했던 다른 선배 교사는 '이 누나가 갑자기 29금 개그를 치네. 하하하'라는 식의 말로 어색함을 무마하고자 했다. 나를 제외한 모두가 다음 화제로 쉽게 넘어갔다. 나만이 그 질문과 함께 몇 년이 지난 지금까지도 그 자리에 남아 있다. 그런데 그 자리에 남아 생각해 보니, 내가 더 예전에도 이런 질문을 받은 적이 있었다는 것이 떠올랐다. 내가 열다섯 살, 중학교 2학년이던 어느 날이었다.

초등학교 6학년을 졸업한 나는 그 동네 대부분의 여학생들이 배정되는 사립 여자 중학교에 입학하게 되었다. 갓 중학생이 되어 남의 옷 같은 교복을 입고 한창 들떠 있던 3월의 1학년 교실에 한 무리가 우르르 들어왔다. 동아리 홍보를 하러 온 선배 학생들이었다. 그들 중 내가 이름이나 얼굴을 기억하는 사람은 단 한 명도 없지만, 나는 이날의 만남이 내 인생을 바꾸어 놓았다고 감히 말하고 싶다. '숏컷'에 바지 교복을 입은 선배들의 비주얼 그 자체가 나에게는 엄청난 충격이었다. 그들도 겨우 열다섯, 열여섯 살이었겠지만 그날의 나는 살면서 단 한 번도 본 적 없는 여성의 아름다움을 마주한 것 같았다. 똑같은 숏컷에 바지 교복을 입은 남학생에게는 느낄 수 없는 아름다움이었다. 나는 이 특별한 '소녀의 원형'과 사랑에 빠지게 되었다.

나만 사랑에 빠졌던 건 아니었다. 이후에 몇몇 선배들의 팬덤 비슷한 것이 형성되었다. 인기 많은 선배들 곁에는 후배들이 몰려들었고, 그 선배들은 화이트데이 같은 기념일에 선물도 많이 받았다. 그중엔 내가 준 선물도 있었다. 줄줄이 치마 교복을 입고 입학식을 치렀던 1학년들 중에 바지 교복을 입고 머리카락까지 시원하게 자른 학생들이 등장하기 시작했다. 그중에 또 내가 있었다. 그냥 너무 멋져 보이니까 따라 해 보고 싶은 10대의 마음이었다. 그때는 그렇게 입으면 기분이 좋았다.

생각해 보니 왜 이때도 연애를 할 생각은 못 했을까. 선배에게 줄 선물을 열심히 포장하고, 첩보 영화 속 주인공처럼 선물 전달 미션을 완수하면서도 그 다음 단계를 생각하지는 못했다. 선물을 계기로 친해지고 싶다거나, 하다못해 인사라도 하는 사이가 되고 싶다는 마음 자체를 갖지 않았다. 그냥 혼자 음흉하게 멀리서 바라보며 흐뭇한 미소를 짓고, 선물에 대한 보답으로 하사받은 가나 초콜릿 겉 포장지를 몇 달 동안 버리지 않은 게 다였다. 저 선배

둘이 커플이라더라, 1학년 누구랑 누가 사귄다더라 하는 연애 소식들이 들려왔다. 하지만 내가 그 당사자가 될 수 있다는 상상은 하지 못했다. 애들아, 또 나만 순수했지.

그러던 열다섯 살 어느 날, 이렇게나 순수한 내가 '너 레즈비언이야?'라는 질문을 받게 된다. 수업이 막 끝나서 학생들이 별로 없었던 교실이었다. 질문자는 같은 반 학생이었다. 친한 친구는 아니었다. 자신의 친구 한 명과 함께 나를 조심스레 교실 뒤쪽으로 불러내서 물어봤다. 내 입으로 말하긴 그렇지만 나는 주로 공부를 하던 조용한 학생이었고, 세련되게 꾸미거나 유행을 따라갈 줄은 몰랐다. 그나마 또래 친구들이랑 어울릴 수 있는 접점 하나가 만화책을 많이 읽고 그림 그리기를 좋아한다는 것이었다. 그래서 반마다 꼭 있는 '오타쿠' 친구들이랑 가깝게 지냈다. 나도 반 친구들에게는 '오타쿠 무리 중에 공부 잘하는 애' 정도였을 것이다. 그 오타쿠의 세계라는 것은 또 너무 깊고 넓어서 나름 애썼지만 따라가기가 쉽지 않았다. 지금 생각해 보면 나는 오타쿠 친구들 덕분에 엄청난 다양성과 비주류의 장을 일찍이 경험할 수 있었던 것 같다.

질문 배경에 대한 설명이 길었다. 아무튼 그날 우리 학년에 전학생이 왔었고, 나를 포함한 오타쿠 무리 중 하나가 '전학생 얼굴 예쁘면 내 거'라는 식의 말을 했다는 것이다. 그리고 나도 이어서 '아니다. 내 거다'라고 했다나. 지금은 내가 그런 말을 정말 했었는지 기억이 나지 않는다. 내가 그렇게 진취적인 여성이었으면 그 선배를 멀리서만 바라보지 않았겠지. 그냥 친구의 드립에 맞춰 주려고 그랬을 것이다. 그런데 그런 농담 좀 했다고 레즈냐는 질문을 받아야 했던 걸까. 친구야, 너야말로 숏컷에 바지 입고 그렇게 물어보는 게 어딨어. 그 친구가 무슨 의도로 그런 질문을 했는지는 잘 모르겠다. 어차피 레즈 천지이던 여중에서 나 하나 더 추가되는 게 뭐 그리 대수였겠나 싶다. 그런데 그 질문은 다른 데에서 힘을 발휘했다. 나는 그 친구의 질문에 곧바로 '아니'라고 대답했다. 그래야 할 것 같았다. 초등학교 때 이후로는 동성 친구랑 내외하며 손도 안 잡았는데 뭔가 들킨 것 같았다. 그리고 그 순간부터 내가 남들에게 어떻게 보이는지가 신경 쓰이기 시작했다. 머리가 짧고 바지 교복을 입은 나의 모습, 여자 선배에게 선물을 건네던 나의 모습, 마이너한 만화를 보며 오타쿠 친구들과 어울리던 나의 모습⋯⋯. 나는 더 이상 바지 교복을 입지 않게 되었다.

열다섯 살에 동급생에게 레즈비언이냐는 질문을 받았던 나는, 12년 뒤에 같은 질문을 직장 선배에게 다시 받게 된다. 그런데 그 질문을 받았던 두 시기 모두 나는 여자랑 사귀어 본 적이 없었다. 열다섯 살의 나는 여성에 대한 애정 표현이 자유로운 여성 또래 집단에 소속되어 있었고, 스물일곱 살의 나는 이성애 중심적이고 가부장적인 문화의 직장에 소속되어 있었다. 열다섯 살의 내가 그 질문을 받았던 이유는 동성애에 대해 허용적이라고 생각했던 여학교 안에도 규범적인 시선이 있었기 때문이었고, 스물일곱 살의 내가 그 질문을 받았던 이유는 이성애 연애를 드러내지 않는 사람은 동성애자일 것이라는 편견 때문이었다. 열다섯 살의 나는 그 질문을 받고 레즈비언처럼 보이지 않기 위해 스스로를 검열했고, 스물일곱 살의 나는 그 질문을 받고 이왕 이렇게 된 거 그만 맞춰주고 내 마음대로 해야겠다고 생각했다.

정상성, 이렇게 하면 널 가질 수 있을 거라 생각했어

나는 중학교를 졸업하고 같은 재단의 여자 고등학교에 입학했다. 중학교 바로 옆에 고등학교가 붙어 있었기 때문에 새로울 게 전혀 없었지만, 나의 마음가짐만큼은 매우 새로워져 있었다. 여러 중학교에서 모인 학생들과 경쟁해야 한다는 생각이 나를 긴장하게 했다. 스스로가 대한민국 수험생이 되었음을 자각하고 입시 전선에 뛰어들 준비를 해야 했다. 이 정도 마음가짐 없이 고등학교에 입학한 학생은 거의 없었을 거다. 하지만 나를 더 긴장하게 했던 콤플렉스가 하나 있었다. 바로 우리 집 가정 환경이었다.

우리 아버지는 카펫, 장판 등을 까는 바닥 장식 기술자이다. 당연히 안정적인 수입이 있는 정규직 노동자가 아니었고, 아버지의 기술은 꾸준히 수요가 줄어 왔다. 그래서 나는 아주 어렸을 때부터 부모님이 돈 문제로 싸우는 것을 지켜보았다. 살림을 하는 엄마가 생활비를 제때에 충분히 가져오지 못하는 아빠를 다그치고, 아빠는 엄마가 그러고 있는 걸 듣다가 폭발하는 식이었다. 엄마는 결국 식당, 마트, 패스트푸드점, 공장 등을 전전하며 아르바이트를 시작했다. 비정규직 맞벌이 부부는 평생 열심히 육체 노동을 했지만 그들의 미래에는 아무것도 보장된 게 없었다. 부부는 내 자식만큼은 나같이 살지 않기를 바랐다. 그런데 자식을 위해 해 줄 수 있는 건 없었다. 개천에서 용이 나던 시대는 이미 오래전에 지났다. 그저 자식이 알아서 잘해 주길 바라고 또 바라는 수밖에 없었다. 그런 부모의 모습을 지켜보며 자란 내가 내린 결론은 이랬다. '나는 부모님의 지원을 바랄 수 없고, 오히려 그들을 부양해야 하는구나.' 나도 어렸을 때는 이런저런 꿈이 있었지만 최대한 빨리, 안정적으로 돈을 벌 수 있는 직업으로서 교사를 선택했다.

아무래도 학교를 다니는 내내 가장 가깝게 간접 체험을 할 수 있었던 직업이 교사였던 것도 나의 선택에 영향을 미쳤을 것이다. 그때의 나는 내가 훗날에 어학연수를 가거나 각종 스펙을 쌓기 위해 휴학을 할 여력이 없을 거라고 생각했다. 그래서 임용 시험에만 합격하면 자격을 얻을 수 있는 교사가 나의 처지에 그나마 현실성이 있어 보였다. 그렇다고 해서 이런 이유로만 교사가 되길 선택했다면 조금 슬펐을 것 같다. 다행히 고등학교 입학 후에 교사가 되어도 괜찮겠다는 다른 이유들이 생겨나기도 했다. 졸업한 여중과 같은 재단의 사립 여고였는데도 이곳은 교사들의 분위기가 많이 달랐다. 진보적인 생각을 가진 선생님들이 많았고, 나는 이때 전교조의 존재를 처음 알게 되었다. 그리고 이 시기에 수시가 확대되면서 학교에서는 대입 논술을 대비한 방과후 수업을 개설했다. 이 수업을 통해 나는 학생으로서 선생님들과 생각을 나눌 수 있는 기회를 처음으로 갖게 되었다. 고등학생이던 나는 사회 구조, 불평등, 계급, 인권, 자본주의, 노동, 소수자 등의 개념을 빠른 시간 안에 흡수했다. 그리고 그것들을 활용하여 우리 가족과 나의 사회적 위치를 설명하고 이해하려 했다. 단순히 우리 부모의 탓이 아니었다. 구조의 피해자로만 남고 싶지도 않았지만 그렇다고 해서 이 구조에 순응하여 이익을 취하고 싶지도 않았다. 구조에 복무하지 않으면서도 균열을 낼 수 있는 여지가 있는 직업으로서 교사가 괜찮겠다는 생각이 들었다.

  그렇게 해서 나는 교대에 입학했다. 사범대 한 곳에 합격했지만 임용 시험 경쟁률을 생각하여 교대를 선택했다. 교대에서의 학교 생활은 내가 생각한 대학 생활과 너무 달랐다. 고등학교 4학년이 된 기분이었다. 그런데 먼 곳으로 전학 와서 낯선 동네의 낯선 학교에서 시작하는 4학년. 이 동네는 내가 살던 곳과 너무 달랐다. 동기들 부모님의 직업, 주거 형태, 경제적 수준 등이 많이 달랐다. 조금 과장이지만 'F4' 같은 부잣집 자제들이 다니는 사립 학교에 전학 온 금잔디가 이런 느낌이었을 것 같다. 심지어 우리 동네에서는 그래도 공부 좀 잘한다는 소리를 듣던 내가, 이 학교에서는 전혀 그렇지 못했다. 막말로 나보다 잘살고, 공부도 잘하고, 얼굴도 예쁜 동기들과의 학교생활이 시작된 것이었다. 전교생이 초등교육 전공인 교대에서는 심화 전공을 나누어서 학과를 정한다. 말이 과이지 전 과목을 가르쳐야 하는 초등 교사의 특성상 배워야 할 것들이 워낙 많기에 시간표도 정해져 있었고, 과 동기들은 같은 시간표대로 수업을 듣는 같은 반 친구나 마찬가지였다. 숨 막히는 획일성. 이것이 나의 대학 생활을 가장 잘 표현해 주는 단 하나의 단어였다. 내가 고등학교 때 투박하게나마 벼려 왔던 언어들은 대학교에 오면서 모두 버려졌다.

나를 숨 막히게 했던 획일성 중 하나는 연애였다. 스무 살이 되자마자 갑자기 연애에 눈을 떠야 하는 미션이 나에게도 주어진 것이었다. 내 동기들은 충실히 그 미션을 달성하기 위해 노력했다. 내 입장에서 동기들의 경제적 수준이나 성적, 외모 등은 내가 아무리 노력해도 비슷한 수준으로 따라가기 어려운 영역이었다. 그래서 연애라도 해야 했다. 그것마저 하지 않으면 나는 이 집단에서 도저히 섞일 수 없는 사람이 되어 버릴 것 같았다. 동기들은 연애도 척척 잘 해냈다. 저 남자의 어디가 그렇게 좋을 수 있을까 싶은 관계에서도 연애의 필수 단계들을 차근차근 클리어해 나갔다. 나는 잘 팔리지 않았다. 그런 주제에 저 남자는 이래서 싫고, 이 남자는 저래서 싫었다. 나보다 훨씬 인기 많은 동기들이 만나는 정도의 남자들도 참아지지가 않았다. 그럼에도 연애를 꼭 하고 싶었다. 연애 경험이 없다는 이유로 동기들 사이에서 할 말 없이 소외감을 느끼는 게 너무 싫었다. 나의 착한 동기들도 애를 많이 썼다. 이런저런 소개팅 자리를 만들어 주었고, 나의 여성스러운 매력을 끌어올리기 위한 조언들도 아끼지 않았다. 물론 결국에 내가 동기들에게 연애 관련해서 가장 많이 들었던 말은 이것이었다. "선영아, 눈을 낮춰."

지금 와서 생각했을 때, 대학 생활 내내 나를 숨 막히게 했던 획일성은 우리 사회의 '정상성'이었던 것 같다. 아파트에 살았으면 좋겠고, 경제적으로 부족함 없는 부모님에게 용돈이나 지원도 마음껏 받고 싶고, 누구나 인정할 만한 여성스러운 외모도 갖추고 싶고, 이성애 각본에 따라 평범한 연애도 해 보고 싶었다. 그렇게 해야 무사히 결혼해서 나의 자식에게도 비슷한 삶의 수준을 물려줄 수 있을 거라 생각했다. 교대라는 아주 작은 집단에서 나의 시야와 의식도 너무 좁아져 버렸다. '이게 다 교대 때문이고, 정상성에 집착하는 이 사회 때문이야!'라고는 당연히 생각하지 않는다. 여기가 너무 숨 막혔으면 다른 숨 쉴 구멍을 찾아볼걸. 나 스스로에 대한 아쉬움이 다소 남아 있을 뿐이다. 뱁새가 황새는 따라가지도 못하고 가랑이만 찢어질 뻔했다. 내가 뱁새라는 걸 인정하고 당당하고 멋지게 뱁새의 20대를 즐겼다면 어땠을까. 그래서 내가 결국 연애를 했냐고? 나는 그렇게 묵묵히 약 30년 동안 모태 솔로의 길을 걷게 된다.

페미니즘이라는 숨구멍

가랑이 쫙쫙 벌려 가며 살아가던 뱁새의 삶은 발령을 받아 교사가 된 후에도 별로 달라지지 않았다. 동기들과의 대화에서 부동산 얘기, 결혼 얘기가 추가된 것이 달라졌다면 달라진 점이다. 그래도 모난 모습 보이지 않고 최대한 맞춰 주려 애썼는데, 돌아온 것은 너 레즈비언이냐는 질문뿐이었다. 정말 여자랑 사귀어 보기라도 했으면 덜 억울했을 텐데. 더 이상은 이렇게 살 수 없었다. 다른 곳으로 눈을 돌려 보기로 했다. 대학 입학 이후 발령받고 3년 정도까지 나는 내가 어떤 사람이고 무엇을 좋아하는지에 전혀 관심을 기울이지 못했다는 것을 깨달았다.

그러다 우연히 학교 인권교육 담당자 연수에 참여하게 되었다. 그곳에서 다시 만났다. 고등학생이던 내가 열심히 주워 담던 언어와 생각들을. 그리고 곧 인권교육을 위한 교사 모임 '샘'을 알게 되었다. 그곳에서 처음 만났다. 대화가 통하는 동료들을. 닮고 싶은 선배들을. 그때 마침 샘에서는 페미니즘과 퀴어를 주제로 공부를 하기 시작했다. 강남역 살인 사건이 일어난 2016년을 지나던 시기였다. 인권의 개념을 접하고 공부하면서는 내가 인권 의제의 당사자라는 생각을 별로 해 본 적이 없었다. 그런데 페미니즘을 만난 후에는 나의 역사와 일상이 페미니즘에 의해 촘촘히 해체되고 분석되는 경험을 하게 되었다. 단순히 여성만이 아니라 이 사회가 나에게 정해 준 여러 자리들을 생각해 보게 되었다. 그리고 내가 교사가 되어도 괜찮겠다고 생각했던 이유를 다시 떠올렸다. 구조에 복무하지 않으면서도 균열을 낼 수 있는 여지가 있는 직업으로서의 교사.

눈을 떠 보니 뱁새가 퀴어인 세상이었다. 스스로가 황새라고 생각하며 자신의 가랑이를 기꺼이 찢고 있는 뱁새들이 많은 세상이었다. 가랑이를 찢지 않고 뱁새인 채로 살고 싶은 것이 지나치게 이상적인 꿈이 되어 버린 세상이었다. 페미니즘을 통해 바라본 세상이 그랬다. 처음에는 내가 숨 좀 쉬고 싶어서 붙들었던 것이 페미니즘이었다. 그런데 교사로서 많은 아기 뱁새들을 만났다. 드러내지 못하는 비밀을 품고 있는, 혹은 다름을 숨길 수 없는 작은 새들. 그들과 동료 시민으로서 함께 살아가는 사회를 꿈꾸지 않을 수 없었다. 꿈이 생기니 어느 때보다도 삶이 치열해졌다. '샘'을 통해 청소년 성소수자 지원센터 '띵동'과 연결되었고, '띵동'을 통해 전교조 여성위원회와 연결되었다. 그곳에서 같은 꿈을 꾸는 뱁새들과 페미니즘 '교육'을 함께 공부하고, 공부한 만큼 교실에서 실천하려 부단히 노력했다. 그럴수록 대학 동기들, 학교 동료들과는 점점 멀어졌다. 그들과 부딪히는 일이 줄어드니 숨쉬기는 좀 편해졌지만 시간이 지날수록 그런 태도를 경계해야겠다는 생각이 든다. 결국에는 이런 '구분 짓기'가 상대에 대한 스스로의 우월감을 만들어 내고, 이런 태도는 궁극적으로 우리를 뱁새가 바라는 사회의 반대 방향으로 흘러가게 하기 때문이다. 나는 페미니즘을 통해 '특별하고 똑똑한' 사람이 된 것이 아니다. 나와 생각이 다른 사람을 대상화하여 가르치려 들고 싶은 것도 아니다. 우리 안의 '차이'만큼 우리 안의 '보편성'을 더 드러내는 것이 중요하다고 생각한다.

페미니즘을 통해 내 안의 소수자성을 들여다보면서 그것을 드러내는 것에 대한 생각을 처음으로 하게 되었다. 그리고 그 순간에 내가 느끼는 두려움과 망설임을 경험하며 무거운 갈등과 고민의 시간을 보냈다. 상황에 따라 유리한 방식으로 자신의 어떤 모습은 감추고, 또 어떤 모습은 의식적으로 드러내는 것이 너무도 자연스러운 나를 발견하면서 스스로에 대한 위화감을 느끼게 되었다. 이것이 바로 '커버링'에 대한 요구였다.

커버링, 누구나 자신의 어떤 모습을 숨기곤 한다

《커버링》의 저자인 법학 교수 켄지 요시노는 자신이 게이 정체성에 도달하기까지 3단계의 고투를 거쳤다고 설명한다. 이성애자가 되려고 애썼던 첫째 단계는 '전환^{conversion}'의 욕구라고 부른다. 동성애자임을 받아들였지만 정체성을 숨기려고 노력했던 두 번째 단계는 '패싱^{passing}'의 욕구라고 부른다. 그러나 정체성을 숨기지는 않았지만 자신의 게이다움을 자제하고 드러내지 않으려 노력했던 마지막 단계를 설명하기 위한 단어를 한참 동안 찾지 못했다. 그러다가 사회학자 어빙 고프먼의 저서 《낙인》에서 자신이 찾던 단어를 발견한다. 고프먼은 이 책에서 장애인, 노인, 비만인 등 낙인이 찍힌 집단의 사람들은 낙인이 두드러져 보이지 않도록 많은 노력을 기울인다면서 이러한 행동을 '커버링^{covering}'이라고 명명했다. 고프먼은 패싱은 개인적 특성의 가시성과 관련되는 반면, 커버링은 두드러짐과 관련되어 있다고 언급하면서 패싱과 커버링을 구분했다.*

'커버링'은 우리의 일상에 매우 자연스럽게 스며 있기에 강요된 것인지 자발적인 것인지 스스로도 구분하기 어렵다. '커버링'은 세련된 형태의 차별이며 인권에 대한 '보이지 않는' 공격이기에 우리는 쉽게 지나치고 순응하게 된다. "'누가' 나에 대한 진정성의 표현을 가로막을 수 있는가, '왜' 그렇게 하는가?"라는 질문이 필요하다. 이것은 비단 소수자들만의 문제가 아니라 모든 인간의 보편적 실존의 문제라는 것을 켄지 요시노는 말하고 있다.

민권은 반드시 새롭고, 보다 포용적인 단계로 올라서야 한다. 그것은 주류가 허구임을 인식하는 데서부터 출발한다. "동성애자보다는 이성애자가 주류다."라는 문장에서처럼 특정 정체성에 관해서는 '주류'라는 단어가 말이 된다. 그러나 총칭해서 사용되면 이 단어는 의미를 상실한다. 인간은 여러 가지 정체성을 가지고 있기 때문에 주류는 유동적인 연합체이며, 우리 중 누구도 완전한 주류에 속하지는 않는다. 퀴어 이론가들이 인식했듯이 완벽한 정상은 정상이 아니다. 우리는 모두 자기표현을 위해 분투한다. 하지만 누구에게나 커버링을 하는 자아가 있다.

민권 신장을 인간의 번영이라는 보편적인 과업의 하나라고 생각해야 하는 이유도 그 때문이다. 민권 운동은 비합리적인 믿음으로 인해 좌절을 겪는 특정 집단의 사람들을 보호하고, 그들의 번영을 지키고자 항상 노력해 왔다. 하지만 이 열망은 인류 전체를 위한 것이어야 한다.[**]

---

[*] 켄지 요시노, 김현경 외 옮김(2017), 《커버링》, 민음사, 38~39쪽.
[**] 켄지 요시노(2017), 앞의 책, 48~49쪽

나도 켄지 요시노처럼 오랜 시간 동안 나의 정체성을 인정하지 않고 숨기려 애를 써 왔다. 그래서 중학교 때 레즈비언이냐는 질문을 받은 이후로 나의 정체성 탐색하기를 멈추었고, 레즈비언처럼 보이지 않기 위해 노력했다. 그리고 대학교 때는 이성애 연애를 하기 위해 나의 시간과 자원을 쏟아부었다. 지금은 말하자면 '세미 오픈 퀴어'인 상태이다. 소수의 가족을 포함하여 가까운 사람들에게 커밍아웃을 했다. 하지만 상대가 누구냐에 따라 나는 나의 정체성을 얼마나 어떻게 드러낼지를 조절한다. 이것은 내 의지라기보다 자연스럽게 강요된 우리 사회의 메시지였다. "좋아, 동성애자로 살아. 하지만 우리 면전에서 나대지는 마."* 누구 앞에서는 나댈 수 있고, 누구 앞에서는 나댈 수 없다. 그리고 물론 학교에서의 나는 마찬가지로 내 의지와 상관없이 이성애자로 패싱될 것이며 나에게는 그것이 안전할 것이다. 이렇게 패싱과 커버링을 오가는 퀴어의 삶은 고달프다. 레즈비언 커뮤니티 안에는 '티 나는' 사람을 선호하지 않는 문화가 분명히 있다. 이것이 단순한 개인의 선호인지, 사회적 강요에 의한 것인지 명확히 구분되지 않는다.

하지만 사회적 소수자들만이 '커버링'을 요구받을까? 켄지 요시노의 말처럼 완벽한 주류는 없다. 내가 뱁새의 다리를 열심히 찢어 가며 따라가고자 했던 황새는 실체가 없는 환상이었다. 내가 이성애자였다면 조바심 내지 않고 편안히 황새의 삶을 살았을까?

---

* 켄지 요시노(2017), 앞의 책, 40쪽.

아닐 것이다. 미래의 남편이 될 사람의 조건을 생각하거나, 커플이 되어도 다른 커플과 갖가지 처지를 비교했을 것이다. 그리고 한 개인은 당연히 이성애자의 정체성만을 가지고 있지 않다. 스스로가 사회적 소수자의 범주에 속하지 않더라도 우리는 매 순간 '주류의 시선'과 '사회적 선호'를 의식한다. 남들에게 말하지 못하는 자신의 취향, 선호, 경험 등을 갖지 않은 사람은 없을 것이다. 나는 흡연을 하는데 함께 사는 이모도 그 사실을 알고 계신다. 하지만 심지어 내 공간인데도 담뱃갑이 나와 있는 걸 싫어하셔서 나는 담배 케이스에 연초와 라이터를 넣어 둔다. 내가 흡연자인 걸 알지만 그런 꼴을 보고 싶지는 않으신 것이다. 이처럼 누구나 커버링을 한다. 이 사실이 우리의 보편성을 드러내 주고, 여기서부터 연대가 가능하다고 생각한다. 사실은 황새도 뱁새도 없었음을, 우리 존재 모두가 사회적으로 정의되거나 구분될 필요가 없음을, 나는 페미니즘을 통해 배울 수 있었다.

비밀이 우리를 연결해 준다고 믿으며

3년간 4학년 담임을 하는 동안 국어 시간에 김다노 작가의 《비밀 소원》을 읽었다. 이 이야기에는 마음속에 비밀 소원을 품고 있는 어린이들이 등장한다. 부모님이 사고로 돌아가셔서 할머니, 그리고 비혼주의자 이모와 함께 사는 미래의 소원은 부모님이 살아 돌아오는 것이다. 부모님이 별거하게 되면서 아빠와 살고 있는 이랑이의 소원은 어떻게 살든 가족 모두가 행복해지는 것이다. 부모님과 함께 살지만 엄마의 강요로 연예인 활동을 하는 현욱이의 소원은 영화감독이 되는 것이다. 이 어린이들이 특별히 불행한가? 그렇지 않다. 누구에게나 비밀은 있다. 남들과 다르게 보일까 봐 드러내지 못하는 비밀. 작가의 말에서 김다노 작가는 이렇게 말한다.

누구나 자신마다 다른 모습이 있다는 걸 열한 살에는 왜 몰랐을까요. 왜 다른 점을 소중히 여기지 못하고 들키면 안 될 것처럼 꽁꽁 숨기기만 했을까요. 지금 생각하면 그때의 나에게 미안합니다. (……) 열한 살은 열두 살이 됩니다. 열두 살은 열세 살이 되겠지요? 어떻게 보면 나이를 먹는 건 별거 아닌 일이에요. 시간이 흐르면 좋아도 싫어도 누구나 한 살씩 많아지니까요. 중요한 건 어떻게 나이 드느냐 같아요. 남들이 알고 있는 나, 나만 아는 나, 남들과 같거나 다른 나까지……. 다양한 '나'와 함께하면서요.*

학생들과 《비밀 소원》을 읽으며 했던 수업 중에 가장 기억에 남는 활동이 있다. 익명으로 각자의 비밀 소원을 적은 종이를 비행기로 접어 교실 한가운데로 날린다. 그리고 한 사람씩 다른 친구의 비행기 하나를 골라 소리 내어 읽어 주는 활동이었다. 친구의

---

* 김다노 글, 이윤희 그림(2020), 《비밀 소원》, 사계절, 120쪽.

소원을 읽고 나서 소원이 이루어지길 응원하는 말도 한마디씩 해주기로 했다. 테슬라 CEO가 되고 싶다는 재미있는 소원들도 있었지만 의외로 간절한 진심이 느껴지는 소원들이 많았다. "이혼한 엄마, 아빠가 재결합해서 예전처럼 행복하게 살고 싶어요." "엄마가 겨울에 일하면서 손이 많이 텄는데 아프지 않았으면 좋겠어요." "아빠가 엄마한테 함부로 하지 않았으면 좋겠어요." 학생들의 소원을 들으며 감동받지 않기로 했다. 각자의 비밀들이 우리를 연결해 준다고 믿으며, 비밀이 비밀일 필요 없는 세상을 함께 만들어 가고 싶다고 생각했다.

나는 이런 방식으로 민권의 개념을 구성하는 데 노력을 기울였다. 내 안에 있었을지도 모르는 여러 보이지 않는 자아를 설명하기 위해서는 많은 용기가 필요하고, 또 자주 용기가 부족하기 때문이다. 제대로 전달된다면, 동성애자의 이야기는 우리 모두의 드러난 자아에 대한 이야기가 될 것이다.*

성소수자든 비성소수자든, 장애인이든 비장애인이든, 어린이든 어른이든 누구에게나 비밀은 있다. 그것이 모든 인간의 보편성이다. 우리 안의 차이보다 보편성에 집중한다면 우리 모두 가장 나답고 자유로운 모습으로 살 수 있다. 이런 세상이 온다면 얼마나

---

* 켄지 요시노(2017), 앞의 책, 51~52쪽.

숨쉬기 편할까.

이혼녀 선생님의 또 다른 비밀

스물아홉 살 겨울, 나는 드디어 모태 솔로의 삶에 종지부를 찍고 첫 연애를 시작했다. 상대는 여성이었고, 내가 마침 독립을 하던 시기와 겹쳐서 빠르게 동거까지 하게 되었다. 사람 인생이 어떻게 될지는 정말 모른다. 비혼 라이프를 즐기려고 혼자 집을 얻어 나온 것인데, 뜻밖의 결혼 생활이 시작되었다. 지금은 전 애인인 그 친구는 숏컷에 키가 크고 소위 말하는 '여성스러운' 스타일링을 하지 않는 여성이었다. 근 30년 만에 첫 연애를 하게 되면서 나도 취향이 있었다는 것을 깨달았다! 중학교 때 어떤 '소녀의 원형'과 사랑에 빠진 이후, 만화 속 2D 캐릭터*만으로 지켜 오던 나의 소나무 취향. 나는 여성성과 남성성의 스펙트럼에서 어느 한쪽으로 치우치지 않는 사람이 좋다. 그리고 생물학적 성별로는 여성에게 끌린다.

결혼 생활 중에 나는 두 번째 학교로 옮겼다. 발령지가 정해지고 교장 선생님과 첫 면담을 하던 자리에서 나는 이런 질문을 받게 된다. "선생님 결혼하셨어요?" "선생님 임신 계획 있으세요?" 결혼

---

* 필자의 취향이 궁금한 사람은 《세일러문》의 텐오 하루카(세일러 우라노스), 《유유백서》의 쿠라마, 《헌터×헌터》의 크라피카 참조.

했다고 대답하니 이제 임신에 대한 질문까지 받게 되었다. 담임이 중간에 바뀌길 원하지 않는 인사권자의 흔한 질문이었다. 하지만 나는 내가 직장에서 결혼했다고 말했다는 사실이 스스로 너무 신기하고 이상했다. 그리고 이 순간부터 나는 결혼에 대한 질문 앞에서 계속 분열적인 대답을 하게 된다.

사례 1. 새 학교에서 학년이 정해지고 처음으로 동학년 선생님들과 함께 식사를 한 후 돌아오는 길이었다. 남자 친구가 있냐는 질문부터 시작되었다. 나의 대답은 '네, 애인 있습니다'였다. 결혼했냐고 물어보면 그냥 '네'라고 하면 되는데, 남자 친구가 있냐고 물어보니 굳이 결혼했다고까지 말하기가 좀 그랬다. 그리고 교장 선생님보다는 밀접하게 만나게 될 동학년 선생님이니 괜히 거짓말했다가 들통날까 봐 걱정이 되기도 했다. 그럼에도 스스로의 대답이 마음에 들지 않아서 같이 살고 있다고 덧붙였다.

사례 2. 교내의 전교조 조합원 선생님들과의 술자리가 있었다. 거기서 한 선생님이 혼자 사느냐고 물어봤다. 나의 대답은 '애인이랑 같이 살아요'였다. 같은 전교조 선생님이니 심적으로 가깝게 느껴서 나온 대답이었다. '애인'이라는 단어에서 내게 여성 파트너가 있음을 읽어 주길 바라는 마음도 있었다.

사례 3. 운전면허를 취득하고 차로 출퇴근을 하게 되면서 파트너가 출근길에 며칠 동안 동승해 준 적이 있었다. 그때 애인을 보고 학교 보안관 선생님께서 "아, 남편이시구나"라고 말했다. 결혼했다고 말한 적이 없었는데 아침부터 머리 짧은 사람과 함께 출근한 나는 유부녀가 되어 있었다. 그리고 얼마 지나지 않아 학교 탕비실에서 환경미화 선생님과 또 다른 보안관 선생님을 마주쳤다. 두 분은 한창 자녀의 결혼 얘기를 하고 계셨다. 나에게도 역시 결혼했냐는 질문이 들어왔다. 그때의 나는 "아니요. 아직이요"라고 대답을 해 버렸다. 만약에 학교 직원들이 모두 모여 나에 대한 얘기를 나눴다면 나는 거짓말쟁이가 되었을 것이다.

자주 보는 사람에게 거짓말을 하기는 더 어렵다. 담임을 맡은 반의 학생들이 그렇다. 올해 종업식을 마친 작년 학생들에게 나는 담임으로서 처음으로 결혼했다고 말했다. 학생들은 담임 선생님에게 궁금한 것이 많다. 학년 초에 한 학생이 나에게 물었다.

"선생님 결혼했어요?"

"네."

"그거 결혼반지예요?"

"네."

"아기도 있어요?"

"아니요. 고양이 있어요."

내 인생에서 반 학생들에게 공식 유부녀가 되는 첫 순간이었다. 왠지 뿌듯하고 혼자 감격스러웠다. 물론 학생들은 내게 남편이 있다고 생각했겠지만, 결혼에 대한 질문 앞에서 긴장하지 않고 가장 솔직할 수 있었던 순간이었다.

하지만 결혼 생활이 언제나 좋을 수만은 없다. 결혼이 있으면 이혼도 있는 법. 나는 그해 11월, 파트너와의 모든 관계를 정리하고 집을 나왔다. 힘든 시간이었지만 학생들 덕분에 재미있는 일들도 있었다.

"선생님 가족을 그려 드릴게요."

여느 때처럼 쉬는 시간에 학생들 몇 명이 내 자리 옆에 모여 놀고 있었다.

"선생님, 토리, 체리, 그리고 선생님 남편."

학생은 열심히 나의 가족을 그리고 있었다. 나는 속으로 혼자 웃음이 터졌다.

"나 이혼했는데. (원래부터 남편은 없었지만.)"

"네?"

그 자리에 있던 학생들의 눈동자가 심하게 흔들리는 것을 보며 나는 일이 더 재미있어졌다고 생각했다.

"죄송해요. 괜히 물어봤네요. 그런데 언제……."

"얼마 전에요."

"죄송해요."

학생들이 나에게 미안해하는 것이, 미안하지만 너무 귀여웠다.

"아니에요. 가족은 서로의 행복을 위해 헤어질 수 있는 거예요."

나는 마스크 위로 최대한 눈웃음을 지으며 회심의 대사를 날렸다.

"선생님 그럼 이제 혼자 살아요?"

태연해 보이려고 했지만 걱정하는 질문이 돌아왔다.

"아니지, 고양이들이 있잖아!"

대답을 고민하고 있는데, 한 학생이 대신 대답했다. 이 학생은 내가 양육권 투쟁에서 승리한 걸 어떻게 알았을까?

"응 맞아요. 고양이들과 함께 살죠!"

이 일화를 친한 선생님에게 들려주었더니, 깔깔거리며 '진정한 참교육'이라고 반응했다. 우리 학교는 교육복지거점학교여서 다양한 가족 형태를 가진 학생들이 많다. 이혼 가정 학생들도 당연히 많다. 새학년 초마다 학생들의 가정 환경을 조사하지만 종종 가족 형태를 '커버링'(혹은 정상 가족처럼 '패싱'되도록)하여 혼란스러운 경우가 있다. 아버지의 성함이 적혀 있었는데 같이 살지 않거나, 어머니와 같이 살지 않고 할머니가 양육하는데 할머니를 친구들 앞에서 엄마라고 표현하는 등의 사례들이 많다. 그래서 처음에는 장난스럽게 시작했지만, 담임 교사가 자신의 이혼 사실을 아무렇지 않게 말한다는 것이 학생들에게 어떤 영향을 줄지 생각했다. 이 학생들과는 1년 동안 인권과 소수자를 주제로 한 수업을 해 왔고, 가족 형태의 다양성에 대해서도 꾸준히 이야기를 나누어 왔다. 남들은 내가 주책이고 방정맞다고 생각할 수 있지만 나는 우리 반 학생들에게 솔직하고 편안하게 나의 (국가가 허락하지 않은) 이혼 사실을 말한 일을 잘했다고 생각한다. 이 일화를 들은 선생님들마다 이제 아이들이 집에 가서 다 말할 거라고 했다. 하지만 오히려 좋다. 나는 학생들과 그 가족들이 이혼이 뭐 별거냐, 엄마랑 아빠 둘 다 있는 게 뭐 대단한 거냐, 이렇게 생각했으면 좋겠다. 담임 선생님도 '이혼녀'인데 뭘!

이혼 고백 후 학생들이 잠시 꽂힌 놀이가 있었다. 수업 시간에 활용하는 '이미지 프리즘'이라는 카드를 가지고 어떤 학생이 타로점을 봐 주기 시작했다. 이 카드에는 다양한 사진들이 인쇄되어 있어 마음 나누기나 연상 활동을 할 때 주로 활용한다. 이걸로 타로점을 볼 생각을 하다니 참 기발하다. 뽑힌 카드는 점술가 마음대로 해석한다. 나의 '남편운'을 봐 주겠다는 사이비 점술가들이 줄을 섰다. 나는 '남편운'이라는 말을 '연애운'으로 계속 정정해 주며 카드를 뽑았다. 그런데 내가 여자 둘이 나오는 카드를 뽑아 버린 게 아닌가. 학생들이 당황하며 '선생님, 동성애자……?' 이러면서 또 재미있어했다. 사이비가 아니었다. 용한 점술가였다. 그러고 나서 연속으로 여성이 나오는 카드를 뽑았다. 나는 혼잣말인 척 슬쩍 말했다. '이번에는 여자랑 만나 볼까?'

얼마 후에 그해 처음으로 화장을 하고 출근을 한 날이 있었다. 학생들에게 왜 화장했냐는 질문을 백 번 정도 들은 것 같다. 마스크를 쓰고 있는데 잘도 알아본다. 내가 이혼했다는 걸 아니까 데이트하러 가냐고 물어보는 학생도 있었다. 이 학생들과는 이미 담임으로서 마지막 인사를 마쳤지만, 올해 다시 학교에서 만나 같은 질문을 받는다면 이렇게 대답하고 싶다.

"데이트하러 가거든요. (근데 이제 여자랑.) 이혼도 했는데 이제 마음껏 데이트해야죠!"

나는 서른 살의
ADHD

그때의 나에게 필요했던 돌봄을
지금 그에게

애리

"선생님, 기안 다시 올려 주세요."

나는 늘 숫자를 틀렸다. 숫자를 틀리지 않았을 때에는 결재 라인을 잘못 찍었다. 숫자가 완벽하고 4단 결재 라인에 문제가 없다면 첨부 파일을 깜빡하곤 했다. 하다못해 조퇴 같은 '잔바리' 기안을 올릴 때조차 시간 또는 날짜에서 삐끗하는 일이 두 번에 한 번은 있었다. 발령 첫해에는 늘 겁에 질려 있었다. 엑셀 화면을 가득 채운 숫자 앞에서 책상에 머리를 쾅쾅 찍으며 어디가 틀렸는지 전혀 모르겠다고 생각했다. 정말 완벽하게 다 맞췄다고 생각했는데도 기안을 올리면 어김없이 행정실 주무관님에게 전화를 받았다. 믿을 수 없을 정도로 친절했던 주무관님은 내비게이션과 같은 말투로 재탐색 경로를 안내했지만, 전화를 끊자마자 '뭘 어떻게 고치랬더라'가 기억이 안 나는 사람이 초등 교사가 된다는 것은 어떤 장단점이 있는가? 장점이 있을 리가 없고, '오, 이런 녀석도 용케 교사가 되었군'의 이런 녀석인 채로 출퇴근을 반복하는 것은 돌아보면 약간…… 자기 학대에 가까웠던 것 같다.

30년이 넘는 세월을 나와 함께 살면서 나는 늘 언제나 '나는 도대체 왜 이럴까?'를 되뇌어 왔다. 공부는 곧잘 했는데 그 외의 것은 대체로 엉망진창이었고, 그나마 공부라도 잘해서 다행이었다.

하지만 공부를 잘했기에 이 엉망진창을 주목해 준 사람이 없었던 것이 문제였다. 어른들은 어린이가 공부를 잘하는 것으로 학생의 소임과 자식 된 도리를 얼추 잘하고 있다고 안심하는 경향이 있었다. 어찌저찌 대학도 잘 갔고, 임용 시험도 한 번에 붙어서 공무원이 된 덕분에 대충 별 문제 없는 인간으로 보이기에 괜찮았다. 하지만 정말로 엉망진창 그 자체였다. 다음은 30년간 내 삶의 곳곳에서 나를 걸려 넘어지게 만들었던 문제들의 나열이다.

  시험지를 받아 들고 가장 어려운 문제는 항상 OMR 카드에 정확하게 답을 옮겨 쓰는 것이었고, 교대 다니던 시절의 목표는 참교사가 되는 것이 아닌 남들과 같은 때에 졸업하기였으며, 과업을 영원히 미룬 채로 같은 타일 세 개를 한 줄로 맞추는 스펙터클 하나 없는 모바일 게임의 알록달록한 버튼만 끊임없이 누르는 하루를 영원히 반복하다가 더 이상 미룰 수 없을 때조차 한참 넘겨서야 일을 겨우 시작했고(이 원고 또한 그렇다), 같은 독서실의 일진 고3 언니들이 소음을 내는 게 싫어서 미친년들아 하고 달려들었다가 양아치 언니들한테 짝짝 소리나게 맞고 계단에서 떠밀려서 뒤통수가 깨지는 바람에 고등학교 입학하고 2주 만에 입원하느라 결석을 했던 적이 있었고, 입학 장학금을 받고 들어간 대학교의 졸업 학점이 2.5를 겨우 넘는 채로 간신히 졸업만을 성취할 수 있었다거나, 밤중에 시계 바늘이 내는 똑딱 소리가 참을 수 없이 거슬려서 벽시계를 내팽개쳤다거나, 허구한 날 넘어져서 무릎이고 팔꿈치고 온 군데에 흉터라 망한 건설사의 공사 부지처럼 널부러진 몸을 이고 지고 다니거나, 가게 매대를 지나가면서 꼭 무언가를 떨어뜨려서 사지 않아도 될 프링글스나 깨질 뻔한 아침햇살을 구매하거나, 머릿속에서 코인 노래방 옆방의 소음 같은 노래가 끝도 없이 재생되거나, 새벽 3시 전에는 그 어떤 일도 완성할 수 없거나, 주중엔 평균 3~4시간씩, 주말엔 평균 18시간씩을 몰아 자는 수면 패턴을 반복하고, 전화기 건너편의 상대가 하는 말을 전혀 붙잡지 못하고 하수구로 떠내려 보내거나 하는 식으로 내 머릿속은 언제나 이 장황한 문장만큼이나 마침표가 없이 줄줄이 쉼표로 이어지는 난잡한 쓰레기통 같았다. 거기에 이제 알 수 없는 멜로디를 배경 음악으로 곁들인.

교사가 되고 나서도 이런 버릇과 증상은 전혀 나아지지 않아서 청자가 있건 없건 마치 모형 칼을 꽂으면 툭 튀어나오는 해적 아저씨처럼 내뱉게 되는 비속어 사용 습관을 고칠 수가 없고, 일어날 수 있는 모든 불행 중 최악만 선별해서 온 사방에 늘어놓고 하나하나 점검하듯이 불안해하거나, 확실하게 대청소하자고 마음먹어 놓고 이 물건들을 어디에 어떻게 집어넣어야 할지 알 수 없어서 결국 보이는 곳만 얼기설기 닦아 놓고 죄다 빨간 서랍에 처넣느라 서랍이 열리지 않는 지경까지 간다거나, 침대가 옷장이고 의자가 빨랫대인 집구석에 진저리치거나, 잠들기 전까지 미묘하게 가렵고 따갑고 거슬리는 이불의 촉감에 신경이 곤두서거나, 이런 모든 것들을 하루에 모두 저지르고도 다음 날 아침이 되면 까먹고 멍하니 안개 낀 거 같은 머리통을 부여잡고 어영부영 세수를 하고 출근하는 직장인의 삶을 5년 정도 살고 나니 '이것은 우울증인 것이다'라는 생각이 들었고, 곧바로 병원으로 직행했다. 결론부터 말하면 우울증이라고 생각해서 병원을 1년 정도 다녔는데, 알고 보니 우울증이 아니고 ADHD였다.

나의 오래된 문제는 내가 만으로 서른 살이 되던 날 기계에 연결된 양파 망같이 생긴 주머니를 뒤집어쓰고 뇌파를 측정하면서 이름표가 붙게 되었다. ADHD 진단을 받게 된 것이다. 원래 다니던 병원의 의사 선생님이 좀 지긋지긋해져서 기분도 전환할 겸 병원을 바꾸어 보았는데 그렇게 됐다. 성인 ADHD는 우울증과 증상이 크게 다르지 않다는 기사를 읽은 터라 내가 가진 여러 가지 문제들의 원인을 찾을 수 있는 거 아닐까 하는 기대와 아니 그래도 내가 공부를 그렇게 잘하고 아무튼 선생인데 ADHD일 리가...... 하는 낙담이 섞인 채로 새로운 병원에 가게 됐다.

이전 병원에서는 간단한 질문과 약 처방을 포함해서 진료실에서 3분 이상을 머물러 본 적이 없는데 바꾼 병원에서는 첫날부터 2시간을 붙잡혀 있었다. 우울증 약을 오래 먹었는데 아무것도 나아지는 게 없는 것 같아서 힘들다고 했더니, 화면에 껌뻑이는 도형을 계속 클릭하는 CAT 검사와 여러 가지 문항에 답하게 했다. 그러고 나서 진료실로 돌아가니 의사 선생님이 종이 한 장을 주더니 당신의 부모님께 48번까지 있는 이 설문 문항에 답변해 달라고 할 수 있냐고 했다. 어린 시절을 기준으로 체크해야 한다고 했고, 나는 나를 거쳐 간 말썽쟁이 어린이들의 심정을 드디어 어렴풋이 공감하게 되었다. 내가 걔네들 보호자에게 전화했을 때 얼마나 초조했을 것인가…….

그냥 내가 적당히 엄마인 척 체크해도 될지 고민했지만 사실 나는 그때 조금 절박했다. 내가 정말로 ADHD인지 아닌지 알아야만 했고, 만약 ADHD가 아니라면 도대체 나는 뭐가 문제일까 하는 불안도 있었다. 용기를 내서 엄마에게 전화를 걸어 오늘 받은 검사와 엄마가 도와줘야 하는 문제에 대해 설명했고, 엄마는 CAT 검사 결과지를 보여 달라고 했다.

엄마에게 메시지를 보낸 뒤 나는 내 문제에 대해 다시 생각했다. '이런 문제는 누구나 한 번쯤, 또는 종종 겪을 수 있는 일인데 오바하는 거 아니냐', '네가 무슨 ADHD냐' 하는 식의 반응을 몇 번 겪었기에 나는 증거를 채집하는 수사관처럼 나의 낮과 밤을 헤집어 보았다. 검사를 하고 진단을 받기까지의 3일 동안 나는 몹시 초조하고 불안했다. '아, 현대인 중에 휴대전화 한번 안 잃어버리고 일하기 싫어 미치는 때 없고 집이 쓰레기통인 채로 살아 본 경험 없는 사람이 어딨냐' 싶은 불확신이 스멀스멀 올라왔다. '나의 아픔을 과장해서 받아들이는 습벽이 발동해서 드라마퀸마냥 세상 모든 이상한 거 다 끌어안은 척하고 있는 거 아냐? 그냥 기분이 그런 거 아냐? 이것도? 저것도?' 하면서 들춰 보는 동안 다시 엄마에게 연락이 왔다. 엄마는 제때 알아차리지 못해서 미안하다며, 내가 내민 종이 위에 다음과 같은 문항에 상당히 있음, 또는 아주 심함을 체크하여 회신해 주셨다.

1. 물건을 물어뜯는다.

4. 곧잘 흥분하고 충동적이다.

5. 여기저기 물건에 잘 부딪힌다.

7. 잘 울고, 자주 운다.

9. 멍하니 앉아 공상을 잘 한다.

11. 덜렁대고 침착하지 못하다.

14. 물건을 잘 부순다.

19. 자기 실수를 남의 탓으로 돌려 비난한다.

20. 시비를 걸며 곧잘 말다툼을 한다.

23. 일을 시키면 반항하거나, 꼭 성질을 내면서 시킨 일을 한다.

25. 일을 끝마치지 못한다.

26. 쉽게 상처를 받는다.

31. 쉽게 산만해지고 주의 집중 시간이 짧다.

32. 머리가 아프다고 호소한다.

33. 기분이 쉽게 갑자기 바뀐다.

34. 규칙이나 금지 사항을 싫어하고 따르지 않는다.

36. 형제 자매와 사이 좋게 지내지 못한다.

40. 먹는 데 문제가 있다.(너무 안 먹거나, 계속해서 먹기만 한다.)

41. 배가 아프다고 호소한다.

44. 토하거나 구역질을 한다.

9개 문항에만 전혀 없음 체크가 되어 있었고, 나머지는 약간 있음부터 아주 심함에 걸쳐 치우쳐져 있었기에 이 문항 응답지를 의사 선생님에게 돌려주러 갔을 때 조금 쑥스러웠다. 직장에서는 보통 내가 의사 선생님의 자리에 앉기 때문이다. 자녀의 문제 행동에 대해 상담할 때, 보통 보호자들은 대단히 방어적인 자세를 보인다. '우리 애가 그럴 리 없다'라는 주장을 하는 상대의 마음을 상하지 않게 하면서 부드럽게 반박하는 것이 나의 주요 과업이다. 그런데 나의 보호자는 '예, 안 그래도 제가 먼저 그 얘기 하려고 했어요'의 내용을 잔뜩 담은 회신을 준 것이다. 나는 굉장한 문제 아동이 된 느낌으로 문항지를 건넸다.

선생님은 검사 결과지와 문항지를 꼼꼼히 살펴보며 나의 상태에 대해 설명했고, '그동안 살아오느라 참 고생이 많았겠어요'라고 따뜻하게 말해 주었다. 태어난 지 30년 만에 나는 공식적으로 ADHD 인증 마크를 받게 되었다. 그리고 약을 처방받아서 나오는 길에 기분이 너무 좋아서 꺅 하고 소리를 지르고 싶었다. ADHD 진단을 받은 사람들 중 몇몇이 왜 진단명에 좌절하는지 잘 이해할 수 없었다. 나는 드디어 내 문제를 해결할 수 있을 것 같다는 생각에 벅차올랐기 때문이다.

그러니까 내가 '일을 끝까지 해내는 태도 요망' 등의 행동발달기록사항이 쓰여진 생활기록부를 받아 들고 취학 후 첫 여름 방학을 맞이한 산만하고 수줍은 여덟 살이던 때에 '우리 딸이 ADHD가 아닐까' 하는 부모님의 판단이 있었더라면, 교직원 전체 회의 시간에 말 같지도 않은 소리를 늘어놓는 교감에게 '그럼 제가 시 말서라도 쓸까요?'라고 빈정대거나 연수실에서 소리를 박박 지르면서 교감과 싸운 젊은 여교사가 있더라는 소식으로 관내의 주변 학교 티타임에 화려한 데뷔를 치르는 것을 막을 수 있었을까?

내가 그냥 쓰레기 같은 의지력을 가지고 있어서 책상 앞에 앉아 하루종일 머리카락의 갈라진 끝만 붙들고 죽죽 가르고 있는 인간인 줄 알았는데, 나는 ADHD니까 그럴 수밖에 없는 것이다! 나는 어린 시절 발견하지 못했던 결핍에 원통해하기보다는 나의 어설프고 모자란 모든 점을 닥닥 긁어모아 ADHD의 책임으로 떠넘겨 버렸다. 30년을 넘게 불안과 함께 바닥을 데굴데굴 굴러다녔던 나의 자존감과 자기애는 꼴랑 10mg짜리 약 한 알이면 어느 정도 해결될 수 있는 문제였음이 조금 허탈하기도 했지만 그래도 좋음이 더 컸다.

미리 알았더라면 조금 덜 힘들게 살 수도 있었고, 나를 극도로 싫어하거나 몹시 좋아하는 양극단의 사람들로만 둘러싸인 환경에서 나를 구성해 오지 않을 수 있었고, 주변인에게 부주의에서 비롯된 상처를 조금 덜 줄 수도 있었을 거고, 나를 조금 덜 싫어할 수 있었고, 나 자신이 너무 싫은 게 고통스러워 주문처럼 '나는 너무 소중하고 개짱이다'를 주절대던 이불 속을 걷어 내고 나올 수 있었을 텐데. 과거의 모든 과오를 하나하나 따져 보았다. 이것도 그거 때문인가? 저것도? 남들은 그렇지 않았던 건가? 다들 이렇게 사는 게 아니었나? 이 정도로 아등바등하지 않는다고? 원래 힘든 게 아니라고? 사실은 별것도 아닌 병인데 나의 노력과 근성 부족으로 인한 단점을 전부 타고난 결핍 탓으로 돌리고 있는 건 아닐까? 때때로 성실하고 맹렬하게 과업을 성취해 낸 경험도 꽤 있는데 괜히 오바 떠는 거 아냐? 내가 과민한 거고 남들은 무던하게 온전한 정신머리로 살아가고 있는 거 아냐? 나를 ADHD 환자라고 해야 할까? 환자라기엔 딱히 아픈 건 아니다. ADHD를 앓고 있다고 해야 할까? 아프지 않기에 앓는다는 말도 조금 이상하다. 아니면 ADHD에 시달리고 있다? 시달린다면 고통스러워야 할 텐데 사실 이 사실을 조금 즐기고 있는 것 같기도 했다.

이런 식으로 나조차도 나를 다그치는데 나의 진단 결과를 아니꼬워하며 부인하는 남들을 맞닥뜨리는 일도 드문 편은 아니다. ADHD 진단서를 들고 파란 페인트가 칠해진 주차장에 주차라도 했다고 생각하는 걸까? 비꼬는 사람들에게는 나에게 품행장애가 있음을 인지시켜 주는 방식으로 맞받아쳐도 별 죄책감이 들지 않지만, 걱정을 가장한 아는 척하기 조언에는 '아 의사인 척 아는 척 오겼고요'라든가, '누구 물어보신 분?' 이딴 식으로 반응할 수도 없었다. 보통은 염소같이 웃으면서("으ㅎㅎㅎㅎㅎㅎ 넵.") 잽싸게 대화 주제를 다른 쪽으로 돌려 버린다. ADHD 인간에게 이것은 식은 죽 먹기다.

재미있는 건 이런 조언들이 성별에 따라 유형이 나뉜다는 것이었다. "내가 볼 때 샘은 똑똑하고 일도 잘하는데, ADHD는 아닌 것 같아"와 같은 명탐정 유형과 "그냥 의사들이 돈 벌고 싶어서 과하게 라벨링 하는 거에 속아 넘어간 거야"와 같은 공정거래위원회 유형이 성별에 따른 경향성을 보인다는 것을 주제로 논문을 써 보고 싶어질 정도다. 하지만 짜증 나는 것에 집착하지 않기로 의사 선생님과 약속한 것도 있고, 그 사람들에게 연구 대상자가 되어 달라고 부탁하고 싶지도 않기 때문에 나 자신에게 조금 더 집중하기로 한다.

누군가를 가르치고 돌보는 ADHD

내가 ADHD임에도 불구하고 교사가 되어서 안 좋은 점은 엄청나게 많지만 몇 가지로 추리면 다음과 같다.

첫째, 교실 책상 근처를 보면 하울의 움직이는 성처럼 보인다. ADHD 약을 먹는다고 로봇 청소기의 영혼이 깃들게 되는 것은 아니기 때문에 내 책상 주변은 항상 메뚜기 서식지와 같은 꼴이다. ADHD는 머문 자리도 아름다운 사람이 될 수가 없는 것이다. 필요에 따라 아름다운 척 정도는 할 수 있다. 행정실에서는 보안 점검을 돌 때마다 내 교실을 공개 처형하고 싶겠지만, 다행히도 정시 퇴근을 위한 시간 개념이 없어서 점검을 도는 주무관님들과 멋쩍게 마주 본 경험이 많다. 빈 교실이었으면 분명 사진 촬영을 당하고 시정 요망 주의를 받았을 것이다.

둘째, 학급 운영을 체계적으로 하는 것처럼 보이기 위한 1인

1역 검사 같은 것들은 포기했다. 3년 차 정도까지는 그래도 시도는 해 봤는데, 이제는 매력적인 학급 운영 팁을 놓고 '1년 내내 할 수 있는가?'를 먼저 질문한다. 대다수는 여기서 탈락하고 미니멀한 운영 철학을 고수하고 있다. 월별 생일 파티? 안 한다. 12월이나 1월 생일인 아이들에게 미안할 짓을 왜 돈까지 써 가며 하겠는가? 일기 검사? 어린이에게도 지키고 싶은 사생활이 있다. 1인 1역? 스무 개가 넘는 각각의 역할을 매일매일 검사할 능력이 내겐 없다. 우리 반은 번호순으로 다섯 명씩 묶어 둔 주번이 모든 걸 처리한다.

셋째, 걷은 과제물을 제때 검사하고 돌려주는 데 매번 실패한다. 나는 이제는 해야만 한다는 생각을 제외한 모든 것을 다 미뤄 놓는 못된 습관을 고치지 못해서 석사 학위 논문의 1차 심사본을 2주 만에 완성한 경력이 있다. 다른 선생님들이 쉽게 척척 해내는 것들을 나만 못 하고 있는 경우가 한두 개가 아니지만, 과업을 제때 해내는 것이야말로 ADHD가(아니, 나만 그런 걸지도) 일생에 걸쳐 해내야 하는 과업에 해당하기에 가장 어렵다. 우리 반 어린이들은 아마 모를 것이다. 선생님이 수학익힘책을 검사하는 척만 하고 있다는 것을……. 걷을 때는 '이번엔 꼭!'이라고 늘 생각하지만 보통은 어린이들이 제출한 상태 그대로 다시 돌려주게 된다. 지금도 내 자리 뒤 노란 바구니에는 지난주에 실시한 단원 평가 시험지가 아직도 미채점 상태로 쌓여 있다.

넷째, 아무래도 다른 선생님들보다는 좀 더 '버럭' 한다고 느낀다. 재작년에 담임을 맡았던 어린이 중 하나가 내년도 후배를 위해 써 준 선생님 사용 설명서에는 이런 문장이 있다. "우리 샘은 좀 급발진하는 편이긴 한데, 그래도 사과해야 되면 빨리 하시니까 별로 상처받지 마." 사실 약을 먹고 나서 가장 드라마틱하게 나아진 것이 이 네 번째 단점이다. '버럭' 했을 때 동시에 '아 맞다 오늘 약을 안 먹었군'과 같은 자아 성찰이 따라온다.

다섯째, 반별 시간표 입력 같은 무의미한 반복 노동을 매학기 할 때마다 이직하고 싶어진다. 도대체 어떤 변태가 이런 시스템을 만들었는지 국민신문고에 민원을 쓰고 싶어진다. 챗GPT로 주간 학습 안내를 짤 수 있는 시대에 왜 이 짓거리를 해야 하는지 도무지 이해할 수 없다. 이 짓을 하지 않는 지역으로 시험을 쳤어야 했다는 생각을 학기 말마다 반복한다. 별로 어려울 것도 없는 업무 기안에 오타를 내는 건 일주일에 한 번꼴로 일어나는 일이라 지긋지긋한 애국 조회 같은 주기로 돌아오는 실수이므로 이에 대해서는 말할 가치도 없다.

반면에 내가 ADHD 진단을 받은 교사라서 좋은 점은 다음과 같다.

첫째, 나랑 비슷한 것 같은 어린이를 잘 찾아낸다. 그에게 잽싸게 상담을 권유하거나 다른 적합한 수업 방식을 제안할 수 있다. 어린이의 문제 행동에 조금 더 관대해질 수도 있다.

"너 이 수학 문제 힘들지. 과정을 좀 더 쪼개 볼까?"

"수업이 지루해 미칠 것 같을 때 할 수 있는 다른 사람에게 피해를 끼치지 않는 종류의 행동을 같이 생각해 보자."

"샘은 의사가 아니라서 정확하게 진단할 수는 없지만, 사실 내가 어렸을 때 너랑 되게 비슷했거든."

이것은 어린이 당사자에게만 효과가 있는 것이 아니다. 사실 관찰만 열심히 하면 ADHD 당사자가 아니더라도 발견하는 건 그렇게 어려운 일이 아니다. 문제는 보호자의 협조다. 아이의 행동 발달과 관련하여 상담 센터나 의료 기관에 데려가 볼 것을 권하는 일은 거대한 용기를 요구한다. 지금 우리 애를 정신병자 취급하는 거냐는 분노를 감수해야 되기 때문이다. 분노하지 않고 별거 아니라는 식으로 말하는 경우도 자주 있다. 나는 '애들 크다 보면 다 그렇다'라는 말이 정말 끔찍하게 싫다. 어린이들은 조금 더 편하게 클 권리가 있다.

하지만 "아 제가 ADHD여서 너무 힘들었거든요"라는 나의 대답에 분노나 무관심을 유지하기란 쉽지 않은 것이다. 보호자의 협조를 이끌어 내는 치트키라고 봐도 좋다. "물론 저는 의료인이 아니라 정확한 진단을 할 수는 없지만, 제가 만약 어렸을 때 진단을 받아서 치료를 받았더라면……"이 덧붙여지면 이때부터 조심스러운 제안은 매우 진정성 있는 조언으로 신분 상승을 경험하게 된다.

둘째, 위기 대처 능력이 있다. 이것은 아마도 내가 저지른 사고를 수습하며 쌓아 온 능력으로 보인다. ADHD 증상과 관련해서는 과집중하는 특성과도 관련이 있는 것 같다. 편의점 매대 앞에서 좌회전하다 음료수 병을 깨트려 본 인간만이 당황스러운 나의 실수 앞에서 당황하지 않을 수 있다. 임용 필기시험에서 과락만을 면한 점수를 받고도 면접에서 100점에 가까운 점수를 받으며 간신히 교사가 될 수 있었던 것도 위기 대처 능력이 있어서였다. 그간의 출제 경향을 싸그리 무시하고 새롭게 선보인 스타일의 영어 면접 시간에 모두가 당황할 때 나는 ABBA의 〈Dancing queen〉을 부르며 느슨해진 시험장에 긴장감을 선물한 적이 있다.

석사 학위 논문을 2주 만에 써 갈긴 것은 제법 미친놈 같지만 어쨌든 얼렁뚱땅이라도 내 실책을 스스로 수습할 능력이 있음을 보여 준다. 온갖 다이내믹한 사건 사고가 범람하는 초등 교실에서 이러한 능력을 가졌다는 것은 엄청난 이점이다. 대부분은 스펙터클한 재앙에 대처하기보단 수업 중에 갑자기 배가 아플 때 자연스럽게 화장실에 가는 방법을 고안해 내는 쪽에 사용하는 편이지만, 나의 이 능력 덕분에 우리 학교가 (교육적인 이유로 자세하게 설명할 수 없는) 위기 상황 대처 우수 학교 표창을 받은 경력이 있다. 교육부 차관까지 다녀간 경력이니 꽤 쓸 만하다. 삶이 약간 〈덩케르크〉나 〈쥬라기 공원〉, 〈다이 하드〉, 〈미션 임파서블〉처럼 굴러가는 경향이 있지만 어쨌든 나는 대체로 모든 걸 수습한다.

셋째, 40분에 한 번씩 수업 주제를 전환하는 데에 탁월하다. 50분에 한 번씩 바꿔야 하는 고등학교 선생님이 아니어서 다행이다. 그리고 또 같은 수업을 여섯 번씩 반복해야 된다고 생각하니 초등학교 교사가 된 것은 정말 훌륭한 선택이었다. ADHD의 요정이 나를 사범대가 아닌 교대로 이끈 것이 틀림없다.

넷째, 온갖 수업 주제를 교과랑 엮는 것을 '확실히 다른 샘들보다' 잘한다. 수업 주제와 약간 관련이 있는 다양한 딴 얘기의 나열로 어린이를 졸지 않게 할 수 있다. 많은 ADHD들이 자기 얘기를 늘어놓는 것을 좋아한다는 사실을 생각해 보면 이들에게 교사는 적성에 참으로 잘 맞는 직업이다. ADHD들은 자신의 말을 경청하는 사람들 앞에서라면 영원히 떠들 수 있다.

"그러니까 아일랜드 지역에서 밴시*와 같은 귀신 전설이 내려오는 거라든지, 우리나라에 호랑이와 관련된 설화가 많은 게 어쩌면 자연 지형이랑 관련이 있는 거 아닐까?"

"자, 이제 샘이 스키 타러 가서 데굴데굴 굴렀던 게 위치 에너지랑 무슨 상관인지 설명해 봐."

이런 식으로 흥미를 끄는 데 비상한 재능이 있다. 교수님도 나에게 '냅다 갖다 붙이기' 끝내주게 잘한다고 칭찬해 주셨다. (자꾸 나의 장점이 신뢰할 만한 것임을 증명하기 위해 권위에 의지하게 되는데, 사람들은 보통 ADHD 인간의 말을 잘 신뢰하지 않기 때문에 어쩔 수 없다.) 어린이들도 내가 떠드는 강의식 수업이 너무 재밌다고 좋아하는 편이다.

---

* 구슬픈 울음소리로 가족 중 누군가가 곧 죽게 될 것임을 알려 준다는 아일랜드의 여자 유령이다. 수업에서는 바람이 거세게 부는 지역적 특성에서 만들어진 민속 설화가 아닐지 학생들과 함께 이야기 나누었다.

마피아게임을 하는 척하면서 사회적 소수자가 겪는 일상생활의 불편함을 느껴 보게 하는 수업이라든지, 자연수의 혼합 계산 단원에서 여행 가방을 꾸리기 위한 쇼핑을 하는 활동을 하는데 사실은 핑크 택스*의 부당함을 인지하는 걸 목표로 하는 수업이나, 도레미파솔라시도 중에 세 개의 음만 무작위로 나누어 주고 나와 다른 음을 받은 친구들을 찾아 〈학교종이 땡땡땡〉 또는 〈비행기〉 같은 노래를 완성시키는 과정에서 문화 다양성의 중요성을 알게 만드는 수업 같은 것을 말한다. 이거 말고도 엄청 많다. 최근에는 '백설공주 이야기의 거울이 대화형 챗봇이라면 챗봇에 탑재된 인공지능은 뭘 근거로 아름다움을 판단하는 걸까?'를 질문으로 던지면서 인공지능 융합 예술 수업을 20차시로 기획해서 멋지게 해치운 업적이 있다.

단점보다 장점이 더 많다고 우기고 싶었는데 기대했던 것만큼 장점이 많지는 않은 것 같다. 장점은 최대한 늘려 쓰고 단점은 어떻게 보면 장점 같아 보이게 쓰고 싶었지만, 어쨌거나 단점이 더 많음에도 불구하고 나는 내가 ADHD임을 딱히 숨기지 않는 편이다. 내가 그렇다는 사실이 꽤나 재미있기도 하고 또 별로 숨길 거리도 아니라고 생각해서다. '고양이를 키우고 있어요', '여고를 졸업했어요', '부모님은 경남 출신입니다'와 같은 무게로 자기소개 중

---

* 같은 제품이더라도 남성용보다 여성용에 더 높은 가격을 매기는 일부 기업의 행태를 비판하기 위해 만들어진 신조어

에 할 수 있는 말이 아닐까? 면접 시험장에서 말할 만한 종류는 아니지만 적당히 점심시간의 스몰토크 주제 정도로 보면 된다. 이런 걸 북핵 협상 결과를 발표하는 자세로 이야기할 필요는 없다고 생각하기 때문에 가볍게 늘어놓는 것이다. 그러면 보통 어떻게 진단받았는지를 궁금해하고 '옳거니' 하고 나는 신나서 설명하는 식이다. 어린이들에게도 이 사실을 비장하게 전달하기보다는 코로나19에 걸렸을 때 샘은 칼 삼키는 것 같더라고…… 하는 정도의 무게로 이야기하곤 한다.

서른 살이 되어서야 주의력Attention 결핍Defict 과잉 행동Hyperactivity 장애Disorder를 가지고 있는 것을 확인했지만, 그렇다고 그게 나의 전부를 설명하는 것은 아니다. 고양이를 키우지만 고양이가 아니라는 것만큼이나 당연한 이야기다. 따지기 좋아하고Argumentative 독선적이면서Autocratic 무질서하고Disorderly 방어적일Defensive 뿐만 아니라, 오만하고Haughty 고집불통인Headstrong 인간으로 보일 때가 많겠지만 매력적이고Attractive 섬세하면서Delicate 유머러스한Humorous 사람 또는 야망 넘치고Ambitious 꿈이 많으며Dreamy 영웅적인Heroic 사람으로 보이고 싶은 마음이 없을 리가.

하지만 내가 약을 먹기로 결심한 건 주변 사람들에게 좀 더 잘 보이고 싶어서가 아니었다. 나는 제발 나랑, 나 자신과 잘 지내고 싶었다! 앞서 줄줄이 나열한 나 자신의 구질구질한 면들을 버리지 못하고, 버리지 못하는 나를 미워하며 사는 것을 그만두고 싶었다. 약을 먹는다는 게 엎어진 퍼즐 조각이 단숨에 맞춰지는 기적을 소환하는 건 아니다. 그것보다는 퍼즐의 완성된 버전을 5초, 10초씩 힌트로 볼 수 있는 기회를 받는 거랑 비슷하다. 소중한 힌트를 품에 안고 일단 지금 이걸 해낸다는 마음으로 하나씩 해치우다 보면 어느새 퇴근 시간이 다가오고, 방학도 하고, 졸업도 하고 그럴 수 있는 것이다.

포스트잇을 떼 주는 사람

나는 나이 서른 살에 ADHD 진단을 받은 사람이 되었다. 약간 아쉽기는 했다. 앞에서도 말했지만 뭐 한 20년 정도만 빨리 진단받았다면 내 삶은 조금 달랐을지도……. 그런 생각을 했지만 어쨌든 진단은 내게 기분 좋은 일이었다. 그건 뭐랄까, 한참 동안 풀리지 않던 문제를 푼 기분 — 과 같은 흔한 표현으로 설명하기에는 좀 부족한 감정이었다. 학창 시절에 아주 친했던 친구와 별것도 아닌 일로 오해해서 싸우고 화해할 타이밍을 놓쳐서 데면데면한 채로 졸업한 뒤 어느 날 길에서 만나게 되고, 그 애랑 카페에 앉아서 자몽허니블랙티 같은 것을 두 잔 시켜 놓고 우리 그때 왜 그랬을까 하면서 웃다가 개운해지는 것과 같은 느낌이라고 해야 할까? 그런 기분이 맞는 것 같다. 그런 만남을 가졌다고 해서 걔랑 다시 짠 하고 일생일대의 절친한 친구로 순식간에 돌아갈 수는 없다는 점에서 그렇다. 나는 진단을 받고 약을 먹으면 내 삶에 엄청난 변화가 찾아올 줄 알았다. 적정한 용량의 약을 꾸준히 잘 먹으면 요거트에서 유청을 분리하듯이 ADHD의 각종 부정적인 면을 깨끗하게 걸러 내고 단단한 사람이 될 수 있을까? 아무래도 그런 건 헤르미온느 정도나 돼야 할 수 있는 일이다.

조금 더 빨리 진단명을 알았다면 좋았겠지만 나에게는 많은 날이 남아 있는 것이다. 그런 점에서 기분이 아주 좋기도 했지만 한편으로는 어쩐지 자기 비하를 하고 싶은 욕구가 치민 나머지 그날 밤 친구와 문자 메시지로 이런 대화를 나누었다. (이 친구에게는 가끔씩 자기 비하가 하고 싶을 때마다 '나에겐 주의력 결핍 과잉 행동 장애가 있으니까……'라거나, '나는 약간의 정신병이 있으니까……'와 같은 말을 농담으로 던질 수 있는데 '그래 현대인의 과반수는 정신 질환을 가지고 있으니까……' 또는 '병가를 쓸 수 있는 질환인지 확인해 보았나요……' 하는 식으로 가볍게 받아 주기 때문이다.)

    나 : 아니 근데 ×나 웃긴 점

    나 : 걔 나 정신병자라고 소리지르면서 욕했는데 역시 의사라서 그런가

    나 : ×나 신속한 진단

    친구 : ㅋㅋㅋㅋㅋㅋㅋㅋㅋㅋㅋㅋ

    나 : 그때 내가 ○○정신의학과를 갔으면 조금 더 빨리 메디키넷을 먹었을 텐데…

    친구 : ×라 웃픈 스탠딩 코미디 같았어 방금

나 : 정병 있는 거 알았으면 진단명도 같이 말해 주지

전전전전전남친과 대판 싸우고 헤어지던 날이 갑자기 생각난 것이다. 어느 면읍리의 보건소 공보의로 재직 중일 인간에게 이제 와서 '너는 히포크라테스 선서도 안 배웠냐?' 하고 따질 수도 없는 노릇이지만 어쩌면 나는 약간 남 탓을 하고 싶었던 것 같다.

나는 등 뒤에 뭐가 붙은 줄도 모르고 학교에서부터 집까지 바보라고 쓰인 포스트잇과 함께 하교한 어린이처럼 ADHD와 함께 살아왔다. 잘 붙은 포스트잇은 누군가 이야기해 주기 전까지 그 존재를 알 수 없는 것이다. 내가 어렸을 땐 '쟤는 이상한 무늬가 있는 옷을 입었군' 하는 시선이 늘 따라붙었을 뿐, 내 등 뒤에 뭐가 붙은 것인지 알아볼 수 있는 사람이 별로 없었다. 내 뒤에 붙은 게 뭔지 진작 알았다면 그런 시선은 안 받고 자랄 수 있었을 것이다.

ADHD 진단을 받던 날로 돌아가자면, ― 나는 그날의 모든 것을 기억할 수 있다. 의사 선생님이 핑크색 와이셔츠를 입고 있었던 것조차 생생하게 떠올릴 수 있다 ― 진단 결과를 이야기하며 의사 선생님은 내 직업을 듣더니 꽤나 좋은 선택을 했다고 평가했다. 황급히 아뇨 저는 공문 하나를 써도 회수와 기결 취소를 세 번씩은 해야 하는 사람이고 때때로 어린이들에게 급발진을 하기도 하는데 그게 무슨 소리인가요, 하고 되물었다.

"어쨌든 한 시간에 한 번씩 과업이 바뀌는 거니까요."

"아......"

"그리고 ADHD가 단점만 있는 건 아니에요. 창의적인 사람이 하기에 좋은 직업이잖아요, 교사는."

"그래도 좀 더 빨리 알았더라면 더 훌륭한…… 더 잘 버는…… 그런 직업을 가질 수도 있었을 것 같아서 약간 아쉬워요."

"그러면 교실에서 어렸을 때의 선생님 같은 아이들이 없는지 잘 살펴보세요."

이 말에는 정말 화들짝 놀랐다. 나 같은 어린이! 나 같은 어린이가 나처럼 뒤늦은 ADHD 진단을 받지 않을 수 있도록 도울 수 있을까? 이 생각을 하자 가슴이 두근거렸다. 나의 질병은 정말 여러 모로 쓸모 있겠군. 최고야. 그런 생각을 하며 처방전과 함께 병원 문을 나섰고, 이상하게도 출근 시간이 기다려지는 밤을 보내게 되었다.

나는 늘 조금씩은 외로웠다. 검은 까마귀들 사이의 흰 까마귀 같은 근사한 고독이라기보다는, 하겐다즈나 밴앤제리스 사이의 아 맛나가 된 기분이라고 보는 게 더 적절하다. 전문 용어로 '쪽팔림' 이라고 할 수 있다(김사부의 말투로 읽어 줬으면 좋겠다). 나 때문에 나를 싫어하게 된 남들이 모두 모여 한편을 먹고 나 혼자 상대편으로 남은 피구 경기를 영원히 지속하는 것 같은 기분에 짓눌려 가며 자아를 형성해 나가는 건 결코 쉬운 일이 아니었다. 그래서 나를 싫어하는 편이 더 편했다. 그러면 공이 어디서 날아올지 모르는 위기감 속에서 긴장하지 않아도 되었으니까.

ADHD 진단을 받고 기뻤던 것은 치료를 통한 정상성 회복에 대한 기대감 때문만은 아니었다. 나는 아픈 사람을 미워할 만큼 모진 인간이 아니었고, 내가 단지 좀, 아픈 거였다는 걸 깨닫게 돼서 정말 좋았다. ADHD의 여러 증상은 사회가 여자아이에게 요구하는 여러 가지 규범과 정반대에 놓여 있는 경우가 많기 때문에 이들은 남자아이에 비해 자신의 증상을 숨기기 위해 부단히 노력하는 유년 시절을 보내게 된다. 내가 어렸을 때는 사회적으로 ADHD에 대한 인식이 지금보다 훨씬 낮았다는 이유도 있겠지만, 나의 부모님이 나에게 보여 준 관심과 사랑을 고려했을 때 엄마의 사과처럼 제때 발견하지 못한 것은 아쉬운 일이다.

남동생이 식탁에 머리를 찧어 피가 철철 나는데도 알아차리지 못하고 읽던 책에 몰두하고 있었던 나를 두고 할머니는 인정머리 없는 가시나라며 호통을 쳤다. 내가 밀어서 다친 것도 아니고, 난 정말 걔가 다친 줄 몰랐기 때문에 아주 억울했다. 엄마는 문항지에 답을 체크하면서 그 일을 떠올렸다고 했다. 아마 엄마는 그거 말고도 다양한 에피소드를 떠올렸을 것이다. 내가 세 살도 되기 전에 한글을 떼 버리고 늘 책에 코를 박고 있던 똑똑한 딸이라 놓쳤던 것들을 하나하나 되짚었을지도.

물론 나는 의료인이 아니므로, '그런 것 같아 보이는' 어린이에게 함부로 처방을 내려서는 안 된다. 하지만 '그럴지도 모르는' 어린이에게 상담을 권유할 수는 있는 것이다. '아인슈타인도 ADHD였단다'보다는 '선생님도 ADHD란다' 이쪽이 조금 더 나았다. 열두 살 어린이들에게 혀를 내밀고 개구지게 웃는 백발의 할아버지와

네가 같은 증상인 것 같다고 해 봐야 얼마나 큰 위로가 될 것인가를 생각하면 '야나두' 쪽이 더 좋은 선택이었다.

 나는 '네 등에 지금 뭔가 붙었다'고 알려 주는 사람이 될 수 있다. 그걸 떼어 낼지 말지는 그 애가 선택하겠지만, '나도 등 뒤에 뭐가 붙어 있걸랑' 하면서 웃어 주는 사람이 있다는 것만으로도 좋을 수 있다는 걸 나는 안다. 그런 점에서 난 정말…… 진짜 좋은 교사인 것 같다.

우리의 존재가
세상을 바꿀 수 있을 때

레즈비언의 퀴어한
대안교육 도전기

유랑(유아름)

9년 동안 함께한 학교에서의 삶을 마무리했다. 마지막 학기가 끝나기 한 달 전, 학생들에게 학교를 그만두기로 했음을 전하던 중 "쌤 학교 떠나기 전에 하고 싶은 것 있어요?"라는 질문을 받았다. 학교에서 하고 싶었던 것? 바로 떠오르는 것이 없었다. 딱히 마음을 이끄는 답을 찾지 못한 채, 자리가 마무리되고 번뜩 9년 내내 하고 싶었던 일이 생각났다. 전체가 모인 자리에서 커밍아웃하는 것. 학교에서 지내며 늘 꿈꾸던 일이었다. 너희들이 전체 모임 자리에서 커밍아웃할 수 있는 용기가 부러웠다고. 이 학교에서 그저 교사가 아니라 동성애자인 나를 보여 주며 살고 싶었다고.

연극이 시작되다

어린 시절을 돌아보면 그다지 행복한 시간은 아니었다. 엄마 아빠는 늘 싸웠고, 나는 독자인 동생과 경쟁하며 늘 애정을 갈구했다. 가족에게 받지 못하는 사랑을 친구로부터 채우려 했고, 그렇게 시작된 친구 관계는 어려웠다. 집에서도, 학교에서도 불안한 시간을 보내던 나에게 아무 이유 없이 행복해질 수 있는 감정이 찾아왔다.

열두 살 때, 나의 마음을 설레게 하는 사람이 생겼다. 친하게 지내던 언니에게 지금까지 겪지 못한 감정을 느끼기 시작한 것이다. 괜히 설레기도, 같이 있으면 부끄럽기도 한 그런 감정. 그 언니와 함께할 때면 이유 없이 좋았다. 고백하기엔 너무 떨렸고, 가장 친한 친구들에게 고민을 털어놓고 싶었다. 친구들에게 내 감정을 고스란히 담은 교환 일기를 전한 후 돌아온 것은 '너 레즈냐? 더러워'라는 반응이었다. '레즈가 뭐지? 왜 더럽다고 하지?' 혼란스러웠다. 친구들처럼 좋아하는 사람에 대해 나누고 싶었던 것뿐인데, 뭐가 문제일까. 도저히 알 수가 없었다. 처음 알게 된 '레즈'라는 말에 궁금증이 생길 만도 한데, 친구들이 나를 싫어하고 피할까 봐 두려운 감정이 우선이었다. 친구들과 잘 지내기 위해서는 이 감정을 숨겨야 하는구나, 이 감정은 친구들이 갖는 감정과는 다르구나 하는 생각과 함께 내 감정을 피하기 시작했다.

몇 년간 유난스럽게 '척'을 하고 다녔다. 이 사회가 말하는 정상성의 범주에 들어가려 무던히 애썼다. 나조차도 이성애자라고 생각할 즈음, 첫 연애를 했다. 가족과 친구에게서 받지 못했던 무한한 애정, 내 감정이 어떤지와는 상관없이 넘치는 애정을 받는 순간이 행복했다. 행복한 나날이 이어지고 첫 키스를 하던 날, 무언가 이상하다는 것을 깨달았다. 설레고 행복한 감정보다 '이게 맞을까?' 하는 끝없는 물음이 머릿속을 채웠다. 이상하고, 두려웠다. 스킨십의 문제일까, 나의 마음이 문제일까. 혼란스러웠다. 왜 나는 이성애를 받아들이지 못할까. 무서웠다. 정상성의 궤도에 다시 서지 못할까 봐. 결국 '일반'이라고 불리는 사람들에게 '이반'이라고 내쳐질까 봐 두려웠다. 지금까지 아닌 척 잘 살아왔는데, 잘 속여 왔는데. 다시 나에게 맞는 옷을 입기가 그 어떤 것보다 무서웠다. 그렇게 아무렇지 않은 척, 연애를 이어 나갔다. 나의 두려움은 숨긴 채, 나의 감정은 존재하지 않는 연극을 다시 시작했다. 오히려 그 편이 편했다. 나 혼자만 견디면 친구들과의 관계는 괜찮을 테니까, 나를 더럽게 보지 않을 테니까, 오히려 연애하는 나를 부러워할 테니까. 그 편이 나았다.

정해진 길을 벗어나다

중학교 3학년 초, 진학 면담이 있었다. 인문계 고등학교 진학만 생각하고 있던 나에게 담임 쌤은 다양한 선택지를 알려 주셨다. 모두가 당연하게 선택하는 길 말고도 다른 길도 있다는 것. 모두가 가는 길을 선택하고 싶지 않았다. 주변에는 대학 진학만을 준비하는 인문계가 싫다고 말했지만 내 손으로 주류가 아닌 다른 길을 선택하고 싶은 마음이 컸다. 몇 주를 울고 불며 반대하는 부모님과 싸운 끝에 여상으로 진학할 수 있었다. 그렇게 스스로 선택한 학교와 학과, 그리고 낯선 동네에서 고등학교 생활을 시작했다.

낯선 환경이지만 그곳은 나를 알아 갈 수 있는 공간이었다. 내가 간 여고에서는 멋있는 선배를 보며 좋아하는 것이 비일비재

했다. 선배를 우상처럼 동경하기도, 짝사랑하기도 했다. 그러다 교내에서 연애를 하는 선배들도 있었다. 나와 비슷한 사람이 존재하는 공간, 그 환경의 힘은 생각보다 컸다. '척'하며 살지 않아도 됐고, 내 감정을 피하지 않아도 됐다. 처음으로 내가 이상하게 느껴지지 않았다. 내가 어떤 사람에게 끌리는지, 원하는 연애는 어떤 모습인지 조금씩 찾아 나갔다. 고민을 함께 나눌 수 있는 친구와 선배가 생겼고, 나의 성적 지향에 대해서도 인정하기 시작했다. 인정하고 나니 더 이상 친구들을 속이고 거짓말을 하고 싶지 않았다. 그렇게 용기 내어 내 감정을 처음 털어놓았던 친구에게도 다시 커밍아웃할 수 있었다. 나에 대해 설명하고 솔직한 나의 모습을 보여 줄 수 있는 첫걸음이었다.

   나를 찾아 가는 시간에는 진로에 대한 고민도 담겨 있었다. 생각보다 회계는 어렵고 재미없었다. 그렇다고 내 존재 그대로 살아갈 수 있는 곳을 떠나긴 싫었다. 학교를 다니며 내가 무얼 하고 싶은지, 제일 재미있다고 느끼는 것은 무엇인지 고민하기 시작했다. 내가 좋아하는 것을 찾던 중, 나를 행복하게 했던 일이 떠올랐다. 누군가에게 수학을 가르쳐 주는 것. 수학을 어려워하는 친구가 내가 알려 주는 부분을 이해하거나 풀지 못하던 문제를 풀게 됐을 때 드는 뿌듯함과 행복감은 지금까지 겪었던 감정 중 가장 특별했다. 내가 가장 행복하게 느끼는 순간을 삶으로 이어 가고 싶었다.

새로운 길의 발견

교사라는 꿈에 다가가는 방법은 대학 진학뿐이라 생각했다. 진학보다 취업이 우선인 학교였지만 담임 쌤의 응원을 받으며 사범대에 입학했고, 꿈에 조금 가까워졌다. 첫 강의부터 수학을 암기 과목이라 생각하라는 교수님의 말에 기대가 와장창 깨지는 듯했지만 교육학은 흥미로웠다. 어떤 교사를 꿈꾸고 어떤 교육을 펼치고 싶은지에 대해 고민하며 과제를 하고, 토론하는 것이 즐거웠다. 그러던 중, 대안학교의 존재를 알게 되었다. 학교마다 추구하는 교육 철학에 따라 자유롭게 교육과정을 운영하는 학교, 이미 길이 정해져 있는 공교육과는 달리 학생 개개인의 특성을 살피며 교육하는 대안학교가 궁금했다. 주류의 길을 피하기 위해 실업계 고등학교에 갔지만 그곳에서도 주류의 길을 걷지 않으면 다른 선택을 하기는 쉽지 않다는 것을 경험한 나에게는 정말 신세계와 같았다. 관련 책과 자료 들을 찾아보며 그곳이 내가 꿈꾸는 교사의 모습으로 살 수 있는 곳인지 더 알아보고 싶어졌다. 다행히 대부분의 대안학교에서 방학마다 계절학교를 운영하며 이때 함께할 자원 교사를 모집하고 있었다.

계절학교 참여를 앞두고 일반 학교로 교육 실습을 나갔다. 그동안 여러 활동을 통해 청소년을 만났고, 그 시간들이 행복했던 터라 걱정보다는 기대가 컸다. 하지만 실습은 내 예상과는 달랐다. 여전히 수학을 좋아하는 학생은 적은 데 비해 학교 구성원들은 주요 교과로서 수학을 중요하게 생각했고 그만큼 수업의 질에 있어 기대하는 수준이 높았다. 학생을 중심으로 생각하는 교사가 되고 싶었지만 내 뜻대로 행동할 수 있는 여지가 거의 없었다. 수업 때 자고 있는 학생을 깨워야 했고, 학생들에게 집중하라고 주의를 줘야 했다.

4주의 실습이 끝난 뒤, 수많은 생각이 머릿속을 채웠다. 실습생이 아니라면 내가 꿈꾸던 교사의 모습으로 살 수 있을까? 적어도 10년 동안은 어려울 것이라 생각했다. 20~30대 적은 연차의 교사가 보수적인 교사 집단에서 선배 교사의 눈치를 보지 않고 하고 싶은 대로 하기란 불가능해 보였다. 교사만을 꿈꿨는데, 나는 어디로 가야 하지? 이전보다 더 큰 불안과 두려움이 나를 뒤덮었다.

새로운 세계로의 첫걸음

불안과 두려움에 휩싸인 채, A대안학교의 계절학교에 참여했다. 실제 대안학교는 어떤 모습일까? 내 상상 속의 모습과 비슷할까? 기대감과 궁금증으로 마주한 대안학교는 상상 이상이었다. 교육과정도 자유로웠지만 학생 개개인이 스스로가 누구인지 고민할 수 있는 장이 펼쳐져 있었다. 하지만 교육과정보다 더 매력적으로 다가온 것은 바로 사람이었다. 앞서 다른 곳에서 진행하는 캠프에 참여했는데 그때와는 완전히 다른 대우를 받았다. 이 학교의 교사들은 자원 교사를 존중하고 배려했다. 매일 밤, 학생에 대해 고민하는 우리의 이야기를 들어 주고 따뜻한 응원과 조언을 건네주었다. 자원 교사들을 이 계절학교를 위해 쓰이는 도구로 대하기보다 교사로서 충분히 배우고 경험할 수 있도록 신경 써 주었다. 그러면서도 학생을 대하는 태도는 늘 따스했고, 교사끼리의 관계도 단단해 보였다.

살면서 그런 공간과 사람을 만나 본 적이 없었다. 책에서 본 것보다 더 이상적이었다. 짧은 기간이지만 그곳에서 교사로 살아 본 기억은 너무나 강렬했다. 그 경험이 나를 다시 꿈꾸게 만들었다. 수학 공부를 하게 만드는 교사가 아니라 마음으로 소통하고 학생이 가지고 있는 고민과 생각을 나눌 수 있는 교사가 되고 싶었다. 청소년 시기에 내가 필요로 했던 어른의 모습으로 학생들 곁에 있고 싶었다. 이곳이라면 가능하지 않을까? 그런 희망을 품고 대안학교의 교사가 되리라 결심했다.

계절학교가 끝나자마자 대안학교 교사 채용 공고를 찾아보기 시작했다. 서류 통과 후 면접을 본 학교도 있었는데 경력이 없는 교사를 채용하기 부담스러워했다. 다른 학교를 더 지원해 봐야 할까, 아니면 우선 기간제 교사나 시간 강사로 경력을 쌓는 것이 맞을까 고민하던 차에 A대안학교의 교사 채용 공고가 올라왔다.

지원 후 면접의 기회가 왔고, 떨리는 마음으로 다시 학교에 갔다. 교사를 뽑는 것이기도 하지만 함께 살아갈 공동체 구성원을 맞이하는 일이라며 전체 교사와 상호 면접을 시작했다. 교사와 교육에 관련된 질문도 있었지만 대안적 삶에 대한 질문이 많았다. 시골살이와 공동체에 대한 생각, 그리고 어떤 삶을 살아왔는지에 대한 이야기를 나눴다.

  그렇게 한참 이야기를 나누던 중, 받게 된 질문은 이곳에서 '나'로 살아갈 수 있을지 의심하게 했다. "남자친구 있어요?" 그동안 수없이 들었던 질문이지만 새로운 세계에서 대안적인 삶을 고민하며 설레던 마음이 멈칫하게 되었다. 자차가 없으면 대중교통을 적어도 세 번 갈아타야 올 수 있는 산골 마을. 학기 중에는 개인 시간이 많지 않아 연인이 있다면 그 관계를 어떻게 유지할 것인지 확인하는 질문이었다. 하지만 질문의 의도보다는 '남자친구'라는 단어에 꽂혀 다른 생각을 하기 어려웠다. 숨겨야 할까? 솔직하게 말할까? 혹시나 여자친구가 있다고 하면 어떤 반응이 돌아올까? 그 수많은 생각 중 가장 걱정이 되었던 것은 면접 중 커밍아웃을 하면 채용되지 않았을 때 성소수자이기 때문에 떨어진 게 아닐까 하며 다시 굴을 파고 들어가게 될 나 자신이었다. 결국 고민 끝에, 만나던 여자친구가 있었지만 "없다"라는 거짓말로 나를 숨긴 채 면접을 마무리했다.

이상과 현실의 충돌

며칠 뒤, 학교에서 함께하자는 연락을 받았지만 그때 그 질문이

나를 다시 고민하게 만들었다. 하지만 그 학교는 교사로 살아가는 모습을 상상했을 때 가장 행복한 모습이 그려지는 곳이었다. 행복하게 학생을 만날 수 있는 공간에서 살아가고 싶었기에 고민은 잠시 접고 한번 살아 보기로 결심했다.

대안학교에서 교사로 살아가는 것은 훨씬 더 행복했다. 학생들과 교과에 대한 이야기보다 자신에 대한 이야기를 나눌 수 있고, 양육자와 밀접한 관계를 맺으며 교육 이야기를 넘어 삶에 대한 고민을 나눌 수 있다는 것은 매력적이었다. 그중 가장 좋았던 것은 교사와의 관계였다. '나'를 나누는 경험이 적었던 나는 보다 솔직한 모습으로 이 공간에서 살아 보고 싶은 마음을 품기 시작했다. 주변에서 신입 교사인 나를 챙겨 주고, 이 낯선 곳에서 살아갈 수 있도록 도와주는 모습을 보며 '이곳이라면 가능하지 않을까?' 하는 막연한 기대가 생겼다.

그럼에도 불구하고 면접 중 받았던 질문은 종종 나를 멈칫하게 만들었다. 장거리 연애를 하게 되면서 생기는 여자친구와의 갈등이 적지 않았는데 관련한 고민을 동료들과 나누지 못하고 아무 일 없는 척 학교생활을 이어 나가야 했다. 우리 학교는 직장이기보다는 일과 삶의 경계가 없는 공동체였는데, 상대는 그런 형태의 직장을 이해하기 어려워했다. 자는 시간 빼고는 거의 모든 일상을 학교 사람들과 함께하는 구조에서 연애를 유지하기란 쉽지 않았다. 애인이 있다고 솔직하게 말했다면 달랐을까? 내 성향상, 그랬더라도 이곳에 적응하기 위해 눈치 보며 연락을 거의 하지 못했을 것이라고 자기 합리화를 하며 버텼다.

그렇게 내 연애는 한 학기 만에 끝났고, 본격적으로 이 공동체를 탐색하기 시작했다. 여러 대안학교에 논문, 프로젝트, 인문학 캠프 등 각자 관심 있는 분야에 대해 공부하고 발표하는 과정이 있다. 우리 학교에서도 그랬고 성소수자 관련 주제로 한 발표도 종종 있었는데 어떤 이야기들이 펼쳐질지 궁금했다. 그래서 담당하고 있는 학년이 아니더라도 성소수자에 관련된 발표가 있을 때는 꼭 참여했다. 어느 날은 한 학생이 우리나라에서 성소수자가 어떻게 차별과 혐오의 대상이 되는지 사례를 중심으로 발표했다. 소위 '결혼 적령기'로 불리는 나이대의 성소수자에게 출생률 저하의 책임을 돌리는 사례도 포함되어 있었다. 학생은 최근 연구를 예시로 들어 이성애 커플이 아니더라도 재생산을 할 수 있다며 그 주장을 반박했다. 외국에서 이성애 커플이 아닌 다양한 형태의 가족을 위한 인공 수정 연구가 이어지고 있다는 것이었다.

발표가 끝나고 한 교사가 의아한 의견을 냈다. 그런 연구가 실제로 있는지, 정확한 사실 확인이 필요하다는 것이었다. 발표자가 실제 기사를 찾아 확인해 줬는데도 문제 제기가 이어졌다. 결국 같은 팀의 학생과 그 연구에 대해 알고 있었던 나도 덧붙여 설명했지만 그 교사는 비슷한 말을 반복했다. 사실 그날 발표의 핵심 내용은 그 연구가 아니었다. 표면상으로 보여 준 궁금증을 해소시켜 줬는데도 수긍하지 않는 이유를 파악하기 어려웠다. 들었던 사례가 마음에 들지 않았을까? 무언가 발표에 불편한 내용이 있었을까? 나머지 사람들이 끝없이 그 질문의 숨은 의도를 추측하게 하는 이상한 기류를 느끼며 그 자리는 마무리되었다.

그 자리가 더 당혹스럽게 느껴진 것은 그간 쌤들이 보여 준 태도 때문이었다. 각자가 중요하게 여기는 가치를 지켜 나가며 삶을 살아가는 태도, 그들의 삶에는 다른 사람과 더불어 행복하게 살아가야 한다는 철학이 녹아 있었다. 그렇게 살고 있다고, 그렇게 살아야 한다고 삶의 선배로서 사회 초년생인 나에게 나눴던 말이 모순적으로 느껴졌다. 그들이 생각하는 '다른 사람'의 범주는 어디까지일까? 이 사회가 이야기하는 '정상'이라고 불리는 범주 속의 사람만을 이야기했던 것 아닐까? 이런 생각이 이어져 견디기 힘들었다. 대안학교 교사를 꿈꾸는 한편, 삶을 함께 살아가는 공동체 구성원으로 지내는 나를 상상하기 시작했기 때문이었다. 내가 상상하고 꿈꿨던 공동체는 교사인 나, 여성인 나, 성소수자인 나의 존재를 숨기지 않고 그 자체로 살아갈 수 있는 곳이었다. 신입 교사 연수에서 학교가 추구하는 가치, 교육 철학, 교육과정에 대한 설명을 들으며 그렇게 살 수 있을 것이라 생각했다. 하지만 이렇게 일상 속에서 내비쳐지는 혐오 섞인 분위기는 다시 나를 감추게 만들었다.

나로 살기 위해 새로 내딛은 걸음

교사가 된 지 3년째 되던 해, 전체 교사에게 커밍아웃했다. 나는 동성을 좋아하는 성소수자이고, 이곳에서 나의 모습으로 살아가고 싶었다고. 그동안 들었던 남자친구나 결혼 이야기가 힘들었다고 전했다. 떨리고 무서웠지만 오히려 몇 년간 고민하던 일을 해내니 시원하기도 했다.

커밍아웃을 하기 전, 수많은 걱정과 고민이 나를 힘들게 했다. 성적 지향을 숨기다 보니 연애를 드러내지 않는 것이 당연했는데 종종 공동체 구성원들에게 받는 질문이 소화되지 않았다. 남자친구와 결혼에 대한 질문들이 잊을 만하면 찾아왔고, 그때마다 대충 넘기고 마는 내가 싫었다. 나와 비슷한 시간을 겪고 있는 학생들에게도 도움이 되고 싶었다. 성소수자를 지지하는 모습을 보여 주면 해소되는 문제이기도 했지만 같은 당사자가 주변에 있다는 사실이 얼마나 큰 힘이 되는지 알기에 더 고민되었다. '크면 달라질 거야', '아직 청소년이라 혼란스러워서 그래'와 같은 이야기를 많이 듣는 청소년 성소수자에게 그것이 그저 청소년기의 혼란이 아닐 수 있음을 비청소년 성소수자로서 함께하며 몸소 보여 주고 싶었다.

커밍아웃에 대한 고민이 쉽게 끝나지 않았던 것은 주변의 인식과 커밍아웃 이후 받게 될 시선 때문이었다. 사람의 생각이나 공동체 문화를 바꾸는 일은 쉽지 않았다. 두려움을 줄이기 위해서는 이 공동체가 성소수자에게 따뜻하고 편안한 공간이어야 했다.

하지만 공동체의 모든 구성원이 성소수자를 '나와는 다른 존재'로 바라보지 않는 날은 아직 멀어 보였다. 공동체의 변화를 기다리기보다는 내 사람을 믿으며 스스로 용기 내는 것이 중요했다. 존재 자체를 모를 때는 변화하기 쉽지 않겠지만, 주변에 그 존재가 있다는 것을 알게 됐을 때 함께 사는 사람으로서 고민을 시작할 수 있지 않을까 하는 기대가 나를 조금씩 움직이게 만들었다. 내 커밍아웃으로 인해 한 번쯤 고민해 볼 수 있고, 그 고민으로 우리 공동체에도 조그마한 변화가 생긴다면, 그럴 수만 있다면 용기 내는 것도 나쁘지 않겠다고 생각했다.

긴 시간 혼자 끙끙대며 걱정했던 것과 달리 커밍아웃을 한 나에게 전하는 쌤들의 마음은 따스했다. 학교에 쌤 친구들이 있다고, 혼자가 아니라고 전해 준 쌤, 여자친구가 있는 것을 눈치챘지만 먼저 이야기해 주길 기다렸다는 쌤, 쌤 덕에 처음으로 커밍아웃을 들어 봤다며 그런 기회를 줘서 고맙다는 말까지. 학교에서의 커밍아웃은 꽤나 성공적이었다. 이제는 성소수자인 나의 모습으로도 살아갈 수 있는 앞으로의 삶이 기대되었다.

나를 이끌어 준 용기들

우리 학교는 자유롭게 수업을 개설할 수 있었는데, 커밍아웃을 하면 성소수자와 관련된 수업을 꼭 해 보고 싶었다. 처음부터 학기 수업으로 열기엔 부담되어서, 학기 말에 일주일 동안 진행되는 집중식 수업 기간에 개설했다. 'LGBTAIQ+'라는 이름의 수업으로 다양한 성 정체성과 성적 지향을 알아보고, 나를 탐색해 보자는 목적의 수업이었다. 폐강이 될까 걱정했지만 다행히 많은 학생이 신청했다. 10명의 학생과 함께 성 정체성과 성적 지향에 대해 알아보고, 각자의 어린 시절과 지금의 고민과 생각을 나눴다. 모두가 안전하게 솔직한 마음을 나누긴 어려워 보였지만, 고민을 시작할 수 있는 것만으로도 만족스러웠다.

새로운 학기가 시작되고, 집중식 수업 때 함께했던 학생 꼬꼬*가 찾아왔다. 전교생과 교사가 모두 모이는 자리에서 커밍아웃을 하고 싶다고 했다. 5일 동안 진행하는 수업을 함께 했을 뿐인데 찾아와 먼저 이야기해 준 꼬꼬에게 너무나 고마웠다. 지지와 응원의 메시지를 전하고, 커밍아웃을 축하해 줬다. 학교 구성원이 전체 모이는 자리에서 커밍아웃하며 오픈 퀴어로 살겠다고 선언하는 것은 처음 있는 일이었다. 나도 그 용기에 조금 더 가까워지고 싶었다.

그 학기는 교내에서 성소수자 당사자 모임을 시작한 해이기도 하다. 어느 날 SNS에서 우리 학교의 성소수자 학생들이 서로 연대하기 위해 당사자 모임을 만든 것을 발견했다. 아웃팅을 우려하여 가입 절차를 두고 있었다. 함께하고 싶은 마음에 메시지를 보냈다.

---

* 1쇄에서는 익명으로 표현했던 학생의 활동명이다. 이 이야기는 나의 '퀴어한 대안교육 도전기'이기도 하지만, 꼬꼬의 도전기이기도 하다. 도전을 함께 해 나갔던 꼬꼬의 이름을 남기고 싶어 동의를 받아 수록한다.

교사인 내가 참여하는 것이 부담스럽거나, 함께하기 어렵겠다고 판단되면 도움이 필요할 때 요청해 주면 함께하겠다고 덧붙였다. 떨리는 마음으로 기다리다 함께하자는 답을 받았다. 그렇게 꼬꼬를 비롯한 당사자 학생들과 함께 모임을 시작했다. 나도 그랬듯 학생들도 각자 많은 고민을 하고 있었고, 함께 모여서 안전한 시간을 보내면 좋겠다는 마음에 모임을 만들었다고 했다. 운동의 목적보다는 각자의 정체성과 지향이 안전하게 보장받을 수 있는 공간에서 만나는 것이 주목적이었다. 종종 만나서 맛난 것을 먹으며 학교 안에 존재하는 혐오 문화를 꼬집었다. 끊임없이 표현의 자유라는 이름으로 행해지는 혐오와 차별의 언행을 마주했던 경험을 나누고, 그로부터 상처받은 서로를 위로했다. 만나고 돌아오면 학교에서 겪은 답답함이 해소되는 기분이었다. 누군가에게는 안전할 수 있지만 우리에게는 안전하지 않은 이 공간에서 함께 마음을 나눌 수 있는 사람이 있다는 것만으로 의미 있었다. 우리의 힘으로 교내 차별과 혐오를 부숴 보겠다며 '짱똘'이라고 스스로 이름 붙이고, 교내 축제에서 부스를 운영하는 등 우리의 존재를 열심히 알렸다.

조그마하지만 단단한 짱똘의 위력

짱똘과 함께하는 시간은 늘 행복했다. 교사가 아닌 나로 살 수 있는 시간이었다. 서로의 고민을 공감하고 위로하며 마음을 나눌 수 있었다. 학생들은 용기 있었고, 멋있었다. 멋진 사람들과 서로 용기를 나누며 그들의 걸음과 나란히 할 수 있다는 것이 행복했다. 다른 청소년 소수자 모임이나 인권운동을 하는 단위와 소통하며 각자가 진행하는 프로젝트에 참여하기도 했다.

그 당시 고민 중 하나는 짱돌 구성원 모두가 여성으로 지정된 학생이라는 것이었다. 분명 지정성별이 남성인 학생 중에도 본인의 정체성을 고민하는 학생이 있을 텐데 수면 위로 드러나지 않는 이유가 궁금했다. 그러던 중, 지난날의 대화가 생각났다. 'LGBTAIQ+' 수업 또한 여학생들만 수강을 신청했는데, 딱 한 번 남학생이 신청한 적이 있었다. 워낙 남성 생활관에서 정상성의 범주에 들지 않는 학생을 배제하는 문화가 강했기에 남학생 중 누군가 함께하면 좋겠다는 생각을 하고 있던 참이었다. 첫 수업 전, 그 학생이 혼자 나를 찾아왔다. 수강 신청자 중 혼자 남성인 것이 마음에 걸려 자신이 이 수업을 들어도 괜찮은지 물으러 온 것이었다. 당연히 괜찮다며, 함께하고픈 마음을 전했지만 결국 그 학생은 수강을 취소했다. 누구나 성별과 상관없이 수업을 자유롭게 선택할 수 있는 권리가 있는데 왜 유독 이 수업을 신청함에 있어서는 성별에 따른 제약을 느낄까 하는 고민이 이어졌다.

당시에는 교내에 성별 이분법적인 사고가 지금보다 만연했고, 다양한 성별이 함께하는 문화가 부족했다. 지정성별이 여자인 학생은 체육 수업을 마음 편히 선택하지 못했다. 무거운 물건을 옮기는 일은 지정성별이 남자인 학생에게 주어졌다. 그런 분위기 속에서 남학생은 이성만 있는 퀴어 수업에 함께하기로 결정하기 쉽지 않았을 것이다. 당시 학교에서는 소수자 인권에 대한 감수성이 개인차보다 성별의 차이로 느껴질 때가 있었는데, 그건 성별로 나뉜 생활관 문화의 영향이 컸다. 남성 생활관에서는 '너 게이냐?'라는 말이 누군가를 놀리는 언어로 쓰였고, 퀴어나 페미니스트에 대한 불편함을 드러내는 것이 이상한 일이 아니었다. 관련 주제에 관심이 생겨도 주변을 의식하며 드러내기를 주저할 수밖에 없었다. 이런 환경에서 수업을 자유롭게 선택하기도 어려운데 어떻게 정체성과 성적 지향을 고민할 수 있겠는가. 그것이 너무나 속상했고, 나의 연극 같았던 학창 시절이 떠올랐다. 나뿐만 아니라 다른 짱똘 구성원도 비슷한 고민을 가지고 있었다. 이 고민을 학교 안에서 나누기 위해 머리를 맞댔다.

그즈음 한 대안학교에서 '우리가 만드는 성교육'이라는 이름으로 포럼을 열었다. 그 포럼은 다양한 정체성을 가진 소수자가 각자 학교에서 겪었던 경험을 나누며 우리에게 필요한 교육을 만들어 보자는 자리였다. 사회가 말하는 정상성의 범주에 맞춰진 교육이 아닌 다양성을 고려하는 포괄적 성교육에 대해 함께 고민했다. 짱똘은 성소수자로 살아가며 느꼈던 문제의식을 발제했다.

특히 기숙형 대안학교이기에 발생하는 공동 생활에서의 문제가 가장 큰 비중을 차지했다. 지정성별이 같은 사람들과 24시간을 같은 공간에서 생활해야 했고, 생활관과 화장실은 모두 성별 이분법으로 나뉘어 있었다. 교내에 젠더퀴어로 커밍아웃한 학생이 있음에도 학교에서는 그에 대한 논의가 시작되지 않았고, 당사자만이 변화의 필요성을 제기하는 상황이었다. 더불어 행복한 삶을 꿈꾸는 것이 학교의 지향이라 하면서 정작 학교 안에 있는 소수자와 약자의 삶은 고려되지 않고 있음이 드러나는 대목이었다. 다수만을 위한 공간이 소수자에게 주는 영향, 소수자를 배제하는 문화가 정체성을 고민하는 과정에 어떤 영향을 주는지 이야기 나누었다. 그런 순간을 일상으로 마주했던 학생들이 스스로 목소리 냈다. 우리의 목소리가 다수에게 짱똘이 되어 던져졌으면 했다. 우리가 던지는 작은 돌들이 그들의 걸음에 걸림돌이 되어 혐오와 차별의 속도가 느려지기를, 그렇게 느려진 혐오와 차별의 걸음이 사라지기를 바랐다.

모두를 위한 화장실

짱똘은 작지만 끊임없는 진동을 만들어 냈다. 불편한 상황 앞에서 그저 멈춰 있는 것이 아니라 우리의 존재를 드러내며 맞섰다. 우리 학교에는 특정 주제를 연구하고 발표하는 논문 과정이 있다. 논문 주제 선정에 대한 몇 가지 기준이 있지만, 연구할 핵심 내용은 각자 자유롭게 정할 수 있다. 논문 진행 과정에서는 계획 발표, 중간 발표, 본 발표까지 총 세 번 전체 구성원에게 발표할 수 있는 자리가 주어진다. 꼬꼬는 성중립 화장실을 주제로 논문 계획을 세였다. 이는 교내에 모두를 위한 화장실*을 만들자는 논의의 시발점이 되었다. 꼬꼬의 계획 발표를 계기로 성중립 화장실이라는 개념을 처음 접하는 교사들이 많았다. 논문 진행 과정을 함께하기 위해 교사들도 개념을 알아 가기 시작했다. 이로부터 시작해 매 학기 전교생 대상으로 진행하는 성인지 전수조사에서 성중립 화장실을 요구하는 의견이 나왔고, 2년 뒤 실제로 성중립 화장실이 만들어졌다. 어떨 때는 개인이, 어떨 때는 짱똘이 함께 던진 작은 돌멩이가 큰 파동을 일으키며 학교를 바꿔 나가기 시작했다.

본격적으로 교사회에서 성중립 화장실 설치가 이야기된 이유는 생태 화장실 때문이었다. 생태 화장실은 학교의 철학을 보여 주는 상징적인 장소이기도 했지만 여러 문제를 가지고 있었다. 지체장애인이나 신체를 다쳐 거동이 불편한 존재가 사용하기 어려운 구조였고, 생태 화장실 사용의 주 목적인 순환을 지속하기 어렵겠다고 느끼게 하는 문제가 조금씩 불거지고 있었다. 또한 신입생 모집 결과에 따라 학교 운영이 휘청이는 비인가 대안학교의 특성상 학생들이 입학 지원을 꺼리는 이유 중 화장실 시설이 큰 비중을 차지한다는 점을 무시할 수 없었다. 그러던 중, 학교를 리모델링하자는 제안과 함께 수세식 화장실을 만들자는 이야기가 나왔다. 성별을 나눠 수세식 화장실을 만들기에는 공간이 충분하지

---

* 성중립 화장실이란 이분법적인 성별 구분을 하지 않는 1인 화장실을 말하며 모두를 위한 화장실이란 성별·나이·성 정체성·장애 유무 등과 관계없이 누구나 사용할 수 있도록 설계된 화장실을 말한다.(한국다양성연구소 사이트 diversity.or.kr/toilet 참조)

않다는 이유로 제한된 공간 안에서 만들 수 있는 성별 구분 없는 1인 화장실이 제안되었다.

성중립 화장실 설치를 위한 논의가 소수자와의 공존을 위한 시도가 아닌 신입생 유치를 목적으로 출발한 상황이 불편하게 느껴졌다. 당시 논의 과정에서 수세식 화장실을 만드는 데 반대하는 사람들은 학교 철학을 보여 주는 상징적 존재로서 생태 화장실을 유지해야 한다고 주장했다. 찬성 측에서는 그에 대한 방어책으로 그동안 깊이 생각하지 않던 소수자와의 공존 문제를 이용하는 것 같았다. 평등한 공간을 만들기 위해 화장실을 만들어야 한다고 주장하지만 그 속에 소수자에 대한 고민이 담겨 있는지 의심스러웠다. 하지만 학교 공간을 바꿀 수 있는 기회는 많지 않았다. 서로 의도와 목적은 달랐지만 이를 계기로 모든 존재가 더불어 행복한 공동체를 고민할 수 있기를 바랐다.

10대부터 60대까지 다양한 연령대가 함께 살아가는 곳이기 때문에 고려해야 할 문제의 폭이 넓었다. 그 당시 휴게소나 마트 등 가족이 많이 찾는 공간을 중심으로 가족 화장실이 만들어지고 있었으나 모두를 위한 화장실이나 성중립 화장실을 경험해 본 사람은 거의 없었다. 이론으로만 접한 것을 충분한 정보 없이 섣불리 시도하는 것은 아닌지 우려하는 의견이 제기되었다. 이외에도 양변기에 앉아서 소변을 누는 습관을 보편화할 수 있을지, 우리 공동체가 바깥 사회와 다른 문화를 받아들일 수 있을지에 대한 걱정, 성소수자가 성별로 나뉜 화장실을 왜 불편해하는지에 대한 의문 등 여러 의견이 쏟아졌다. 구성원 사이 성중립 화장실의 필요성에 공감하는 정도에 큰 차이가 있었지만 신입생 모집 기간 전, 공사가 가능한 시기에 맞춰 결정을 내리고 추진해야 했기에 충분히 논의하기는 어려웠다. 적어도 이전 화장실에 비해 새로 설치하는 화장실이 더 많은 존재가 편안하게 사용할 수 있는 화장실이라는 데 대부분이 동의했다. 논의 초기, 화장실에 대한 발제를 하며 모든 칸을 성중립 화장실로 만들자고 제안했지만 현실적 한계로 여성, 남성, 성중립, 장애인 칸으로 나누는 중재안으로 합의했다. 그렇게 우리만의 모두를 위한 화장실을 만들기로 했다.

    방학 동안 교사회에서 논의를 마치고 학기가 시작되며 학생들과도 이야기 나누기 위해 준비했다. 모두를 위한 화장실을 설명하는 발제를 하고 각자가 보다 자유롭게 의견을 낼 수 있도록 소그룹 간담회를 진행하기로 계획했다. 준비하는 과정이 긴장되기도 했지만 설레는 마음이 더 컸다. 드디어 성중립 화장실이 만들어지는 순간이었다. 영화 〈히든 피겨스〉의 장면을 함께 보며 화장실에 갈 권리가 평등하게 주어지지 않아 왔던 역사를 함께 나누고, 우리 학교 생태 화장실을 안전하게 선택하지 못하는 존재에 대해 이야기 나눴다. 우리 안에 존재하지만 모두가 없다고 생각하는 존재. 왜 그 존재들이 드러나지 못하고 없는 것처럼 여겨질 수밖에 없었는지, 그 존재가 드러나기 위해서 어떤 환경이 되어야 하는지 나눴다. 커밍아웃으로까지 이어지지는 못했지만 우리의 권리를 찾기 위해, 나 또한 이곳에서 존재하기 위해 목소리 낼 수 있음에 감사했다. 불평등과 차별, 혐오가 존재하는 공간이지만 포기하지 않고 끝까지 목소리를 내면 변화할 수 있음을 온몸으로 느꼈다. 그 후 모두를 위한 화장실이 만들어지고 꼬꼬와 함께 시범 운영을 진행했다. 나 또한 이 학교에서 살아가지만 교사이기 때문에 온전히 느낄 수 없는 문화나 어려움을 들을 수 있었고, 화장실 운영에 반영할 수 있었다.

꼬꼬가 논문 계획 발표 때 성중립 화장실을 알리지 않았다면 수세식 화장실 설치를 논의하는 과정에서 성중립 화장실에 대한 제안이 자연스럽게 나오기 어려웠을 것이고, 이렇게 빨리 만들어지기도 어려웠을 것이다. 본인의 존재를 알리고, 이 공간에서 살아가기 위해 목소리 낸 것이 학교를 보다 더 평등하고 안전한 곳으로 바꿀 수 있게 해 주었다. 꼬꼬 덕에 우리 학교는 모두를 위한 공간으로 한 걸음 나아갈 수 있었고, 그의 용기 덕에 나 또한 힘 받아 목소리 낼 수 있었다. 우리는 서로를 조금씩 조금씩 이끌었다.

무지개 핀 아침

학교에서 안전하게 살 수 있도록 여러 목소리를 냈지만 혐오와 차별은 일상처럼 나타났다. 여전히 '게이'라는 말은 누군가를 비하하는 말로 쓰였고, 많은 구성원들이 소수자를 존중한다고 말하지만 주변에는 존재하지 않기를 바랐다. 이해받는 듯, 이해받지 못하는 공간. 우리의 삶이 누군가에게 이해받아야 하는 것은 아니지만, 이해받지 못함으로써 우리 존재는 이 공동체에서 감춰졌다.

짱똘과 함께 서울퀴어문화축제에 간 적이 있다. 학교가 아닌 곳에서 만나 함께 무지개 깃발을 흔들며 성소수자로 당당할 수 있었던 그날이 너무나 행복했다. 내가 누구인지, 어떤 사람인지 설명하지 않아도 되고 누군가에게 이해받으려 애쓰지 않아도 되는 시간, 그 시간이 우리를 당당하고 자유롭게 만들었다. 그런 시간이 일상처럼 다가오길 바랐다. 1년에 하루가 아닌 매일이길 바라는 마음이 남았다.

교내에는 적지만 우리와 같은 일상을 바라는 학생들이 있었다. 그들은 짱똘이 교내 퀴어 축제를 만들어 주기를 원했다. 우리만큼이나 이 공간 안에서 우리의 존재가 드러나길 바라고 함께 즐길 수 있는 장을 꿈꾸는 친구들이었다. 짱똘 멤버들이 그런 이야기를 전해 주면 '오? 재밌겠는데?' 하며 우리 학교에서는 일어날 수 없는 일마냥 받아들였다. '그래, 재밌긴 하겠다. 근데 우리 학교에서? 퀴어 축제를 한다고 해도 눈치 보이지 않을까?', '내가 다른 퀴어 축제를 갔을 때처럼 자유로울 수 있을까?' 하는 부정적인 생각들로 머릿속이 채워졌다.

7년 만에 학교 걱정 없이 쉴 수 있는 시간, 안식 학기를 떠났다. 한 학기로는 부족할 것 같아 휴직을 더해 1년을 쉬었다. 학교와의 소통이 점점 뜸해지던 때, 짱똘로부터 반가운 소식을 전해 들었다.

학교에서 퀴어 축제를 해 보기로 했다는 것이다. 축제를 열어 달라고 이야기하던 친구들과 함께 만들고 있다고 했다. 가능할 것이라고 생각도 못 했던 일. 나는 시도해 보려고 하지도 않았던 일을 그들은 시작하고 있었다. 다행히 주변에 함께하고자 하는 친구들이 많았고, 한 인권단체에서 지원도 받게 되었다고 했다.

짱돌이 시작했지만, 성소수자 당사자와 앨라이ally가 함께하는 기획 팀이 만들어졌다. '무아', '무지개 핀 아침'이라는 이름으로 시작된 첫 번째 퀴어 축제. 무아는 이 축제로 함께 무아지경이 되기를 바랐다. '내가 없어질 지경', 차별과 혐오 때문에 그런 날들이 많았는데 축제로 무아지경이 되는 것은 나에게 다른 의미로 다가왔다. 성소수자인 내가 없어지는 것이 아니라 나를 스스로 숨기는 내가 없어지는 것. 그런 축제가 되기를 바랐다. 이 축제로 차별과 혐오로 시작하는 아침이 아니라 다 함께 무지개 핀 아침을 보며 시작하는 일상이 찾아오기를 꿈꿨다.

청소년 퀴어문화축제, 무아지경

짱돌과 함께 퀴어문화축제를 갔을 때 즐거웠지만 아쉬운 점도 있었다. 축제와 퍼레이드가 끝난 뒤 하는 공식 뒤풀이나 파티에는 청소년이 참여할 수 없었다. 축제의 장에서는 청소년을 비롯하여 모든 존재와 함께할 수 있도록 고민한 흔적이 보였는데 축제를 마무리하는 파티는 그러지 못했다. 파티는 클럽 또는 술집에서 하는 경우가 대부분이었기에 그럴 수밖에 없음이 머리로는 이해됐지만 어쩔 수 없이 아쉬운 마음이 들었다. 성소수자는 다양한 차별을 겪는다. 특히 청소년의 경우 더 자주 어려움을 겪을 수밖에 없다. 거의 대부분의 시간을 보내는 가정과 학교에서 자신을 드러내려면 거의 자신의 삶을 걸다시피 해야 한다. 의식주를 포기하게 될 수도 있기 때문이다. 그 상황에서 자신을 드러내고 자유롭게 살아가는 것은 쉽지 않은 선택일 수밖에 없었다. 그래서 그 하루만큼은 청소년이든 비청소년이든 상관없이 모두가 자유롭고 행복한 시간이 되기를 바랐다.

짱똘이 그런 장을 스스로 만든다는 것이 멋졌다. 청소년을 위한 축제를 만드는 과정이 어떨까 너무나 궁금했다. 휴직으로 첫 축제를 함께 하지 못한다는 것이 아쉬웠지만 좋은 소식을 전해 듣는 날이면 내가 축제 기획단인 것마냥 기뻤다. 기획단은 서로에게 힘이 되어 주며 축제를 준비하고, 진행했다. 축제 직전, 코로나19 재유행으로 인해 외부인 출입이 금지되어 나는 참여하지 못했지만, 마음으로 함께하며 축제를 즐겼다. 축제를 잘 마무리하고 학기가 끝나 갈 때쯤 이번만큼은 보고 싶지 않았던 결과를 마주했다. 매년 진행되는 성인지 전수조사 결과에서 무아지경에 대한 불편함이 드러난 것이다. 강요하는 것처럼 느껴졌다는 말, 성소수자를 고려하지 못한 언행을 보였을 때 받게 되는 시선이 불편하다는 말……. 이런 의견을 듣는 것은 여전히 힘들었다. 아직도 가야 할 길이 먼 것처럼 느껴져 막막하기도 했다. 언제까지 차별과 혐오를 표현의 자유라는 이름으로 포장할까. 아무리 걷고 또 걷고, 사람을 더 모아 함께 걸어도 그 끝이 보이지 않는다고 생각했다.

무아지경을 준비하고 마무리하는 과정을 곁에서 지켜보며 우리 공동체가 더불어 행복한 삶을 꿈꾸는 것이 맞는지 고민스러웠다. 더불어 행복한 삶이라는 교육 목표를 가지고 살아가는 우리가 실질적으로 그런 교육을 펼치고 있는지에 대해 확신하기 어려웠다. 평등한 사회를 꿈꾸며 교육하는 우리 공동체는 왜 성소수자에 대해서는 고민하려 하지 않을까. 다른 사회 문제에는 연대하면서 정작 가장 가까이에 있는 소수자에게 연대하지 않는 모습을 바라볼 때면 우리의 존재가 다시 흐려지는 것만 같았다.

더 이상 이곳에서 걷고 싶지 않은 나를 무아가 다시 이끌었다. 첫 번째 축제를 함께 하지 못해 아쉬웠다고, 두 번째 축제를 함께 해 보자고 손 내밀어 줬다. 그 마음이 너무나 고마웠다. 함께라면 힘듦보다 즐거움이 더 크지 않을까? 다시 함께여서 즐거운 순간을 보내고 싶었다. 그런 기대와 함께하는 일상이면 다시 힘내어 걸을 수 있을 것만 같았다.

두 번째라도 축제 준비는 쉽지 않았지만 이상하게 편안했다. 두 번째 무아지경이 열리는 날, 기획 팀 외에 학생과 교사는 거의 없었다. 소수만으로 진행된 무아지경은 오히려 편안했다. 9년 만에 처음으로 학교가 주변을 의식하지 않고 나의 모습 그대로 즐길 수 있는 장이 되는 순간이었다. 그 순간이 너무나 행복했다. 같이 노래를 부르고 퍼레이드를 하며 나를 마음껏 드러냈다. 무아와 함께라면 두렵지 않았다.

열심히 감추고 숨기며 살던 내 인생을 망쳐 준 구원자들. 나를 벽장에서 꺼내 주고, 구원해 준 짱돌과 무아가 계속되기를 바랐다. 나뿐만 아니라 다른 성소수자도 이 학교에서 본인의 모습으로 살아갈 수 있도록 구원해 주었으면 했다. 그런 인생이 망쳐지고, 그 속에 숨겨져 있던 존재가 구원되기를 바랐다. 그런 멋진 구원자들 덕에 각자의 인생이 더 자유로워지길, 그렇게 우리의 존재 모두가 무아지경으로 살아갈 수 있는 세상을 꿈꿨다.

우리의 존재가 세상을 바꿀 수 있을 때

교사회에 커밍아웃을 한 후, 많은 일이 있었다. LGBTAIQ+ 수업을 할 수 있었고, 성소수자 당사자 모임 짱돌과 함께하며 행복한 학교생활을 했다. 모두에게는 아니지만 오랜 기간 관계를 맺었던 학생들에게는 커밍아웃할 수 있었다. 모두를 위한 화장실을 함께 만들었고, 필수 성교육을 구성하며 그 속에 성 정체성과 성적 지향, 차별금지법에 대한 내용을 포함했다. 그리고 무아가 기획한 청소년 퀴어문화축제를 함께 즐길 수 있었다. 이 공간 안에서 존재를 완전히 드러내며 살기는 어려웠지만, 지지해 주고 함께 목소리 내 주는 사람이 있기에 조금만 용기를 내도 꿈꾸는 것을 이룰 수 있었다. 내가 다수와는 다른 성적 지향을 가지고 있는 것이 어렵고 두려울 때도 많았지만, 존재만으로 세상을 바꿀 수 있다는 것이 특별하게 느껴지기도 했다.

4년 전, 처음 담임을 맡았던 학급의 5, 6학년 담임을 다시 맡으며 졸업하는 해까지 함께할 수 있었다. 중등 과정 6년제였기에 긴 시간을 함께할 수 있었고, 작은 학교여서 학생들과 밀접한 관계를 맺어 나갈 수 있었다. 함께한 시간이 길었기에 어렴풋이 눈치챈 학생들도 있었겠지만 이 학생들에게는 직접 나에 대해 말하고 싶었다. 5학년이 되던 해, 각자 살아가고 싶은 삶에 대해 발표하는 과제가 있었다. 과제를 내며 나의 이야기를 먼저 나누기로 했다. 그날, 커밍아웃을 했다. 사실 여전히 무서워서 '나는 동성애자야!'라고 이야기하지는 못했고, '나는 성소수자여서 이런 고민이 있었는데……' 정도로 전할 수밖에 없었다. 불편한 시선이나 분위기가 감지되지는 않았고, 그것만으로 고마움을 느끼며 발표를 마무리했다.

몇 개월 뒤, 그 학급과 이동 학습을 하던 중이었다. 같은 방을 쓰는 학생들과 수다를 떨고 있었는데 한 학생이 '전 쌤이 성소수자여서 좋아요'라는 말을 했다. 오랜 시간 우리와 함께한 쌤이 성소수자여서 전혀 알지 못했던 세계를 알게 되었다고, 그런 쌤이 우리 곁에 있어서 좋다고. 이날의 대화는 내 가슴속에 깊이 남아 여전히 큰 힘이 되곤 한다. 그 말을 곱씹어 보며 내가 꿈꾸던 교사의 모습으로 살고 있었음을 깨닫게 되었다. 성소수자인 학생들에게는 힘이 되어 주고, 아닌 학생들에게는 다양한 존재를 알려 줄 수 있는 교사가 되는 것. 내가 가장 꿈꾸던 일을 하고 있음이 소중한 사람들을 통해 증명되던 순간이었다. 그 순간이 너무 소중하고 더할 나위 없이 행복해서 학교의 더 많은 사람에게 나의 존재를 드러냄으로써 각자의 세계를 넓혀 주고 싶었다.

학교를 떠나기 전, 전체가 모인 자리에서 커밍아웃을 하고 싶다던 꿈을 이뤘을까? 아니, 결국 하지 못했다. 9년 동안 교사로서 행복했지만, 앞으로는 나의 다른 정체성들을 자유롭게 펼치며 살고 싶다는 말을 전하며 학교생활을 마무리했다. 이 학교에서 보낸 9년은 성소수자인 나보다는 '교사'라는 정체성을 가장 우선하며 살았던 시간이었다. 교사이기에 말하고 싶어도 목소리 내지 못하는 순간이 있었고, 교사였기에 숨길 수밖에 없는 내가 있었다. 교사는 학교에서 늘 주목받는 사람이다. 내 목소리가 학생에게 영향을 끼치는 일이 많았고, 내가 어떤 사람인가가 교사 생활에 영향을 미칠까 우려스러웠다. 내가 성소수자여서 양육자가 믿지 못할까 봐, 내가 성소수자 관련 수업을 하고 당사자이기에 학생들이 하지 않아도 될 고민을 한다고 생각할까 봐, 내가 성소수자라는 이유로 우리 반이 되는 것을 꺼릴까 봐……. 그런 두려움에 나의 존재를 감추기 급급했다.

하지만 이 학교는 내가 살아왔던 사회보다 안전했고, 내 모습 그대로를 이해해 주는 사람이 더 많았다. 이전에 살았던 사회에서 받았던 차별과 혐오가 나의 두려움을 키우고, 주변을 믿지 못하게 만들었다. 그런 나를 결국 벽장 밖으로 나오게 한 것은 학생들이었다. 그들이 전해 준 용기가 차곡차곡 쌓이며 큰 힘이 되었고, 학교의 많은 변화를 함께 일으킬 수 있었다. 그랬기에 학교를 떠나기로 결심하고도 끝없이 흔들리고 고민하게 만든 이유도 학생이었다. 그만두려고 했던 나를 "학교 안 성소수자를 위해 늘 목소리 냈던 쌤이랑 같이 못 해서 너무 아쉬웠어요. 내년에 꼭 무아지경 함께해요!"라는 말로 다시 뒤돌게 만들었고, "함께 목소리 내던 쌤들이 다 학교를 떠나서 아쉬워요"라는 말은 마지막까지 떠남을 고민하게 만들었다.

학교에서 만난 이들은 용기 있게 본인을 드러냈고, 본인의 존재로 학교를 바꿀 수 있는 힘이 있었다. 그렇기에 학교에 더 이상 미련 갖지 않기로 했다. 학생들은 어떤 상황이든 본인의 색을 드러내며 목소리 낼 테니까. 두려움으로 꽁꽁 감췄던 나를 학생들이 꺼내 줬듯이 아직 숨어 있는 존재들의 손을 잡고 끌어 줄 것이라 믿는다.

나는 두려움에서 온전히 자유로워지지 못했다. 마지막까지 주변의 시선을 의식했고, 믿을 수 있는 사람에게만 나를 드러냈다. 교사로 살아가는 나의 모습이 좋았지만 교사여서 드러내지 못하는 나의 정체성을 스스로 부정하는 것만 같은 시간이었다. 그런 나의 모습이 어떨 때는 학생들과 공감할 수 있는 소재가 되다가도 나를 부끄럽게 만들기도 했다. 긴 시간이 지나고, 지금과 다른 상황에 놓이더라도 성소수자라는 모습을 감추고 살아야 한다고 알려 주는 것만 같았다.

학교와 교사라는 틀에 갇혀 나의 존재를 감추기 급급한 상황을 벗어나고 싶었다. 그런 상황에서 벗어나 모든 존재가 안전하게 살아갈 수 있는 세상을 만들고, 자유롭게 목소리 낼 수 있는 사회를 만들고 싶었다. 학생들이 이 학교를 움직였듯이 나 또한 나의 존재로 이 세상을 바꿀 수 있다면…… 우리 존재는 멈춰 있기보다 이 세상을 뒤흔드는 걸음이 되어 줄 테니까, 그 걸음을 함께하고 싶었다. 우리의 존재가 누군가에게는 평등한 세상에 대해 고민할 수 있는 기회가 된다면, 그 고민과 기회가 세상을 바꾸는 힘이 될 수 있다면 난 끊임없이 세상을 향해 짱돌을 던질 것이다. 우리 존재가 안전하게 살 수 있도록, 모든 존재가 자유롭게 벽장에서 나올 수 있는 세상을 향해.

당신이 응원해 주었으면
좋겠습니다

―――――

잘 듣지 못하지만,
마음에 귀 기울입니다

―――――

조원배

나는 청각장애인이다. 그리고 일반 중학교 교사다. 태어날 때부터 청각장애인이었던 것은 아니다. 대학 재학 중에 청신경이 손상됐다. 1987년 6월항쟁 직전, '호헌철폐와 5.18광주민주화운동 진상규명' 무기한 단식 농성 투쟁 중 새벽에 학교를 덮친 경찰들에게 끌려가 조사를 받는 과정에서 다쳤다. 청신경이 손상된 사실은 시간이 한참 더 지난 후에야 알게 됐다. 청력이 한꺼번에 급격히 나빠진 게 아니라 조금씩 서서히 감퇴했기 때문이다. 병원을 찾았을 때 의사는 고주파를 감지하는 청신경이 손상되었다고 했다. 고주파를 감지하는 신경 대부분이 죽은 상태이고 일부만 살아 있다고 했다. 충격적인 이야기였지만 이상하게도 현실감 있게 다가오지 않았다. 그때까지만 해도 일상생활을 하는 데 큰 불편함이 없었기 때문이다. 간혹 동아리 후배들이 "형, 가는귀먹었지?" 하는 얘기를 하곤 했지만 다른 사람과 전화 통화도 할 수 있었고 회의나 토론과 같은 다중 대화도 어렵지 않았기 때문이다. 1991년, 대학 졸업과 동시에 교단에 섰을 때도 역시 불편함과 어려움은 없었다. 삐삐나 알람 소리 같은 고주파 영역의 소리들만 제대로 감지하지 못했을 뿐 일상생활을 하는 데 크게 불편하거나 어려운 점은 없었다.

그러나 지금은 그렇지 못하다. 보청기의 도움을 얻어야 하고 전화 통화를 하기 어렵다. 다른 사람과의 소통은 구화口話*를 통해 한다. 독화讀話**를 해도 놓치는 말들이 있다. 상대의 목소리가 고음 쪽에 가깝거나 또는 말할 때 입 모양이나 발음이 또렷하지 못해 애매할 때 그렇다. 두 사람 이상의 다중 대화일 때도 어려움이 배가 되고 에너지 소모가 컸다. 아무튼 보청기의 도움을 받지 못하거나 상대방의 입 모양을 보지 못하면 소통하는 데 불편하다. 그 정도로 청력이 나쁘다. 예전엔 아무런 불편 없이 혼자서도 할 수 있던 일들이 지금은 쉽게 할 수 없는 일이 됐다. 그럼에도 불구하고 나는 학생들과 함께하는 교사로 살고 있고, 내가 할 수 있는 방식으로 학생들을 만나고 있다.

청각장애를 숨긴 채 보낸 3년

청각장애를 지닌 채 살아온 햇수는 올해로 28년째다. 그리고 교단에 선 지는 30년이 더 넘는다. 새내기 교사이던 첫 3년을 제외하면 나머지 모든 시간을 청각장애 교사로 산 셈이다. 청력이 급

---

* 상대의 말을 그 입술의 움직임과 얼굴 표정을 보고 이해하거나(독화), 청각을 통하여 습득한 음성언어로 말하는(발화) 의사소통 방법이다. 구화는 음성언어의 수용과 습득, 그리고 이를 통한 말하기의 과정으로 구성된다. 말의 수용과 습득은 독화를 통한 시각적 접근과 잔존 청력을 이용한 청각적 접근을 할 수 있다.
** 청각장애 학교 교육과정에서는 '말 읽기'라는 용어를 사용한다. 말하는 사람의 입술 모양에서 음성언어의 단서를 변별하여 시각적으로 말을 읽어 내는 방법이다.

격히 떨어진 건 4년 차 교사일 때다. 심한 독감으로 고생하며 고열을 앓고 난 후 한꺼번에 청력이 뚝 떨어졌다. 청력이 나빠지고 처음 3년은 꽤 힘든 시간을 보냈다. 소리를 잃고 청각장애인이 된 현실을 마주하는 일은 당혹스러웠다. 그동안 아무렇지도 않게 해 오던 일들이 갑자기 난감한 일로 다가오는 상황이 낯설고 괴로웠다. 음악, 노래, 텔레비전, 라디오, 영화, 전화, 자유로운 대화, 수다, 회의, 토론 등 이전에는 아무렇지도 않던 일들이 갑자기 큰 장벽으로 다가왔다. 소리를 통해서 만날 수 있었던 '거대한 세계'가 내 삶에서 뭉텅 사라졌다. 이런저런 곤란함, 불편함, 답답함, 속상함, 소외감, 외로움이 생겨났고, 온전히 내 몫으로 감당하고 견뎌야 했다. 전교조 분회 동료이자 절친한 벗 몇 명을 제외하고는 다른 동료들에게 알리지 않았다. 그렇게 3년을 버텼다.

　청각장애가 부끄럽고 창피해서 그랬던 건 아니다. 아무런 대비도 없는 상태에서 순식간에 청각장애가 닥쳐 이런 상황을 어떻게 풀어야 할지 스스로 갈피를 잡지 못했다. 앞으로 닥칠 일들과 마주해야 할 일들을 생각하면 모든 게 걱정되고 두려웠다. 어쩌면 더 이상 교사를 계속할 수 없을지도 모른다는 불안감이 가장 두려웠다. 교직은 내 삶의 유일한 기쁨이자 행복이고, 내 오랜 꿈이자 나의 전부인데 그걸 잃게 될지도 모른다는 사실은 커다란 공포였다. 더군다나 이 시기는 전교조 활동으로 인해 학교로부터 미운털이 박혀 고등학교에서 중학교로 강제 전보까지 당하고 온갖 시달림을 당할 때라 더욱 그랬다. 어떻게든 교사로 살아남기 위해서 청각장애를 숨겨야 할 것 같았다.

정말 힘들었다. 늘 전전긍긍하며 팽팽한 긴장감 속에서 살았다. 상대방이 내 청각장애를 눈치챌 수 있는 상황들을 피하기 위해 일어날 수 있는 모든 상황을 예상해 미리 철저히 준비하곤 했다. 교직원 회의 시간에는 발표하는 사람의 입 모양을 최대한 집중해서 살피며 무슨 말을 하는지 파악해야 했고, 수업이 없는 공강 시간에는 혹시 교무실 내 책상 옆의 전화기에 전화라도 걸려 오면 어쩌나 불안해하며 내 자리에 앉아 있지도 못하고 교무실 밖으로 나와 전전했다. 출근하거나 퇴근할 때 혹은 복도를 지나갈 때 학생들이 반갑게 건네는 인사를 놓치는 경우도 많았다. 그러다 보니 자신들의 인사와 마음을 '씹고' 무시한다는 오해를 받기도 했다. 그럴 때면 무기력과 절망감이 덮쳐 왔다. 다른 사람들과 이야기를 할 때나 회의 자리에서 그림자처럼 자리만 지키고 있어야 할 때, 알아들은 것처럼 고개 끄덕거리며 맞장구치거나 웃기만 하면서 겉돌고 소외될 때, 그런 순간의 안타까움들을 어찌 말로 다 표현할 수 있을까.

커밍아웃, 그리고 새로운 시작

더는 학교에서 그렇게 지낼 수 없었다. 장애를 숨기느라 극심한 스트레스와 긴장 속에서 생활하는 일은 끝내고 싶었다. 방법은 딱 하나였다. 교직을 그만두거나 또는 내 장애에 대해 커밍아웃을 하거나. 청각장애 때문에 전전긍긍, 안절부절못하는 상황은 더 이상 하지 않기로 했다. 다른 누군가 내가 청각장애가 있다는 걸 눈치챌까 봐 그걸 숨기려고 마음 졸이는 짓만은 더 이상 하지 않겠다는 다짐을 했다. 청각장애가 있는 솔직한 내 모습으로 교직 생활을 하고 학생들을 만나자는 마음이었고, 죽이 되든 밥이 되든 일단 직접 부딪쳐서 헤쳐 나가 보자는 그런 마음이었다. 청각장애를 숨기며 긴장과 스트레스 속에서 지내던 시기에 나는 수업이 없는 빈 시간에 내 자리에 앉아 있지 못했다. 당시 연구부 공용 전화기가 나와 내 옆자리 선생님 사이에 놓여 있었기 때문이다. 누군가에게서 전화가 걸려 오면 나 또는 내 옆자리 선생님이 주로 전화를 받아야 했다. 옆자리 선생님이 자리에 계실 땐 아무 문제가 되지 않았지만, 그 선생님이 다른 일로 자리를 비웠을 때나 내 근처에 다른 선생님이 아무도 없을 때는 정말 난감했다. 그럴 때 전화벨이 울리면 그야말로 안절부절 어쩔 줄을 몰랐다. 처음엔 내 청각장애를 숨기기 위해 자연스럽게 수화기를 들고 전화를 받았다. "여보세요. 연구부입니다" 하고 아무 문제 없는 것처럼 전화를 받는 척했다. 하지만 구화로 소통하는 청각장애인이 상대의 입 모양을 보지도 못하는 전화 통화를 한다는 건 애초부터 어려운 일이다. 상대가 무슨 말을 하는지 제대로 알아듣지 못하는 상태에서 어떻게 정상적인 통화가 가능하겠는가. 내 청각장애를 숨기려고 전화를 받는 척을 했지만 내가 할 수 있는 건 아무것도 없었다.

상대가 무슨 말을 하는지도 모르면서 적당히 '네', '네' 하면서 맥락과 동떨어진 응답으로 맞장구치고 있는 나 자신을 느낄 때면 자괴감이 온몸을 휘감고 식은땀이 흘렀다. 이 당혹스럽고 난감한 상황에서 벗어날 수 있는 길은 오직 통화 종료뿐이었다. 상대방이야 답답하고 황당하고 어이없었겠지만 나로서는 달리 방법이 없었다. "죄송하지만 제가 지금 수업에 들어가야 해서 더 통화하기 어려울 것 같습니다. 잠시 후에 다시 한 번 더 전화 걸어 주세요" 하고 둘러대고 통화를 끝내는 게 유일한 구원이었다. 이런 당혹스런 상황을 몇 번 겪고 나니 전화기가 옆에 놓인 내 자리에 앉아 있는 일이 편하지 않았다. 혹시나 전화가 걸려 오면 어쩌나 하는 생각에 늘 안절부절에 좌불안석이었다. 수업이 없는 빈 시간에도 그냥 내 자리에 앉아 편히 쉴 수 없었다. 전화를 피하려고 자주 내 자리를 비웠다. 교무실 밖으로 나와 교정을 거닐거나 도서관 등에서 시간을 때우곤 했다.

그런데 커밍아웃하기로 마음을 먹자 모든 게 달라졌다. 트라우마처럼 달라붙던 전화 공포증이 사라지고 마음이 그렇게 평화로울 수 없었다. 내 자리 옆의 전화벨이 울려도 더는 안절부절못하거나 자리를 피하지 않았다. "제가 청력이 안 좋아서 그러니 선생님이 대신 좀 받아 주시면 안 될까요?" 하고 근처에 있는 다른 사람에게 대신 받아 달라고 부탁했다. 전화를 받을 사람이 근처에 없고 조금 멀리 떨어져 있을 때는 그냥 내 일에만 집중하고 전화엔 신경을 껐다. 그러면 조금 멀리 떨어져 있는 곳에 있는 다른 선생님이 내 쪽으로 와서 전화를 받곤 했다. 그리고 나한테 걸려 온 전화일 때도 이젠 다른 동료 선생님들이 당연하다는 듯이 대신 받아 주곤 했다. "조 선생님이 통화가 어려우니 제게 대신 말해 주시면 전해 드리겠습니다" 하거나 통화 내용을 전해 주며 중계 형식으로 대리 통화를 하곤 했다.

또한 회의에서 잘 듣지 못해 놓친 내용이 있을 때도 더 이상 알아들은 척하며 고개만 끄덕이지 않았다. '제가 방금 한 말을 못 들었는데, 다시 한 번 더 말해 주세요' 하고 부탁하거나 '글로 써 달라'고 부탁했다. 학생들과의 만남이나 학부모와의 관계에서도 청각장애가 있음을 알리고 이해와 협조를 구했다. 새 학년 새 학기 첫 만남 때 꼭 내 청각장애에 대한 안내의 시간을 가졌다. 나와의 수업이나 만남에서 생길 수 있는 어려움과 불편함이 무엇이고, 그런 어려움과 불편함을 줄이기 위해 우리가 할 수 있는 방법이 무엇인지 미리 공유하며 이해와 협조와 도움을 청했다.

그럼에도 감당해야 하는 어려움들

커밍아웃을 하면서 이런저런 불필요한 오해와 불편함을 대폭 줄일 수 있었다. 하지만 다른 사람이 도와 줄 수 없는, 내가 감당해야 하는 어려움은 여전하다. 긴급 상황이 발생해 급하게 학생들이나 학부모에게 전화를 해야 할 때가 그렇다. 그럴 땐 참 난감하다. 내가 직접 통화를 할 수 없으니 대신 통화해 줄 누군가를 찾아야 하고 부탁해야만 한다. 또 전체 회의 때 다른 사람의 이야기를 놓쳐 그 회의에서 소외될 경우도 있는데 그럴 때도 무척 속상하다. 중요한 문제를 놓고 토론이 벌어지거나 아주 중요한 결정을 내리는 회의일 때는 더욱 그렇다. 내 생각과 의견을 제때 제대로 제시하거나 또는 다른 입장에 대해 반론을 제기하고 싶을 때 타이밍을 놓쳐 그렇게 할 수 없기 때문이다. 다른 사람처럼 잘 들을 수 있다면, 그 회의가 어떤 회의든 간에 그때그때 적절히 대응하고 다른 사람들을 충분히 잘 설득할 자신이 있는데 회의 도중 다른 사람의 말을 놓치면 말할 타이밍까지 놓치게 되니 그럴 수밖에 없다. 회의가 다 끝난 뒤에야 회의 내용과 결정을 마주한다. 그것도 전혀 동의할 수 없는 결과를 마주할 때는 심한 무력감과 자괴감에 참담한 심정이 된다.

문서로 된 회의 자료를 미리 배부해 주는 경우엔 한결 수월하지만 오직 말로만 진행되는 회의일 경우엔 더 불편할 때가 많다. 온 신경을 집중해서 참여해도 회의 내용을 다 소화하지 못하고 놓치는 말들이 있기 때문이다. 학생들과 함께하고 싶은 이런저런 프로젝트나 좋은 아이디어가 떠올랐을 때도 바로 시도하지 못한다. 다른 교사는 별 고민 없이 바로 실행할 수 있는 일도 나는 먼저 그 일에 청각장애가 걸림돌이 될 수 있는지 따져 봐야 했고, 할까 말까 수도 없이 망설이다 포기하는 경우도 있다. 교육 활동에 보탬이 될 수 있는 좋은 강의가 있거나 대학원에 가서 체계적인 공부를 하고 싶은 생각이 들 때, 또는 참여하고 싶은 모임이나 연수가 있을 때도 그렇다. 무엇보다 가장 속상하고 안타까울 때는 이런저런 모임이나 사람과의 관계에서 내가 가진 역량을 제때 제대로 발휘할 수 없을 때다. 충분히 잘할 수 있고 감당할 수 있음에도 청각장애 때문에 주저하거나 포기해야 할 때다. 그럴 때는 정말 마음이 안 좋다. 만일 내가 듣는 데 장애가 없는 청인* 교사였다면, 할 수 있고 누릴 수 있는 것들이 참 많았을 것이다. 수업 중에 오가는 온갖 이야기들, 또는 복도를 오갈 때 학생들이 주고받는 유쾌 발랄한 수다들까지 하나도 놓치지 않았을 것이다. 얼굴에 그늘과 근심이 가득한 학생을 발견하면 퇴근 후에 전화를 걸어 따뜻한 위로와 공감을 건넬 수도 있었을 것이고, 위로와 응원과 공감이 필요해 보이는 학생들이 있으면 그때그때 그들에게 다가가 그들의 이야기에 귀 기울일 수도 있었을 것이다. 학급 학생들이 합창 연습을 할 때 도움을 줄 수도 있었을 것이고, 생일을 맞은 아이에게 마

---

* 청각장애가 없는, 일반적인 청력을 가진 사람들을 부르는 말이다. '건청인'이라고도 한다. 청각장애인 중에서 태어날 때부터 듣지 못하고 따라서 말도 할 수 없는 사람을 '농(인)'이라고 하고, 태어난 이후에 사고나 질병, 기타 이유로 청력을 완전히 잃은 사람을 중도 '실청인'이라고 하며, 잔존 청력이 남아 있지만 듣는 데 어려움이 많은 사람들을 '난청인'이라고 한다. 난청인 가운데도 두 종류가 있는데, 말과 글을 배우기 이전에 청력이 나빠져서 말과 글을 제대로 배우지 못해 수화를 통해 소통하는 사람과, 말과 글을 익혀서 자기 목소리로 말하거나 구화를 통해 다른 사람과 소통하는 사람이 있다. 그리고 난청인도 잔존 청력이 어느 정도 남았느냐에 따라 경도 난청, 고도 난청으로 구분한다. 나의 경우 굳이 분류하자면, '중도에 청력이 나빠진, 구화를 사용하는, 중고도 난청'쯤에 해당할 듯하다.

음을 담아 좋아하는 노래를 축가로 불러 줄 수도 있었을 것이다. 학급 행사 때 기타를 치며 반 아이들과 함께 부르고 싶은 노래를 부르며 마음을 모을 수도 있었을 것이고, 좋은 모임이나 연수가 있을 때 주저 없이 바로 참여할 수 있었을 것이다.

어려움을 극복하는 나만의 방법

물론 이러한 어려움과 불편함을 앞에 두고 그냥 멀뚱히 서 있지만은 않았다. 나름대로 할 수 있는 일들을 고민하고 노력했다. 말로 소통하기가 불편한 상황일 땐 글을 최대한 활용했다. 편지, 이메일, 문자 메시지, 학부모 통신, 담임(학급) 통신, 개인 홈페이지, 학교 홈페이지, 온라인 카페, SNS 등을 통해 글로 소통하고 공유하는 장을 마련하고 활용했다. 매 학기가 끝날 때마다 수업이나 학급 운영에 대한 학생들의 평가도 꾸준히 모니터링했다. 나의 장애 때문에 학생들이 느끼는 불편함이 무엇인지, 또는 학생들과의 만남이나 수업 때 개선하거나 주의해야 할 것들은 무엇인지 꾸준히 점검하며 바꿀 수 있는 것들은 조금이라도 개선하려고 노력했다. 무엇보다 학생들과의 소통과 만남에서 더 많이 신경 쓰는 게 하나 있다. 진심을 다해 '마음'으로 만나고, '내 삶'으로 가르치려고 노력하는 일이다. 장애로 인한 불편함과 걸림돌을 넘어 서로 더 깊이 있게 만나고 소통하는 데 있어 이보다 더 수월하고 효과적인 방법이 없다는 걸 잘 알기 때문이다.

교사는 자신의 삶으로 아이들을 만나고, 자신의 삶으로 아이들을 가르치고 배워야 한다. 즉 교사 자신의 삶이 아이들의 교사가 되어야 한다. 열성을 다해 아이들을 만나는가? 그 방법은 정당한가? 정성을 다해 가르치고 배우는가? 아무 준비도 없이 교실에 들어서고 아이들을 만나지는 않는가? 학생을 한 사람의 인격으로 존중하며 대하는가? 아이들에게 그리고 스스로 진솔한가?

교무실 내 책상에 붙여 둔 글이다. 교직에 서던 첫해부터 지금까지 30년 넘는 시간 동안 나와 함께하는 글이다. '삶=교육'이라고 요약할 수 있는 대학 시절 은사였던 성내운 선생님으로부터 배운 교육 철학으로, 내 교직 생활의 나침반이자 이정표이다. 출근하면 제일 먼저 이 글귀부터 읽고 하루를 시작한다. 논리적으로 어떻게 증명할 방법은 없지만 있는 그대로의 정직한 내 삶으로 학생들을 만나고 가르치는 것, 학생들과 더 친해지고 깊이 소통하는 데 이보다 더 나은 방법을 알지 못하기 때문이다. 청각장애로 인한 어려움과 불편이 있음에도 여전히 내가 교사로 살고 있는 것도, 학교 안에서나 밖에서나 제자들과 좋은 관계를 유지하며 잘 지내는 것도, 졸업 후에도 오랜 시간 제자들과 인연을 계속 이어 갈 수 있었던 것도, 모두 다 이 교육 철학 때문이라고 나는 생각한다.

가끔 옆지기(아내)도 내게 이런 말을 할 때가 있다. "내 생각으론 당신 정도의 청각장애면 교사를 하기 어려울 것 같은데, 당신은 정말 잘하고 있는 것 같아. 그게 신기해. 토론 수업은 할 수도 없고, 질의응답도 잘 안 될 듯하고, 당신이 하는 수업이란 게 '강의식 수업'이 대부분일 것 같은데, 어떻게 학생들과 그렇게 친밀하게 지내고 잘 소통하는지, 오랜 시간 관계를 이어 가는지, 그게 잘 이해가 안 될 때가 있어. 그게 어떻게 가능한지, 어떻게 그렇게 할 수 있는지, 궁금해. 다른 사람들도 나처럼 궁금할 것 같아."

내 장애를 가장 잘 알고 있고 가장 가까이서 일상적으로 경험하는 사람이니 나의 교직 생활이, 내가 자신보다 더 즐겁게 교직 생활을 하는 게, 이해가 잘 안 되고 신기해서 하는 말일 것이다. 그럴 때 나는 이 말 외에 달리 해 줄 말이 없다. "음, 별것 없는데. 그냥 마음으로 만나고, 내 삶으로 만나기 때문이 아닐까?" 사실이 그렇기 때문이다.

내가 교사를 포기하지 않는 이유

돌이켜 보면 청각장애가 내게 어려움만 가져다준 건 아니다. 청각장애 교사로 살아오는 과정에서 얻은 예상하지 못한 소득도 꽤 있다. 우선 내 안의 '공감 능력'이 더욱 자라고 커졌다. 오래전 신문에서 본 내용인데 "공감은 내 안에 머무르지 않고 타인의 자리에서 보는 마음의 습관"이라고 했다. 소리를 제대로 듣지 못하면서 나는 그걸 만회하려 최대한 마음으로 느끼고 '마음의 귀'로 상대의 얘기를 들으려고 애쓴다. 이 새로운 습관 때문에 자주 타인의 자리에 서 보는 연습을 할 수 있었고, 덩달아 내 공감 능력도 많이 커졌다.

또 다른 소득은 학생들이 청각장애 교사인 나와의 만남을 통해 장애가 없는 다른 교사들에게서는 얻을 수 없는 무언가를 얻기도 한다는 걸 알게 됐다는 점이다. 다시 말해 청각장애를 지닌 사람이 교사가 되어 교직을 수행하고 있다는 사실 자체가 학생들에게 '어떤 교육'이 된다는 걸 깨닫게 되었다는 사실이다. 학생들에게서 온 편지, 또는 매 학기 학생들로부터 받는 평가지를 읽다 보면 그걸 느끼고 확인하게 된다. "선생님을 보면서 용기를 얻었다"는 이야기가 꽤 많다. 잘 듣지도 못하는 청각장애인이 교사가 되어 학생들을 가르치는 것 자체가 그들에게는 놀라운 일이며, 또 이런 나를 통해 자신들도 어떤 희망을 가질 수 있었다는 뜻일 게다. 학생들의 이런 이야기 덕분에 나는 마음의 부담을 많이 덜어 낼 수 있었다. 나 같은 청각장애 교사를 만나서 학생들이 겪지 않아도 될 불편을 겪는 건 아닐까 싶어 미안한 마음이 적지 않았는데, 그런 미안한 마음을 조금이라도 덜 수 있었다. 또한 청각장애 교사로 살아가고 있는 나 자신에 대해서도 좀 더 자부심과 긍지를 가질 수 있었다.

무엇보다도 청각장애가 있는 나를 이해해 주고 배려해 주는 학생들의 예쁜 마음을 자주 만날 수 있다는 점, 그 자체가 내겐 다른 무엇보다 커다란 위안이고 힘이고 응원이 되어 참 좋았다. 내게 필요한 질문이 있거나 부탁이 있거나 상담할 일이 있을 때 공책이나 연습장에 그 내용을 미리 글로 써서 교무실로 찾아오는 학생들을 볼 때면, 나를 배려해 주고 이해해 주는 학생들의 마음이 느껴져 뭉클할 때가 많다. 내가 자신들에게 적응하기를 바라는 게 아니라 오히려 그들이 내게 적응하려고 애쓴다는 걸 느낄 수 있기 때문이다. 그럴 때마다 나는 교사로서 살아갈 힘과 용기를 크게 얻곤 한다. 청각장애로 인해 겪게 되는 이런저런 불편함과 어려움들이 있음에도 내가 여전히 교사를 포기하지 않는 까닭도 어쩌면 바로 이런 학생들 때문이다.

계속 교사로 살아갈 수 있을까

그럼에도 내 머릿속에는 늘 떠나지 않는 고민들이 있었다.

'정년 퇴임까지 교사를 계속할 수 있을까?'
'그때까지 잔존 청력이 이 상태를 유지하며 그대로 남아 있을까?'
'만일 도중에 청력이 더 나빠지거나 청력이 완전히 상실되면 나는 어떻게 해야 하나?'

'지금까지 해 왔던 것처럼 내 앞에 놓인 새로운 어려움과 불편함을 극복하면서 계속 교직에 머물며 정년 때까지 버틸 것인가? 아니면 교직에서 물러나 다른 새로운 일을 모색할 것인가?'

'만일 교직에 머물기로 한다면 어떤 방법으로 예상되는 어려움들을 해결해 나갈 것인가?'

다행히 혼자 하던 이런 고민들이 현실의 악재로 나타나진 않았다. 내 청력뿐만이 아니라 이런저런 학교의 상황도 더 나빠지지 않았기 때문이다. 오히려 내게 유리한 상황들이 조금씩 조금씩 만들어졌고, 나도 더 적극적으로 커밍아웃할 수 있었다. 학생 및 학부모들과의 소통은 전화 대신 온라인 공간, SNS 등을 적극 활용했다. 2000년대 초반에는 '즐거운 학교'라는 교육 커뮤니티 사이트에 교과 수업, 상담, 학급 운영을 결합한 '영파사회방'이라는 온라인 커뮤니티를 개설해 4년간 운영했다. 청각장애 때문에 학생들과의 수업이나 만남에서 느끼던 아쉬움과 부족한 부분들을 시공간적 제약이 없는 사이버 공간을 통해 보완하거나 충족시킬 수 있었다. 2004년부터는 독립적인 내 개인 사이트[*]를 따로 마련해 나의 삶과 교육 활동 전반을 종합적으로 담아내는 '온

---

[*] 2004년, '즐거운 학교'에서의 온라인 교육 활동을 지켜보던 대학 후배가 좀 더 멋진 공간에서 제대로 해 보라고 격려하며 만들어 준 홈페이지로 8년간 활발하게 운영했다. 그러다 오프라인 교육 활동에 더 충실하고 싶은 마음에서 2013년부터 비공개로 전환하고, 지금은 데이터를 보관하는 용도로 혼자 사용하고 있다.

라인 교육'을 시도했다. '삶=교육'이라는 내 교육 철학을 10년 가까이 온라인에서 시도해 본 종합적 사이버 교육 공간이었다. 이를 통해 청각장애로 인한 제약이나 한계를 보완하고 넘어설 수 있는 가능성과 아이디어를 얻을 수 있었다. 그만큼 나의 교육 활동이 다양하고 풍부해지고 학생들과의 소통과 접촉도 더 확대되고 깊어질 수 있었다. 특히 사이트 안에서 진행했던 '사이버 상담'을 잊을 수 없다. 나와 학생들의 관계와 소통을 더 활발하고 깊이 있게 확장해 주었고 교사로서의 자부심과 긍지를 느낄 수 있도록 해주었다. 시공간적인 제약을 받지 않고 말이 아닌 글로 필요할 때마다 학생들과 깊이 있게 소통할 수 있는 온라인 공간은 청각장애 교사인 내게 노다지가 따로 없었다. 퇴근 이후에도 내 시간의 대부분이 이 활동에 빨려 들어간다는 단점이 있긴 했지만, 어떤 제약이나 걸림돌도 없이 학생들에게 필요한 도움을 주고 그들과 더 밀도 있는 소통과 접촉을 만들어 낼 수 있다는 건 매력적이었기 때문이다.

또한 청각장애가 문제가 되어 교단에서 쫓겨나는 해고를 당하지나 않을까 싶어 미루었던 '장애인 등록' 절차도 진행하고, 내가 청각장애 교사라는 사실을 공식화했다. 그러자 학교도 학생과 학부모들도 나를 그렇게 청각장애 교사로 이해하고 받아들였다. 덕분에 나는 그동안 청각장애 때문에 주저하거나 망설이던 일들도 더 이상 눈치 보지 않고 적극적으로 시도할 수 있었고, 청각장애로 인한 걸림돌들을 하나씩 줄여 나갈 수 있었다.

학생과 마음으로 만난다는 것

기억에 남는 일이 참 많지만 15년 전쯤 사이버 상담을 통해 한 학생과 이어 갔던 인연은 특히 각별하다. 학교에 와도 있는지 없는지도 잘 모를 만큼 존재감 없이 홀로 조용히 지내다 가는 조그만 체구의 한 학생이 있었다. 하루 종일 말이 없고 늘 어둡고 슬픈 얼굴이었다. 그 친구가 어느 날 '심각한 고민'이라는 제목으로 내 홈페이지 사이버 상담 게시판에 익명의 비밀 글을 올렸다. 맨 처음엔 그 친구인지 알지 못했으나 사이버 상담을 하면서 그 익명의 학생이 바로 그 학생이라는 걸 알 수 있었다. 가정 폭력을 휘두르는 아빠, 그런 아빠의 폭력과 시집 식구들의 괴롭힘을 견디다 지쳐 매일 밖으로 나다니며 밤늦게 들어오는 자포자기 상태에 빠진 엄마 사이에서 마치 자기 혼자 버려진 채 극심한 외로움과 무기력에 빠져 학교도 때려치우고 죽고 싶다는 생각만 들고, 아빠의 가정 폭력 영향 때문인지 어느 때부터인가 자신도 점점 성격이 폭력적으로 변해 가는 것 같아 걱정이 된다고 했다. 이런 상황에서 자신이 어떻게 해야 할지 갈피를 잡지 못해 너무 답답하고 힘들다며 도움이 되는 답변을 주면 좋겠다는, 시간이 걸리더라도 기다릴 테니 꼭 답변을 주면 좋겠다는, 그런 내용의 비밀 글이었다.

누구에게도 말을 붙이지 않고 그림자처럼 말없이 조용히 있다 하교하던 그 친구가 자신의 현재 상황과 심정과 고민을 장문의 글로 써서 사이버 상담 게시판에 올렸다는 게 잘 믿기지 않았지만 알 수 없는 안도감도 동시에 들었다. '아, 이 녀석 아직 살아 있구나. 살아 보려고 이렇게 발버둥치고 있구나' 하는 생각이 들었기 때문이다. 어떻게든 힘이 되고 싶어 최대한 정성을 들여 장문으로 화답했다. "많이 힘들고 어려운 상황이라 뭐라 위로해야 할지 잘 모르겠지만, 부디 힘내서 용기 잃지 않길 바라고 스스로를 잘 챙겼으면 좋겠다"는 위로도 함께 건넸다. 그게 전부였다. 그런데 해가 바뀌고 그 이듬해 12월 30일, 전혀 생각지도 못했던 글 하나가 사이버 상담 게시판에 올라왔다. 'min'이란 이름으로 쓴 "선생님 잘 계시져?" 하는 글이었다. 편지 같기도 하고 상담 글 같기도 한 길고 긴 장문의 글이었다. 매끄럽게 잘 다듬어지고 정돈된 글은 아니지만 자신의 감정과 생각과 마음을 조금도 꾸미지 않고 있는 그대로 쓴 솔직한 글이었다. 절친한 친구와 편하게 두런두런 얘기하듯 한 줄 한 줄 진심이 느껴지는 때 묻지 않은 글이었다. 1년 전 '심각한 고민'이란 제목으로 SOS를 쳤던 그 학생이 고등학생이 되어 다시 찾아와 남긴 글이라는 걸 알게 되자 뭔가 뜨겁고 뭉클한 게 가슴 저 밑에서 올라왔다. 그리고 진심을 다해 학생들을 만나고 소통하는 것이 얼마나 중요한지를 깨닫게 되었다. 교사와 학생이 서로의 마음밭에 씨를 뿌리고 거름을 주고 싹을 틔우는 일, 그렇게 마음을 담아 만나고 마음으로 느끼고 소통하는 일이 얼마나 중요한지 알게 되었다. 지금도 학생들에 대한 믿음이 흔들리고 어떤 실망을 느낄 때면 나는 그 학생이 남긴 글을 읽곤 한다.

비록 온라인 공간에서의 소통이지만 진심을 담아 주고받은 한 번의 이야기 때문에 졸업을 하고 시간이 많이 흘러도 잊지 않고 찾아와 자신의 생각과 고민을 편하게 술술 들려준다는 것, 그런 신뢰와 마음을 얻을 수 있다는 것은 분명 뿌듯하고 뭉클한 일이 아닐 수 없다. 사랑은 사랑을 낳고, 믿음은 믿음을 낳듯 내미는 손과 맞잡는 손의 진심이 닿으면 서로를 더 밝고 깊게 성장시킨다는 걸 그 학생과의 사이버 상담을 통해 깨닫고 배웠다.

다양한 SNS와 온라인 커뮤니티가 존재하는 요즘 같은 경우엔 청각장애를 보완하고 극복해 갈 수 있는 보다 편하고 쉬운 다양한 방법들이 생겨나 더 이상 학생이나 학부모와의 전화 통화 문제로 걱정하거나 스트레스를 받지 않는다. 전화 통화를 하지 않고도 얼마든지 소통할 수 있는 다양한 방법들이 있기 때문이다. 밴드(네이버)나 카카오톡 같은 편리하고 효율적인 커뮤니티와 앱들을 이용하면 학생 및 학부모들과 바로바로 학교생활 전반에 대해 상시적으로 공유할 수 있고, 밀도 있게 소통할 수 있기 때문이다. 지난 3년 코로나19 팬데믹 시기에도 나는 별 어려움이나 불편을 겪지 않았다. 원격 수업이나 재택근무 때문에 스트레스를 받는 일이 거의 없었다. 대면 만남을 가질 수 없어도 온라인 쌍방향 소통 채널을 만들어 학급 학부모 및 학생들과 바로바로 소통하며 신뢰를 구축할 수 있었고, 원격 수업 때도 줌 수업과 더불어 별도의 보조 교과 커뮤니티를 만들어 수업 자료, 평가 자료, 과제 수행 등을 공유하고 수시로 학생들에게 피드백할 수 있었기 때문이다.

예를 들자면, SNS와 온라인 커뮤니티에서 진행되었던 다양한 학급 활동이 그렇다. 매주 수요일마다 학급 밴드에 시 한 편을 올려 함께 읽고 서로의 소감을 공유하고 나누었던 '시 나누기', 세월호 7주기를 맞아 우리 학급만의 작은 추모제와 함께 진행했던 '온라인 추모 작품 공모전'이나 학급 단체 카톡방에 학급 전원이 한 명씩 돌아가며 자신이 즐겨 듣거나 가장 좋아하는 노래나 음악을 짤막한 소개와 함께 올리고 다음 DJ를 지명하는 '1일 DJ' 이벤트 등이 그런 활동들이다. 이런 온라인 소통을 통해 학생들의 적극적인 참여를 이끌어 냄과 더불어 학급 구성원 간의 단합과 좋은 반 분위기를 만들 수 있었다.

잔잔한 변화

무엇보다 가장 긍정적인 변화는 청각장애 교사인 나를 대하는 동료 교사들과 학생들의 모습이 조금씩 달라진다는 점이다. 자신들의 방식에 내가 적응해야 하는 게 아니라 자신들이 내게 맞는 방식으로 적응하고 있다는 걸 느낀다. 이는 내가 사립 학교의 교사이기 때문에 얻게 되는 행운일지도 모르겠다. 5년마다 학교를 이동해야 하는 공립 학교의 교사였다면 결코 쉽지 않은 일이란 생각이 들기 때문이다. 오랜 시간 같은 학교에서만 근무하다 보니 동료 교사들도 나에 대해 잘 알고 있고, 또 내가 만나는 학생들이나 학부모들도 자신들의 지인이나 선후배를 통해 내가 어떤 교사인지 이미 들어서 알고 있는 경우가 많다 보니 시간이 흐르면서 자연스럽게 이런 변화도 생기는 게 아닐까.

아무튼 이런 긍정적인 변화 때문에 나는 지난 3년 모두가 마스크를 착용하고 생활한 팬데믹 시기에도 큰 불편 없이 잘 지낼 수 있었다. 사실, 모두가 마스크를 착용하고 생활하는 상황은 구화로 소통하는 나 같은 청각장애인에게는 여간 난감한 게 아니다. 상대가 말할 때 입 모양을 볼 수 있어야 소통할 수 있는데, 마스크 때문에 그게 불가능하니 얼마나 불편하고 답답하겠는가. 그런데 동료 교사들이나 학생들이 팬데믹 그 시간 동안 나와 소통할 때는 내가 입 모양을 볼 수 있도록 자신이 쓰고 있던 마스크를 벗고 이야기를 했다. 감염 확산세가 심각해 마스크를 벗는 일이 아주 위험할 때는 마스크를 벗고 이야기하는 대신 미리 필요한 내용을 메모해 와서 소통하곤 했다. 내가 구화로 소통하는 청각장애 교사라는 걸 잊지 않고, 내게 가장 적합한 방식으로 다가오고 적응하고 있다는 걸 느낄 수 있었다. 개인적으로 무척 감사한 일이고 희망을 얻는 상황이 아닐 수 없다. 이렇게 지내 오는 동안 나도 어느새 교직 경력 30년이 넘는 고참 교사가 되었다. 그 시간 동안 전교조 조합원으로서 분회 선생님들과 함께 학내의 불합리한 문제들과 교육 환경 개선을 위해 활동한 덕분에 내 입지와 영향력도 단단해졌다. 필요한 일이 있을 때 학교에 적극적으로 발언하고 요구할 수 있게 되었다. 교직원 회의 방식의 변화 같은 것들이 그것이다. 예전엔 학교 운영의 전반적인 일들과 학사 일정은 매주 열리는 간부 회의(교장, 교감, 부장 교사)에서 점검, 논의, 결정되고 이 내용들이 월요일 전체 직원 회의 때 발표되었다. 각 부장 교사들이 마이크를 들고 돌아가며 발표하는 형식으로 교직원에게 공지되었다. 청각장애가 있는 나로서는 놓치는 내용이 생기곤 했다. 그래서 학교에 새로운 방식을 제안했다. 간부 회의에서 논의되고 결정된 내용들을 A4 용지 1쪽 분량으로 요약·정리하고 문서화해서 미리 메신저를 통해 전체 교직원들이 공유하는 것으로 대신하고, 월요일 아침 전체 교직원 회의는 생략하고 월 1회 수요일 오후에 전체 교직원 회의를 갖자는 것이다. 이렇게 되니 나도 교직원 회의 때 놓치게 되는 내용들이 없어졌고, 다른 교직원들도 한결 편하고 수월해졌다. 예정된 학사 일정과 변경 사항, 해야 할 업무를 미리 인지하고 필요한 준비를 그때그때 할 수 있게 되었기 때문이다. 자연스레 내 교직 생활도 한층 더 안정되고 풍성해졌다.

새로운 움직임과 주체들

이렇게 시간이 흘러 이제 2년 정도 더 근무하면 정년 퇴임이다. 최선을 다해 열심히 살았지만 아쉬움이 없을 수 없다. 최근에 알게 된 에이유디^{AUD*}나 함께하는장애인교원노동조합(장교조) 같은 단체의 활동을 볼 때 그렇다. 그동안 나는 내 장애를 두고 '어떻게 스스로 해결하는 게 좋을까?'에만 초점을 맞추어 생각했다. 장애 교사의 당연한 권리의 문제로 생각하지 못했다. 전교조 같은 조직을 만들어 국가와 교육청과 학교를 상대로 당당히 요구할 생각을 못 했다. 교직에 발을 들인 첫해부터 전교조에 가입해 전교조 조합원이라는 정체성을 가지고 활동하다 보니 모든 걸 '전교조'라는 조직 안에서만 생각한 탓일 것이다. 어쨌거나 한 가지 분명한 사실은 나 자신이 '청각장애 교사'라는 내 정체성을 중심에 놓고 깊이 생각해 본 적이 없다는 점이다. 장교조 교사들은 나와 달랐다. 자신들이 학교에서 겪는 불편함과 어려움을 해결하기 위해 노조를 만들고 교육부, 교육청에 적극적으로 교섭을 요구하며 문제를 제기하고 자신들이 할 수 있는 실천들을 통해 문제를 풀어 가고 있다. 남은 교직 생활이 2년밖에 되질 않아 직접 동참하고 있진 못하지만 늘 응원하는 마음으로 페이스북으로 주의 깊게 살펴보고 있다.

그중에서도 특히 청각장애교사위원회의 활동을 보면서 느끼고 생각하는 바가 많다. 서울시교육청에 청각장애 교원을 위한 통역 편의 지원을 요청하고, 그 요청이 예산과 전담 부서가 없다는 무책

---

* 에이유디는 청각장애인의 평등한 의사소통과 사회 참여를 지향하는 사회적 협동조합이다. 청각장애나 연령에 관계 없이 모든 사람이 편하고 안전하게 이용할 수 있는 제품이나 건축, 서비스 등을 설계해 누구나 의사소통과 사회 참여의 어려움이 없도록 보편적으로 설계된(유니버설 디자인) 사회를 추구한다. 의사소통, IT·보조공학, 교육, 권리 증진 네 가지 부문에서 활동하고 있다. 의사소통 부문 사업 중 하나인 '문자 통역'은 교육, 직업, 취미 활동에서의 실시간 문자 통역이나 영상·오디오 파일의 자막 제작 등을 지원하는 서비스다. 이 사업을 서울시에서 공공 서비스로 발전시켜, 의사소통이 필요한 서울시민 청각장애인에게 문자 통역을 일정 시간 무료로 제공하고 있다.

임한 이유로 거절당하자 2023년 1월, 국가인권위원회에 진정을 넣어 현장 방문 조사를 이끌어 냈다. 그들이 자신들의 문제를 해결하기 위해 얼마나 절실하고 치열하게 싸우는지 알 수 있었다. 나보다 몇십 배 몇백 배 더 멋지고 훌륭한 사람들이라고 생각했다. 청각장애 교사로서 그동안 현장에서 정말 필요하다고 느꼈던, 지원받을 수 있다면 정말 도움이 될 거라고 생각했던 그런 요구*를 그들은 적극적인 목소리와 행동으로 당당히 요구하고 있기 때문이다.

계속 응원해 주면 좋겠습니다

교사라면 누구나 교학상장教學相長을 꿈꾼다. 학생들과의 만남과 관계가 보다 깊고 튼튼해지기를 바라고 서로가 더불어 성장하기를 꿈꾼다. 나 역시 그렇다. 비록 잘 듣지 못하는 청각장애 교사지만 내가 할 수 있는 방식으로 한 명 한 명의 학생들과 정성을 다해

---

* 핵심만 요약해서 정리하면 이렇다. '교육청은 청각장애 교사들의 편의를 지원하는 원스톱 지원 체계를 구축하라.' '청각장애 교사들이 필요에 의해 문자 통역 지원을 요청할 때 즉각적인 문자 통역 편의를 제공할 수 있도록 시간제, 전일제 등의 상시 지원 시스템을 마련하라.' '이를 위해 필요한 스마트패드, 태블릿 등의 기자재도 지원하라.' '매년 학기 말에 문자 통역 편의 지원에 대한 만족도 조사 및 청각장애 교원과 간담회를 실시하여 통역 상황 시 발생하는 고충에 관한 축적된 자료는 향후 통역 편의 지원 개선에 반영하라.' '청각장애 교원의 근무지 외 연수나 행사 참여 시 대동하는 문자통역사의 여비를 지급하라.'

만나려 애쓴다. 야누시 코르차크가 말했듯 학생들이 우리 교사의 표정을 누구보다 잘 읽는다는 걸 알기 때문이다. 교사와의 관계에서 형성되는 분위기, 습관, 결점 등을 누구보다 예민하게 감지한다. 친절함을 느끼고, 거짓을 눈치채고, 어떤 것이 엉터리인지 금방 알아차린다. 이미 여러 해 동안의 학교생활을 통해 그것을 관찰하고 연구해 온 경험자들이기 때문이다. 따라서 학생들과 튼튼한 신뢰관계를 구축하고 교학상장을 꿈꾸는 교사라면, 무엇보다 '진심'이 필요하다. 마음 깊은 데서부터 우러나오는 '진정성'이 필요하다. 교사 자신의 정직한 모습, 정직한 삶으로 학생들을 대하고 존중하는 게 다른 어떤 것보다 중요하다. 늘 이 점을 잊지 않으려 했다.

그럼에도 간혹 걱정될 때가 있다. 15년 전쯤 크게 상처받았던 적이 있기 때문이다. 어떤 부장 교사의 일방적이고 독선적인 업무 지시에 제동을 걸다가 교무실에서 그와 크게 부딪힌 적이 있다. 그때 그가 내게 한 말은 아직도 또렷하게 남아 있다. "잘 듣지도 못하는 주제에……." 평소 시답지 않게 생각했던 인간의 말이라 '에잇~ 더러운 말에 귀만 버렸네' 하고 툭 털어 버릴 수도 있었지만 그렇게 되질 않았다. 말이란 게 힘이 있는지 그 말이 계속 가슴에 맴돌며 오랜 시간 상처로 남았다. '시답잖은 동료 교사가 아니라 정성을 쏟아 만난 학생들로부터 혹시 이런 말을 듣게 되면 그때 나는 어쩌나?' 이런 생각이 머릿속에서 떠나질 않았다. 이런 상황을 마주하게 되면 나는 어떻게 해야 할지 도무지 가늠이 되지 않았다. 그럼에도 나는 여전히 교직을 그만두지 않고 아직도 교사로 살고 있다. 위축되는 마음을 털어 내고 학생들을 만나고 있다. 중요한 건 꺾이지 않는 마음이라고, 나 역시 그렇게 교직 마지막 순간까지 최선을 다하고 싶기 때문이다. 혹시라도 이런 불미스러운 순간과 마주하게 된다면 그때 나는 이렇게 말할 생각이다. 담담하게.

"비록 잘 듣지 못해 불편할 때도 많고 더러 속상할 때도 있지만 크게 신경 쓰지 않습니다. 장애 때문에 불편하고 어렵다고 좌절하거나 절망하고 싶지 않기 때문입니다. 그건 삶에 대한, 나 자신에 대한 예의가 아니라고 생각합니다. 교사는 제 꿈이었고, 지난 30년 동안 제 모든 것을 쏟았던 일이자, 나 자신을 믿고 최선을 다해 노력한 제 삶의 전부이기 때문입니다. 저는 이런 나 자신이, 내 삶이 정말 좋습니다. 뿌듯하고 행복합니다. 스스로 생각할 때 충분히 괜찮은 삶이고 의미 있는 도전이라 생각합니다. 그러니 계속 응원해 주면 좋겠습니다. 교직 마지막 날까지 여러분들 곁에서 한 사람의 좋은 벗, 좋은 교사로 최선을 다할 수 있도록 응원해 주면 좋겠습니다."

학교가 차별이 아닌 존엄을 가르치는 공간이 될 수 있다면

학생에게, 동료에게, 가족에게 나눈 나의 커밍아웃 이야기

함께 걷는 바람

반세기 : 「명사」 한 세기의 절반. 50년을 이른다.

반세기를 살았다. 살아온 날들을 돌아보니 벽장 안에서 살아온 시간보다 벽장을 박차고 나와 살아온 시간이 더 길다. 요즘은 아무렇지도 않게 여러 가지 비유로도 쓰이는 커밍아웃이라는 말이 원래는 '벽장 밖으로 나오다'라는 말이라는 걸 아는 사람이 이제는 많아졌을까?

나는 누구였을까?

1994년. 역대급으로 무더운 여름이었다. 성수대교가 내려앉는 사고가 있었으며, 충주호 유람선 화재 사건, 아현동 도시가스 폭발 사고가 일어나 많은 사람이 희생되는 일이 있었다. 분단 이후 최초의 남북 정상 회담을 코앞에 두고 북한의 김일성 주석이 사망해 우리 사회는 때아닌 조문 논란에 휩싸이기도 했다. 어쩌면 어떤 이에게는 아직 태어나기도 전인 먼 옛날의 일일지도 모르겠다.

그해 대학교 3학년이던 나는 마치 안개 속에 갇힌 듯한 답답함

속에 살고 있었다. 내 마음이 향하고 있는 감정의 방향에 대해 어떤 말로도 설명할 수 없었고, 감히 누구에게 물어볼 수도 없었다. 다른 사람들과 다르긴 한데 왜 다른지 알 수가 없었고, 그래서 어떻게 살아야 할지 도무지 감이 잡히지 않았다. 내 마음의 나침반은 확실히 어떤 방향을 가리키고 있는데 사람들은 그곳이 향해서는 안 되는 곳이라고, 마치 내가 가진 나침반이 잘못된 것처럼 말하는 듯했다. 나는 내가 먼 별에서 떨어져 나와 지구에 홀로 떨어진 존재는 아닐지 정말 심각하게 고민했었고, 외로움 속에 살았었다. 그걸 성적 지향이 다르다는 말로 설명할 수 있다는 것조차 몰랐던 시절이었다.

1994년 7월, 한 시사 잡지*에 한국게이인권운동단체 '친구사이'**라는 단체에 대한 탐방 기사가 실렸다. 기사의 내용은 우리 사회에 남성 동성애자들이 만든 최초의 인권단체가 생겼고, 기자가 며칠 동안 함께 지내 보니 머리에 뿔 달린 것도 아니고, 남자가 남자를 좋아한다는 점만 다를 뿐 그저 평범한 사람들이더라는 것이었다. 그때까지 내가 접했던 유일한 성소수자에 대한 정보이던 그 기사 덕분에 나는 처음으로 성소수자들만의 커뮤니티가 존재

---

* 양난주(1994), 〈한국 동성애자들과의 20일 동행취재기 : 그들은 남자를 사랑하는 남자일 뿐이었다〉, 《월간 사회평론 길》, 94(7), 170~179쪽.
** 1993년 창립된 '초동회'를 모태로 성소수자의 인권을 보장하고 성소수자에 대한 차별이 없는 세상을 건설하는 것을 목표로, 1994년 2월에 결성된, 한국에서 가장 오래된 성소수자 인권운동단체.(친구사이 사이트 chingusai.net 참조)

한다는 걸 알게 되었다. 그리고 어쩌면 내가 그들과 같은 사람은 아닐까 하는 생각에 가슴이 두근거렸다. 걷잡을 수 없이 뛰는 마음을 애써 누르며 잡지사로 전화를 걸었고, 기사를 작성한 기자에게서 그 단체의 연락처를 얻을 수 있었다. 그리고 며칠 뒤, 나는 서울 변두리 화곡동 어느 주택가 골목에 있는 바로 그 단체의 사무실 앞에 서 있었다.

그곳은 대표의 자취방(이라는 표현이 딱 맞는 정도의 부엌 딸린 두 칸짜리 방) 겸 단체 사무실로 쓰이는 곳이었다. 기억을 더듬어 보면 나처럼 이러저러한 경로를 통해 알고 찾아오는 사람들이 매일 대여섯 명씩 있었고, 단체를 자기 집처럼 생각하고 거의 살다시피 하는 회원들도 서너 명씩 있어 늘 사람들로 북적대곤 했다. 1994년 당시 한국 최초이자 유일했던 게이 인권운동단체의 사무실은 그런 동네 사랑방 같은 분위기였다. 나도 사나흘간 그 집(사무실)에서 기거하다시피 했는데, 그곳에서 머무는 동안 내 삶을 둘러싼 안개가 서서히 걷혀 가는 것을 느꼈고, 그곳을 나올 때는 내가 누구이고 어떤 집단에 속한 사람인지를 서서히, 그러나 확실하게 느꼈다. 나는 그 며칠간 난생처음으로 내가 속한 공동체 속에서 온전한 편안함과 안도감을 경험했다. 태어난 지 20년 만에, 내가 우주에서 홀로 떨어진 외계인도, 잘못된 나침반을 가진 여행자도 아닌 그저 평범한 성소수자임을 깨달았다.

활동가로서의 첫걸음

대학을 졸업하고 늦은 군 생활을 마친 후 서울에서 교사 생활을 시작하게 되었지만, 교사로서의 첫 발령에 앞서 성소수자 인권 단체에서의 활동을 먼저 시작했다. 처음에는 '친구사이'에서 성소수자들의 고민을 들어 주는 전화 상담 활동으로 시작했는데, 그때 단체 대표로부터 청소년 성소수자들을 위한 '인권학교'*를 맡아 보면 어떻겠냐는 제안을 받았다. 이미 1998년에, 영화감독이던 단체 대표가 몇몇 청소년 성소수자들을 모아 영화 워크숍 형식으로 같은 이름의 행사를 개최한 바 있었다. 그 2회 차 행사를 이어받은 나는 인권학교를 준비하며 당시 천리안이나 나우누리 등 여러 인터넷 통신망을 통해 자생적으로 만들어진 여러 성소수자 청소년 모임**들을 모아 다양한 강의와 토론, 캠프 형식으로 프로그램을 기획했다. 또 이런 취지에 공감한 대학 모임들이 기획단에 결합해 행사를 도와주었는데, 장소 섭외부터 자원봉사까지 큰 역할을 담당해 준 것이 서울대학교 동성애자 인권모임 '마음 006'

---

* 행사의 명칭은 해마다 조금씩 바뀌었다. 1998년 제1회 인권학교는 '동성애자 청소년 인권학교'라는 이름으로 개최되었고, 1999년 2회는 '청소년 동성애 학교', 2000년 3회는 '청소년 동성애자 인권학교', 2002년 5회는 '청소년 인권학교'라는 이름으로 열렸다.

** 1998년 한국여성성적소수자인권운동모임 '끼리끼리' 내에 청소년 레즈비언 모임 '또래끼리'가 발족하였고, 1999년 6월에는 청소년동성애자모임 '아쿠아'가, 같은 해에 'any79'가 발족하였다.(친구사이 사이트 chingusai.net 참조)

이었다. 그렇게 서울대 강의실을 빌려 1999년 8월 3일부터 10일까지 8일간 제2회 인권학교를 개최했다. 그 당시 서울대라는 장소 선정과 관련하여 재미있는(?) 에피소드가 하나 있다. 청소년 참가자 중 한 명이 인권학교 자료집을 자기 방 책상 위에 두었다가 부모님이 보게 되어 아웃팅될 뻔한 순간이 있었는데, 행사 장소가 서울대라는 걸 본 부모님이 그냥 모른 척하더라는 것이다. 성소수자에 대한 편견을 서울대라는 학벌에 대한 선호가 눌러 버린 기이한 사건이었다.

여하튼 인권학교에는 스스로 자기 정체성을 게이, 레즈비언이라고 밝힌 약 50여 명의 다양한 성소수자 청소년들이 참가하였으며, '동성애 심리학', '커밍아웃에 대한 이론과 실제 사례 나누기', '성소수자의 역사', '한국 동성애 인권운동의 역사', '퀴어 영화', 'AIDS와 성' 등을 주제로 다양한 강의와 토론이 열렸다. 주말에는 강의실을 벗어나 서울 인근의 유원지에서 1박 2일 동안 캠프를 열었다. 어디에서도 자신의 정체성을 드러내고 마음 편하게 수다 떨고 놀아 본 적이 없던 청소년 성소수자들에게 캠프는 해방의 공간이었고, 그래서 가장 만족도가 높았던 프로그램이기도 했다. 이 밖에도 '인권 신문' 제작, '청소년 성소수자로서의 삶을 되돌아보는 에세이 쓰기'까지 8일 동안 다양한 활동들이 빼곡하게 채워졌다. 인권학교는 성소수지에 대한 무지와 혐오가 판치는 현실 속에서 청소년 성소수자들이 유일하게 자신을 당당히 드러내고 말할 수 있는 공간이었으며, 이후에도 몇 년간 꾸준히 개최되어 청소년 성소수자들에게 자긍심을 일깨워 주는 역할을 하였다.

나는 이런 활동들 속에서 학교라는 공간이 왜 성소수자 학생들에게 억압과 공포의 공간이 될 수밖에 없는지 더 깊이 고민하게 되었다. 이때 참가한 청소년들을 대상으로 한 설문 결과를 바탕으로 청소년 성소수자들의 인권 실태를 알리는 사례 발표회도 진행하였는데, 당시 설문 조사를 통해 학교나 가정에서 성소수자라는 이유로 불이익을 경험한 청소년이 22%나 되고, 자살이나 가출 등을 생각하거나 시도해 본 성소수자 청소년 또한 그와 비슷한 비율이라는 사실이 드러났다. 자신의 정체성을 다듬어 가는 시기에 스스로를 긍정적으로 인식할 수 없게 만드는 왜곡된 정보와 편견 속에서 시들어 가는 청소년 성소수자들의 상황이 안타까웠다. 하지만 나 역시 밖에서의 활동들과는 별개로 학교에서는 성소수자라는 정체성을 감추고 지낼 수밖에 없었다. 여전히 우리 사회, 특히 학교라는 공간은 성소수자에 대한 편견으로 가득했고 농담처럼 진담처럼 하는 말들은 늘 비수처럼 날아와 꽂혀 나를 주눅 들게 했다.

등 뒤의 소수자

내가 성소수자라는 사실은 늘 주류 사회에서 나를 소외시켜 왔다. 주류에 들지 못한다는 것이 집단 속에서 어떤 불이익과 차별을 가져오는지는 겪어 본 사람만이 알 수 있다. 그런 이유로 나는 유독 소외를 겪는 사회적 약자와 소수자들의 문제에 관심이 많았고, 그런 관심은 자연스럽게 인권과 인권교육에 대한 관심으로 이어졌다. 여성과 장애인, 빈민과 난민 등은 모두 성소수자인 내가 반영된 또 다른 거울처럼 느껴졌다. 그래서 초임 때부터 인권교육에 관심을 가지고 다른 인권교육 활동가들과 활발하게 교류하며 인권 수업을 해 왔다. 다행히 학생들은 인권 수업에 관심을 가지고 즐겁게 참여해 주었고, 성인이 된 제자들도 간혹 연락이 닿으면 학창 시절 들었던 인권 수업이 사회생활에 여러모로 도움이 되었다는 말을 전해 주기도 했다. 하지만 편견에 대한 두려움 때문일까. 나는 학교에서 다양한 소수자들의 인권에 대해 이야기하면서도 성소수자에 대한 직접적인 언급은 피하는 경우가 많았다.

 교실에서 하던 인권 프로그램 중에 '등 뒤의 소수자'라는 것이 있다. 이 프로그램은 참여자의 등 뒤에 우리 사회에서 차별과 소외를 경험하고 있는 소수자를 명명하는 카드를 붙이고 그들을 대하는 타인의 말과 행동을 통해 자신이 어떤 소수자인지 맞히는 프로그램이었다. 소수자 카드에는 외국인 이주 노동자, 장애인, 양심적 병역 거부자, 노숙인 등이 적혀 있었고, 그중에는 동성애자도 있었다.

 이 프로그램을 진행하면서 조금 걱정되는 부분도 있었는데, 인권에 대해 꾸준히 공부해 온 아이들이었지만, 막상 수업 중 소수자들에게 가진 편견이 여과 없이 드러나 혐오의 말들이 수업 중 마구 쏟아져 나오면 어쩌나 하는 두려움이었다. 그 말은 눈앞에 보이지 않는 가상의 존재에 대한 것이 아니라 바로 나 자신을 향하는 말이기도 했기 때문이다. 하지만 이 프로그램의 목적 또한 그것이었다. 우리가 직접 인권 피해의 당사자가 되는 경험을 할 수는 없지만, 그들이 듣는, 인권을 침해하는 말을 당사자 입장에서 들었을 때 어떤 감정과 느낌이 드는지 간접적으로라도 체험해 보는 것이 프로그램의 목적이기도 했다.

우리 반에는 특히 인권 문제에 관심이 많았던 현우라는 아이가 있었는데, 마침 현우가 동성애자 카드를 등 뒤에 붙이게 되었다. 활동이 끝나고 학생들은 다른 친구들이 자신에게 했던 행동이나 말에 대한 소감문을 작성해 보았다. 그 행동과 말 중에는 소수자를 대하는 우리 사회의 모습이 그대로 드러난 것이 많았다. 현우는 소감문에 이렇게 적었다.

내가 동성애자라면 나는 우리나라에서 살기 싫을 거 같다. 사람들이 동성애자에 대해 잘 모르면서도 욕을 하고, 더럽다거나 에이즈에 걸릴 거라고 했다. 내가 진짜 동성애자라면 죽고 싶을 만큼 슬프고 힘들 거 같다. 그래서 차라리 나를 인정해 주는 다른 나라에 가서 살고 싶을 거 같다.

현우의 말에 나는 위로인지, 슬픔인지 모를 감정을 느꼈다. 그가 느낀 분노와 절망은 현실 속 성소수자들의 그것과 너무도 닮아 있었기 때문이었다. 초등학교를 졸업한 현우하고는 그 후로도 꾸준히 연락하며 지냈는데, 현우는 중학교에 가서도 가끔 나를 찾아와 학교에서 겪은 이러저러한 일들을 들려 주기도 하고, 부당한 일들에 대해서는 인권 침해라며 열변을 토하기도 했다. 그리고 입시 명문고로 소문이 자자했던 학교에 진학한 이듬해에는 입시 위주의 교육이 힘들다며 고민하다 결국 자퇴를 선택하기도 했었다.

제자에게의 첫 커밍아웃

그러던 현우가 어느 해 초여름, 신촌에서 만나자고 연락을 해왔다. 가끔 스승의 날 즈음 연락하거나 찾아와 만나던 터라 반가운 마음에 신촌으로 향했다. 근데 그날은 좀 특별했다. 그날 현우는 신촌에서 퀴어문화축제가 열린다는 소식을 듣고 늘 인권에 관심이 많던 나와 함께 축제에 가고 싶어 했다. 현우를 만나 축제가 열리는 행사장 이곳저곳을 돌아다니는 동안 나는 성소수자운동을 하며 만났던 인권운동 활동가들과 오랜만에 반가운 눈인사를 나누며, 틈틈이 서로의 안부를 묻기도 했다. 그때까지 내가 성소수자임을 알지 못했던 현우는 그저 인권에 관심이 많은 선생님이 아는 사람도 많다고만 생각했던 거 같다.

그런데 그날은 또 하필 성소수자 혐오 세력들이 축제가 열리는 곳 바로 옆에서 혐오 집회를 열었던 날이기도 했다. 혐오자들은 급기야 퍼레이드 행렬 차량 앞에 드러누우며 수년간 평화롭게 이어지던 행진을 가로막았다. 축제 행렬이 오도 가도 못 하고 몇 시간을 길 한복판에 갇히는 상황이 벌어졌다. 그런 상황은 퀴어문화축제 역사상 처음 있는 일이었고, 축제를 즐기기 위해 모인 사람들은 날것 그대로의 혐오를 눈앞에 마주하며 절망하고 분노할 수밖에 없었다. 성소수자라는 이유로 그런 모욕과 멸시, 혐오를 당해야 한다는 사실이 너무 슬프고 화가 났다. 하지만 이런 내 마음을 모르는 현우는 그저 나를 그런 공간에 불러낸 것이 미안한 듯했다. 나는 미안해하는 현우에게 오히려 고맙고 안쓰러운 마음이 들었고, 그래서 그날 그 자리에서 현우에게 커밍아웃했다. 나의 커밍아웃은 성소수자에 대한 연대의 마음을 보여 준 현우에게 전하는 고마움과 신뢰의 표시이기도 했다. 내가 가르쳤던 제자에게 처음으로 내가 성소수자임을 알린 순간이었다.

커밍아웃 직후 현우는 나에게 서운한 감정을 약간 내비치기도 했는데, 진작 자기에게 얘기해 주지 않은 것에 대한 서운함이라고 했다. 자기를 편협한 사람으로 생각했다고 여기는 현우에게 교사로서 느끼는 혐오와 편견으로부터의 위협에 대한 나의 두려움에 대해 이야기해 주었다. 다행히 현우는 그런 나를 잘 이해해 주었고, 우리는 그전보다 좀 더 가까운 사이가 된 것 같았다. 현우는 지금도 종종 성소수자 이슈를 접할 때면 메신저로 먼저 연락해 격려와 지지를 보내 주곤 한다.

어쩌면 현우 말고도 나의 제자 중에 학창 시절 담임이었던 나를 신뢰하고 따랐던 것처럼 성소수자로서의 나의 모습도 인정해 주고 변함없는 믿음을 보여 줄 수 있는 제자들이 더 있을지도 모르겠다. 하지만 반대로 성소수자에 대한 편견을 가지거나 혐오하는 제자가 있다면 그런 제자에게 나를 드러내는 것이 여전히 두려운 것도 사실이다. 나의 당당함과는 별개로 우리 사회가 소수자에게 퍼붓는 혐오와 차별이 여전히 존재하고, 나는 그걸 오롯이 혼자 감당해 낼 자신이 없다. 그래서 지금도 제자들 앞에서의 커밍아웃은 숙제로 남아 있다.

소수자인 너와 나

제자 중에는 현우처럼 꾸준히 연락하며 지내는 제자들도 있지만, 졸업 후에 소식을 전혀 듣지 못하다가 우연한 기회에 연락이 닿거나 만나게 되는 경우도 있다. 몇 년 전 어느 주말에 종로에 있는 게이 술집에 놀러 간 적이 있다. 그런데 그때 고등학교 때까지 종종 연락하며 놀러 오다가 한동안 연락이 끊겼던 혁수에게서 메시지가 왔다.

"선생님, 잘 지내시죠?"

"그럼 잘 지내지. 오랜만이다. 너는 어떻게 지내?"

"저는 군대 갔는데 지금은 휴가를 나왔어요. 근데 선생님 지금 어디세요?"

여기까지는 그냥 일상적인 대화라고만 생각했는데, 잠시 고개를 들고 맞은편 테이블을 보니 혁수가 일행들과 앉아 나를 보며 쑥스럽게 웃고 있었다. 순간 무척 당황스러웠다. 그곳은 성소수자들이 주로 이용하는 술집이라 보통의 이성애자 손님들은 거의 오지 않는 곳이었기 때문이다. 물론 술집을 이용할 때 성소수자임을 묻지도 않으며, 술집 외부에 성소수자 전용 술집이라는 표식을 걸어 놓은 것도 아니니 혁수도 그냥 모르고 들어왔을 수 있었다. 이런저런 생각에 머리가 복잡했지만 일단 눈을 마주쳤으니 그냥 모른 척할 수도 없는 상황이라, 일단 혁수가 있는 테이블로 이동해 간단히 인사를 나눈 후 물었다.

"근데 너는 이 술집에 자주 오니?"

여러 가지 의미가 포함된 질문이었다. 성소수자 전용 술집임을 알고 온 것인지, 그렇다면 너도 성소수자라는 의미라는 것인지. 혁수의 대답은 간단했다.

"그럼요, 당연하죠. 제 옆의 친구들도 다 게이 친구들이에요."

'그래 맞아. 당연히 내가 가르친 제자 중에도 성소수자가 있었을 텐데, 난 왜 교실에서 나만 소수자라고 생각했을까.'

직업 군인으로 복무 중인 혁수는 잠시 휴가를 나와서 친한 게이 친구들과 술자리를 갖던 중이라고 했다. 혁수는 내가 담임을 맡았던 6학년 때도 이미 자신이 성소수자임을 자각하고 있었다며,

하지만 담임이었던 나를 이렇게 게이 술집에서 만날 거라고는 생각하지 못했다고 했다. 당시 혁수도 교실에서 성소수자는 자기 혼자일 거라고 생각하며 지냈다고 하니, 성소수자인 우리는 학교라는 같은 공간에 있으면서도 침묵을 강요당하여 서로를 알아보지 못하고 섬처럼 외롭게 지냈던 것이다.

이후로도 내가 가르쳤던 제자를 성소수자 커뮤니티에서 만나는 경험은 종종 있었다. 대학생이 되어 호주로 유학을 떠난 지훈이는 중학생 때 아웃팅을 당해 따돌림과 심각한 폭력을 겪으며 힘겨운 시간을 보냈다고 했다. 남성 집단 사이에서 성소수자는 제일 만만한 약자이며, 괴롭히기 딱 좋은 존재로 취급된다. 초등학생 때 지훈이는 음악과 패션에 관심이 많은 남다른 개성을 지닌 학생이었지만, 남자 중학교에 진학하고서는 또래 집단과 다른 관심과 특성을 가졌다는 것이 따돌림의 이유가 되었고, 더구나 성소수자임이 학교에서 알려지면서 괴롭힘의 대상이 되었다. 만약 학교가 성소수자도 존엄을 갖춘 인간임을 가르쳤다면 어땠을까. 아니 좀 더 나아가 성소수자는 인류 역사와 함께 어느 시대, 어느 공간에서나 늘 존재해 왔으며, 훌륭한 업적과 성취를 이룬 예술가, 정치가, 철학가, 기업인, 연예인, 언론인 중에도 수많은 성소수자가 있었고, 지금도 존재하고 있음을 가르칠 수 있다면 어떨까. 성소수자를 그저 변태 나부랭이로만 여기는 무지를 깨고 있는 그대로의 다양성으로 받아들인다 해도 세상이 무너지는 일은 없을 거라는 걸 알려 준다면 어떨까. 그랬다면 지훈이처럼 혐오와 폭력에 희생되는 아이들이 좀 더 나은 세상에서 살 수 있지 않았을까.

이런 이유로 나는 몇 년 전부터 청소년 성소수자를 지원하는 인권단체를 후원하며 학교에서 내가 직접 하지 못하는 성소수자 청소년들을 위한 지원 활동에 힘을 보태고 있다. 그곳에는 30년 전의 나처럼, 또 나의 제자 지훈이처럼 학교라는 공간에서 힘겨워하는 청소년들이 1년에도 수백 명씩 상담을 요청하고 도움을 기다리고 있다. 그들은 자신들에게 가장 든든한 버팀목이 되어 주어야 하는 가정에서조차 인정받지 못하고 빈번한 폭력에 노출되어 있다. 청소년 성소수자 지원센터 '띵동'의 통계에 의하면 청소년 성소수자들은 차별과 혐오, 편견으로 가득 찬 가정과 학교, 사회에서 일상적 자해와 자살 위기, 정신적 건강과 심리적인 어려움, 가족과의 갈등과 탈가정, 대인 관계의 단절, 성별 불일치로 인한 젠더 디스포리아*, 성 정체성에 대한 고민, 학교 내 괴롭힘과 그로 인한 탈학교, 학업 중단 등의 어려움에 일상적으로 노출되고 있다고 한다.

그래서 위기의 성소수자 청소년들을 돕기 위한 작은 교사 모임이 최근 시작되었다. 스스로 성소수자임을 밝힌 교사들이 모여서

---

* 출생 시 지정된 자신의 신체적인 성별이나 성 역할에 대한 불쾌감을 뜻하며 '성별 불쾌감'이라고도 한다. 이는 자신의 지정성별과 젠더가 성 정체성과 일치하지 않아 발생하는 현상이며, 이를 겪는 사람을 '젠더퀴어', 이로 말미암아 다른 성으로 살아가기를 선택한 사람을 '트랜스젠더'라 부른다.

만든 QTQ^{Queer Teachers with Queers}*라는 모임이 그것이다. 이전에도 몇몇 성소수자 교사 모임이 시도된 적은 있지만 친목 모임 정도에 그친 경우가 대부분이었다. 하지만 QTQ는 단순 친목이 아니라 명확하게 교사와 학생 성소수자의 인권을 위해 활동하고자 하는 목표로 모인 것이라 이전과는 확실히 다른 결의가 느껴지는 모임이다. 아직 초기 단계지만 30여 명의 결의에 찬 성소수자 교사들이 모였으니 새로운 결과를 만들어 내기를 기대하고 있다. 2000년 첫 퀴어문화축제를 그렇게 작은 발걸음으로 시작했듯이 아직은 미약한 힘이지만 QTQ의 활동 또한 우리 사회의 인권 의식을 성장시키며 꾸준히 발전하리라 믿고 싶다.

인정하지만 알아 가려 하지 않는 사람들

성소수자 인권단체에서 나름 활발한 활동을 하던 나에게도 가족에게 커밍아웃하는 일은 매우 어려운 과제였다. 하지만 그렇게 어렵게만 느꼈던 순간은 그저 어느 날 우연히 찾아왔다. 10여 년 전, 평범했던 가족 행사를 위해 모인 자리에서 나의 형들과 누나에게 내가 동성애자임을 고백했다. 오랫동안 가족에게 커밍아웃

---

* 전국교직원노동조합 성평등특별위원회의 활동에서 출발해 독립한 퀴어 교사들의 모임이다. 학교 안팎의 퀴어 청소년, 노동자 및 다양한 소수자들에 연대하며, 학교 안에서 퀴어로 살아가는 삶을 나누고 서로 지지하는 활동을 꾀하고 있다.

하는 장면을 상상하고 고민했었는데, 막상 그 순간은 갑자기 찾아왔으며, 내 생각보다는 좀 시시하게 지나갔다. 누나의 "네가 그럴 거라고 짐작했어"라는 말과 함께. 그 당시 꽤 인기 있던 유명 작가의 드라마* 덕을 좀 보긴 했다. 누나가 그 드라마의 열혈 시청자였고, 그 드라마를 보며 누나는 자연스럽게 나를 떠올렸다고 한다. 그 후 나는 자연스럽게 동거하고 있는 애인을 가족에게 소개했고, 지금도 종종 가족 모임에 애인과 함께 참석한다. 특히 아직도 나의 애인에게 데면데면한 형들에 비해 누나는 나의 애인을 친동생처럼 아껴 주며, 매형이나 조카들과 함께 여러 번의 해외여행을 같이 다니기도 했다. 하지만 그런 누나도 나에 대해 잘 모르는 사람들과 있을 때는 나의 정체성에 대해서는 한마디도 언급하지 않는다. 심지어 조카들에게도. 누나는 동생으로서의 나를 사랑하지만 나를 다른 사람들에게 설명할 수 있을 만큼 나에 대해, 내가 속한 성소수자 커뮤니티에 대해 알지 못하고, 알려고 하지도 않는다.

많은 수는 아니지만 내가 만난 제자들의 보호자였던 학부모들에게도 커밍아웃한 적이 있다. 10여 년 전 1학년 학급의 담임을 맡은 적이 있는데, 그때부터 친해져서 한 해도 빠지지 않고 1년에 최소 두세 번씩 만나는 모임이 있다. 처음에는 자녀를 처음 학교에

---

* 〈인생은 아름다워〉라는 드라마로 김수현 작가가 집필하여 SBS를 통해 2010년 3월부터 11월까지 방영되었던 주말 드라마다.

보낸 새내기 학부모와 교사로서의 만남이었지만 교육에 대해서나 사회를 바라보는 관점도 비슷해서 이야기가 잘 통했다. 그렇게 여덟 살이었던 아이들이 성인이 되고 대학을 졸업하는 나이까지 이어지고 있는 모임이다.

처음 몇 년은 그분들과의 만남에서 빠지지 않는 관심거리 중 하나가 나의 결혼 얘기였는데, 몇 년을 가깝게 지내다 보니 결혼에 대해 계속되는 핑계와 거짓말로 그분들을 속이는 거 같아서 영 불편했다. 그중에는 나름 진보적이라고 알려진 교회의 목사님 부부도 있었는데, 왠지 그분들이라면 이해를 해 줄 것도 같았다. 그래서 어느 해 송년 모임에서 또다시 결혼 이야기가 나왔을 때 결국 커밍아웃을 해 버렸다. 어쩌면 그럴 수 있었던 데는 나의 무모함도 한몫했겠지만 그간 그분들이 보여 준 이해와 관용의 태도가 나에게 용기를 준 덕분이기도 했다. 하지만 여전히 그분들도 자녀의 옛 스승으로서의 '나'만을 이해할 뿐, 성소수자에 대해 더 알려고 하거나 성소수자 이슈를 대화의 소재로 삼지는 않으신다. 내가 이야기를 꺼내도 관심은 곧 다른 곳으로 넘어가곤 한다. 어쩌면 나의 이야기는 그저 나를 이해받는 선에서 그치는 것이 아닐까 두려울 때도 있지만 지금은 거기까지가 한계이지 않을까 싶기도 하다.

간혹 어렵게 커밍아웃한 동료 교사도 나를 온전히 이해해 주지는 못했다. 내가 이전에 근무한 학교에서 친남매처럼 친하게 지내던 선배 교사가 있었는데, 여름 방학이 지나고 오랜만의 식사 자리에서 "방학 때 데이트는 많이 했어? 더 늦기 전에 얼른 좋은 여자 만나서 결혼해야지"라는 말을 듣게 되었다. 그 선배는 내가 유일하게 그 학교에서 커밍아웃한 선배였다. 나는 매우 황당할 수밖에 없었고 마음속으로는 서운한 생각까지 들었다. 하지만 그래도 성소수자 이슈가 교사들 사이에 회자될 때 우호적으로 말해 주는 사람은 그 선배뿐이었으니 그나마 고마워해야 할까? 주변에 커밍아웃하고 나서, 한편으로 서운함이 들 때는 이렇게 내 정체성을 알면서도 모른 척할 때나 성소수자에 대해 잘 모르면서 그냥 이해한다고 말할 때이다. 모르면 이해할 수 없다.

흔히 교양 있는(척하는) 지식인 모임에서 커밍아웃하면 이런 현상을 종종 겪는다. 성소수자 이슈에 대해 자신들이 모르거나 이해하기 어려운 주제가 던져지면 아무도 그 주제를 긴 대화로 발전시키지 않는 것이다. 편견일지도 모르는 자기 생각은 최대한 감추고 겉도는 얘기들로만 대화를 채워 간다. 하지만 그것도 잠시, 대화의 소재는 금세 바닥나기 때문에 이야기는 오래가지 못한다. 마음속으로는 나에 대한 편견을 품고서 겉으로만 나를 인정한다고 말하는 사람보다 자신이 가진 편견이 드러나는 것을 두려워하지 않고 기꺼이 나를 알려고 하는 사람들이 나는 더 고마웠다.

누군가를 알고 이해한다고 할 수 있으려면 최소한 그가 인정해 주길 원하는 정체성에 대한 이해가 기반이 되어야 한다고 생각한다. 그런데 가끔 커밍아웃한 후 오히려 성소수자 이슈에 대해 이야기하길 꺼리는 사람들이 있다. 나는 그것이 무지에 대한 두려움 때문이라고 생각한다. 모르는 것을 알 수 있는 가장 쉬운 방법은 당사자에게 물어보는 것이다. 당신이 성소수자에 대해 잘 모른다면 주변의 성소수자 당사자에게 물어보라. 그러나 혹시 이 글을 읽고 있는 당신의 주변에 당신이 알고 있는 성소수자가 아직 한 명도 없다면, 혹시 당신이 그에게 편협한 사람으로 인식되어 그가 자신을 드러내길 꺼리고 있는 것은 아닌지 생각해 볼 필요가 있다.

나의 사랑, 나의 전쟁

나에게는 14년째 동거 중인 애인이 있다. 뭐 꼭 결혼이라는 이름으로 묶여 있지는 않더라도 누군가와 10여 년 이상의 세월을 살아 본 사람이라면 다 알듯이, 우리도 숱한 다툼과 화해의 시간을 함께 보냈고, 그런 인고의 시간을 보내고 나니 이제는 정말 한 가족처럼 편하고 서로 의지하는 관계가 되었다. 물론 여전히 안 맞는 부분은 안 맞는다. 사람은 고쳐 쓰는 거 아니라는 말, 백만 번 옳다. 그래서 나는 결혼에 대한 '뒷담화' 자리가 좋다. 결혼이라는 것을 선택하고 수십 년간 얼마나 남편(혹은 부인)이라는 타인과 티격태격하며 살아왔는지 나누는 이야기 속에는 타인과의 공존이 얼마나 힘겨운 수행과 노력의 과정인지가 고스란히 녹아 있기 때문이다. 그리고 그 고통, 나도 절절히 공감한다. 특히 가사 노동의 분담에 대해서는 정말 할 말이 많다. 도대체 왜! 어떤 남자들은 가사 노동을 도무지 자기 일로 여기지 않는가 말이다. 다른 집 남자들은 설거지도 하고, 빨래도 하고, 최소한 화장실 청소 같은 것은 도맡아 해 주기도 한다는데 우리 집 남자는 전부 나의 몫으로 미룬다. 퇴근하고 벗어 놓은 옷을 몇 걸음 앞에 있는 베란다 빨래 통에 넣지 못하고 꼭 문 앞에 벗어 놓으며, 신던 양말을 뒤집어 내놓는 것은 물론이고 빨래하려고 벗어 놓은 바지 주머니의 영수증조차 꺼내지 않아 세탁기 안에서 모든 빨래에 종이 찌꺼기가 들러붙게 만든다. 집안일 좀 나누자고 하면 자신도 노력하고 있단다. 열에 한 번, 백에 한 번 하는 것으로 자신의 소임을 다했다는 식이다. 그런데 생각해 보라. 나도 남자이다. 가부장제 사회에서 남성이 누리는 그 흔한 특권 따위는 당연히 바라지도 않는다. 최소한 남자들끼리 생활하는 군대에서처럼 자기 빨래와 자기 주변 정리 정도는 해 주길 바라는 게 지나친 욕심은 아니지 않는가?

주변에서 흔히 듣는 이성애자 부부들의 이야기는 내가 지금 겪고 있는 애인과의 관계와 크게 다르지 않다. 그들과 내가 유일하게 다른 점은 그들에게는 이성애적 사랑의 판타지와 개인의 감정까지도 주술처럼 엮어 주는 이성애 주류 문화와 든든한 제도가 있다는 것이고, 나와 애인 사이에는 아무도 증명해 주지 않는 서로에 대한 개인적 관계만이 존재한다는 것이다. 그래서 나에게도 나와 애인의 관계를 증명하고 보호해 줄 제도가 필요하다. 나의 애인은 숱한 우여곡절을 겪어 오긴 했지만 인생의 동반자로서 남은 삶을 함께하고 싶은 사람이다. 그러나 결혼은 나에게 그림의 떡 같은 제도이다. 성소수자인 나에게 결혼은 허락되지 않은 '그들만의 리그'다. 이성애자들은 결혼이라고 부르는 제도 속에 두 사람이 함께 살아가기 위해 필요한 모든 특혜와 권리들을 담아 놓고 맘대로 정해 놓은 규칙에 맞는 사람에게만 그 권리들을 허용하고 있다.

 몇 해 전 나는 급성 A형 독감에 걸린 적이 있었다. 그때가 하필 주말이라 밤새 고열에 시달리던 나는 날이 밝자 애인이 운전하는 차를 타고 인근 병원 응급실을 찾아갔다. 마침 응급실이 가득 차 환자 이외에는 들어올 수 없다고 하여 애인은 밖에 있는 보호자 대기실에서 기다리는데, 몇 가지 검사를 마친 의사가 심각한 얼굴로 나를 찾아왔다. 독감은 맞는데 혈액 검사를 해 보니 심근염 증세가 있다는 것이었다. 처음 들어 보는 병명에 어리둥절해하고 있는데, 심근염은 갑자기 악화되어 사망에도 이를 수 있다며, 긴급 상황에 대비해 보호자 연락처를 알려 달라고 했다. 나는 당연히 밖에서 나를 기다리는 애인의 전화번호를 알려 주었는데, 관계를 묻기에 차마 애인이라고는 말할 수 없어 그냥 같이 사는 동생이라고만 했다. 그랬더니 의사가 보호자는 반드시 부부이거나 직계 가족이어야 한다며 다른 가족의 연락처를 알려 달라는 것이다. 어머니는 어렸을 적 돌아가시고 아버지는 연로하시니 굳이 멀리 사는 누나나 형에게 전화를 해서 상황을 설명하고 결국 왕

래도 별로 없던 큰형의 연락처를 병원에 알려 주었다. 다행히 재검사 결과 큰 문제는 없었고, 독감 치료 후 집으로 돌아왔지만 그 잠깐의 순간, 내가 만약 죽거나 건강에 큰 문제가 생긴다면 내 곁에 있는 애인은 나에게 보호자 역할을 해 줄 수 없겠다는 허탈감과 두려움이 생겼다. 물론 반대로 내 애인이 아파도 같은 문제가 생길 것이다.

우리도 시민이다

어떤 오래된 게이 커플이 있었다. 그들은 서로 사랑했지만 불행히도 한 사람이 급성 뇌 질환으로 쓰러지게 되었다. 가족에게 커밍아웃한 후 연락을 끊고 지내다가 발병 사실을 알리고 도움을 요청했지만 가족들은 냉담하기만 했단다. 결국 그의 연인이 그의 병원비부터 간병까지 도맡아야 했다. 그의 연인은 병든 애인을 요양원에 보내고 직장을 다니면서도 매주 문병을 갔고, 생계가 어려웠지만 간병비와 병원비까지 힘겹게 부담했다. 몇 년 후, 결국 병이 악화되어 그는 요양원에서 생을 마쳤다. 문제는 그가 죽고 나서였다. 그를 전혀 거들떠보지 않던 가족이 그의 장례를 치르게 되었는데, 그를 돌보던 애인은 사랑하던 이의 시신조차 볼 수 없었고, 가족들은 제대로 된 장례 절차도 없이 서둘러 그를 화장했다. 그의 병원비를 대느라 빚까지 지게 된 애인은 그의 사후에 지급된 보험금에 대해 어떤 권리도 행사할 수 없었다. 동전 하나 치료비에 보태지 않던 가족들은 금전적 보상은 물론 고맙다는 말 한마디 없이 그의 애인을 그의 삶에서 지워 버렸다.

나는 가끔 내가 먼저 죽는다면 남겨질 애인의 삶 또한 이렇게 되지 않을까 진심으로 걱정이 된다. 우리 둘의 관계는 몇십 년을 함께 살았건 법적으로는 아무 관계도 아니기 때문이다. 내가 혹은 그가 아플 때도 마찬가지이다. 우린 서로가 아플 때도 의료적인 중요한 결정을 할 수 있는 권리가 없다. 우린 가족보다 더 가깝게 지내고 있지만 제도적으로는 서로에게 진짜 가족이 되어 줄 수 없는 것이다.

내가 예전에 근무하던 학교 옆 중학교에 알고 지내던 게이 동생이 있었는데 기간제 교사로 근무하다 미국으로 유학을 떠났다. 대학원에 진학했는데 학부 때와는 다른 전공을 택해서 공부하는 데 꽤 힘들어했다. 그가 그렇게 힘들어하면서도 한국을 떠난 이유 중 하나는 매우 보수적이고 가부장적이며 폭력적인 아버지 때문이었다. 더구나 부모님은 독실한 기독교인이기까지 했다. 그는 뉴욕에서 공부하며 나름의 자유를 만끽하는 듯 보였고, 몇 해 전 미국에서 결혼 제도에 대한 차별이 없어짐과 동시에 필리핀계 미국인인 애인과 결혼식을 올려 합법적인 미국 시민권자가 되었다.

그리고 한국에 사는 또 하나의 게이 커플이 있었다. 내가 후원하는 성소수자단체의 같은 회원이기도 했던 형이었는데 그 형의 애인은 필리핀 국적의 이주 노동자였다. 그 형도 몇 년 전 법률적인 효력은 없으나 지인들의 축복 속에 한국에서 결혼식을 올렸다. 그런데 그의 남편(그는 이렇게 부른다)은 합법적 체류 기간이 끝나 미등록 노동자가 되었고, 결혼 후 고국에 있던 아버지가 갑자기 돌아가셨을 때도 출국하면 재입국이 불가능해 장례식조차 갈 수가 없었다. 결국 한국에서 형이 대신 장례식에 참석할 수밖에 없었다. 한국에서 둘의 결혼은 인정받을 수 없었고, 따라서 한국에서 남편의 신분 또한 합법적으로 획득할 수 없었다. 그래서 형은 어렵게 임용된 대학 교수직도 포기하고 남편의 나라인 필리핀으로 남편과 함께 떠났다. 한국에서는 '불법 체류자'라는 신분을 바꿀 수 없었던 형은 차라리 남편의 나라에서 사는 삶을 택한 것이다. 현재 그는 필리핀에서 예쁜 딸아이를 입양해 정성스럽게 키우고 있다.

아주 우연히 내 주변에서 이 두 가지 사건이 거의 동시에 일어났다. 한 사람은 필리핀계 미국인과 결혼해서 미국 국적 획득은 물론이고 주변의 축복 속에 행복한 결혼 생활을 하고 있고, 또 한 사람은 필리핀 이주 노동자와 결혼하였으나 합법적 지위는 고사하고 결국 이 나라를 떠날 수밖에 없었다. 물론 두 커플 중에 누가 더 행복하다고 장담할 수는 없다. 하지만 최소한 대한민국은 둘 중 어떤 커플에게도 행복할 기회를 주지 않았다. 이것은 그들의 문제이며 나의 문제이기도 하다.

나는 절대 결혼이 완벽한 제도라고 생각하지 않는다. 그래서 결혼을 통해야 사랑이 완성되는 것처럼 떠들어 대는 사람이 있다면 가엾다는 생각마저 든다. 그러나 현재 우리나라가 가진 제도 중 권리의 측면에서 개인 간의 결합을 가장 확실하게 보장하는 제도는 결혼 제도뿐이다. 프랑스에서는 2013년 동성 결혼 합법화 이전에도 1999년부터 시민 결합 제도에 해당하는 시민연대 계약$^{PACS,\ pacte\ civil\ de\ solidarité}$을 시행해 왔다. 프랑스 의회는 동성 커플에게도 법적 지위를 주기 위해 1999년 11월에 '시민연대 계약법'을 만들었으나 아이러니하게도 시민연대 계약을 맺은 커플 중 94%가 이성애자 커플이라는 통계가 있다. 이 제도는 동성 결혼 합법화 이후에도 계속 유지되고 있다고 한다.

나는 한국에도 이런 제도*가 시행되길 희망한다. 왜 꼭 결혼을 통해서만 서로의 삶에 동반자가 되어 줄 지위를 획득할 수 있도록 하는가. 나는 결혼 이외에도 다양한 삶의 방식을 선택하여 사는 사람들을 알고 있다. 어떤 이들은 그저 친숙한 관계만으로도 충분히 결혼한 커플 이상의 행복을 누리고 살고 있다. 그러니 이 땅에 태어난 국민에게 스스로의 행복을 추구할 헌법적 권리가 보장되는 것이 맞다면 그것이 결혼 제도이건 시민 간의 연대 계약이건

---

* 한국에서도 2014년 '생활동반자법'이라는 이름으로 혼인이나 혈연 관계가 아니라도 함께 살기로 한 다양한 형태의 공동체에 법적 권리와 복지 혜택을 부여하는 법안이 추진된 적이 있다. 당시 정치권 안팎의 반대에 부딪혀 결국 무산됐으나 현재까지도 정치권이나 시민사회단체를 중심으로 입법 필요성에 대한 논의와 법 제정 운동이 진행 중이다.

제도적 보장이 필요한 사람들에게 그들이 필요로 하는 법적 지위와 권리를 보장하는 것은 너무나 당연한 일이다.

제도뿐 아니라 사회 문화적으로도 변화가 필요하다. 우리 사회에서 경조사는 상부상조의 의미로서 중요한 문화이다. 특히 조사弔事는 누구나 경험하는 생애 주기의 단계이니 서로 위로하고 도움을 주는 것이 합리적이라 생각할 수 있다. 하지만 대표적인 경사慶事로 꼽히는 결혼은 어떤가. 최근 옆 반 선생님이 늦은 결혼을 했다. 학년부장으로서 모른 척할 수 없어 결혼식에 참석하였다. 이런 식으로 참석한 결혼식이 몇 번이고 내가 낸 축의금은 얼마였을까. 경조사가 상부상조를 의미한다면 나는 내가 도와준 수많은 이들로부터 언제 도움을 받을 수 있을까? 요즘 어떤 직장에서는 비혼을 선언한 사람에게 회사에서 정한 결혼 축하금이나 특별 휴가를 주기도 한다는데 과연 학교에서도 이런 것이 가능할까? 더구나 나는 비혼도 아니니 다른 사람들이 받았던 축하와 혜택을 어떻게 돌려받을 수 있을까? 나도 교직을 그만두기 전에 특별 휴가를 써 볼 수 있을까.

당신은 나와 함께할 준비가 되었는가

학교에서 성소수자로 사는 것에는 사실 특별한 어려움이 없다. 내 머리에 뿔이 돋은 것도 아니고, 피부가 무지개색으로 빛을 뿜는 것도 아니니, 난 그저 나의 소수성에 대해 입 다물고 아무 말도 하지 않기만 하면 된다.

나는 단지 그 속에 존재하지 않는 사람일 뿐이다. 사람들에게 나는 그저 결혼하지 않은(혹은 못한) 50대에 막 들어선 과체중인 남교사로 보일 뿐이다. 대부분의 성소수자들은 사회 속 자신의 자리에서 그렇게 투명 인간처럼 살아가고 있다. 그들이 만든 음식을 먹고, 그들이 전하는 뉴스를 보고, 그들에게 자녀 교육을 맡기고, 그들과 함께 같은 직장에서 생활하면서도 사람들은 성소수자들을 모른다고 생각한다. 말하지 않으면 아무도 모른다. 그렇게 수백, 수천 년 동안 이 땅의 많은 성소수자들이 자신의 존재를 숨기고 살아왔다. 때로는 혐오와 차별을 피하고자 이성애자로 위장해 결혼하고 자식까지 낳으면서 말이다. 많은 성소수자가 우리 사회에 존재하는데 여전히 사람들은 자기 주변에는 성소수자 동료나 친구가 없다고 생각한다.

성소수자로 학교에 존재한다는 것은 본의 아니게 많은 거짓말을 일상화해야 하는 일이다. 그 일상화된 거짓말 중의 하나가 앞에서 언급한 결혼과 관련된 이야기들이다. 애인이 있는데 있다고 말하기 어렵고, 함께 사는 사람이 있는데도 솔로인 척해야 하고, 결혼하지 않는(못 하는) 이유에 대해 그들이 이해할 거짓말을 늘어놓아야 한다. 때로는 매우 까탈스러운 사람인 척할 때도 있고, 때로는 애정 따위는 초월해 버린 사람처럼 말해야 할 때도 있다. 해가 바뀌고, 근무지가 바뀌고, 관계가 바뀔 때마다 나는 대부분이 거짓말인 설명을 반복해서 늘어놓아야 하고 사소한 대화에도 긴장할 수밖에 없다.

이 땅에서 '결혼 적령기'라는 말은 이제 효력을 다했지만 여전히 결혼은 우리 삶 가까이에 있다. 20~30대를 관통하며 때마다 결혼 여부를 묻는 질문은 나이가 들어 갈수록 줄어들었지만, 40대를 지나 나이 50에 이르니 압도적인 비약을 맞이하기도 한다. 최근 새로운 학교로 근무지를 옮겨 서로에 대해 아직 어느 정도도 파악하지 못한 어느 동료 교사는 이런 질문으로 나를 난처하게 한다.

"선생님은 자녀가 몇 학년이에요?"

이젠 결혼은 당연히 했을 나이라고 멋대로 판단한 후에 바로 자녀 이야기로 넘어가 버린다. 질문을 받은 나도, 결혼하지 않았다는 답을 듣는 동료 교사에게도 매우 머쓱한 상황이다. 조금 더 나이를 먹으면 있지도 않은 자녀의 결혼이나 손주에 대한 이야기도 물어보게 될까? 생각만 해도 지친다.

시대가 변하고 있다. 결혼에 대한 시선이 그렇고 여성에 대한 시선이 그렇고, 소수자들에 대한 시선 역시 그렇다. 지금 나는 성소수자임이 자랑스럽다. 한때 누군가가 다시 태어난다면 성소수자로 태어나겠냐고 물었던 적이 있다. 그때는 억압받아 서러운 게이로 태어나느니 이성애자로 태어나 내가 좋아하는 사람과 당당하게 사랑하고 싶다고 얘기했었다. 하지만 이제는 게이인 내가 자랑스럽다. 게이이며 교사인 나만이 할 수 있는 이야기가 분명히 있다고 생각한다. 성소수자이며 교사인 나는 이 땅에 소수자로 살면서 또 다른 소수자들의 아픔에 더 민감하게 공감하고 있다. 그리고 이런 공감의 힘은 교사로서의 나의 정체성을 더욱 힘 있게 만들어 줄 것이다. 교사의 힘은 권력이나 지식이 아니라 가장 약한 존재를 보듬을 수 있는 따뜻한 마음에서 나온다고 믿기 때문이다. 내가 성소수자여서, 내가 약자여서 또 다른 약자의 고통에 가슴을 내어 줄 수 있어서 다행이다. 내가 게이가 아니었다면 느끼지 못했을 수많은 감정과 느낌들이 교사인 내게는 너무 소중하다. 그리고 나는 성소수자로 존재하며 학교에서 나의 아이들, 그들의 보호자, 나의 동료 교사 모두와 이 소중한 감정을 기꺼이 공유하고 싶다. 당신은 나와 함께할 준비가 되었는가?

피해자이자 가해자로서
'복수'를 도모하다

―――――

학교도, 교사도
아직 용서하지 못한 교사

―――――

진냥(이희진)

무슨 일이든 그렇겠지만 교대에 오는 사람들도 딱 두 부류로 나눌 수 있다. 교사가 되고 싶어서 교대에 온 사람, 교사가 되기 싫지만 교대에 와 버린 사람. 나는 후자였다. 원서를 쓸 때도 별생각이 없었다. 나는 공대에 가서 평생 실험실에 처박혀 살다 연구 보고서 위에 쓰러져 죽는 게 꿈인 사람이었고, 내가 바라던 과에 원서를 낸 이상 다른 거에는 별 관심이 없었다. 하지만 엄마는 교대에 원서를 내라고 했고 담임 교사도 원서를 하나만 내는 것보다는 두 개 내는 게 낫다며 적극적으로 나섰다. 지금도 그런지 모르겠지만 내가 고등학생이던 시절, 다른 대학들과 달리 교대에 지원하려면 원서에 학교장 직인이 찍혀야 했다. 도장을 받으러 3학년 교무실에 갔는데, 한 교사가 내게 종이를 집어던지며 화를 냈다.

"너 같은 게 선생이 되겠다고?!"

지금도 이 장면은 종종 떠오른다. 당시에 내 감정은 '날 전혀 모를 텐데 이 사람이 어떻게 알고 이러는 거지?'라는 황당함이었다. 그는 문과 학생들을 가르치는 국어 교사였고 나는 이과 학생이었기에 우리는 개인적으로 대화해 본 적이 한 번도 없었다. 당황해서 아무 말도 못 한 채 굳어 있는 나를 다른 교사들이 다가와 위로해 주었다. 교사로부터 위로받는 일도 매우 드문 경험이어서 이 또한 당황스러웠다. 하지만 가장 큰 감정은 분노나 억울함이 아니라 '저 사람이 어떻게 알았지?'라는 의아함이었다. 그러니까 나도 내가 교사를 하기에 어울리지 않음을 일찍부터 알고 있었던 것이다. 내가 선생이라니. 심지어 20년 넘은 지금까지도 학교를 다니고 있다니. 세상에나.

학교는 슬픈 곳이다

학생으로 매일 교문을 넘어설 때도 기분이 좋은 날은 거의 없었다. 초등학교 때는 따돌림을 당했다. 나는 어릴 때 축농증을 앓아서 하루종일 진득한 콧물을 흘렸다. 집에서는 휴지를 끼고 살았고 학교에서는 그럴 수 없어 힘들어했다. 휴지를 집에서 챙겨 오더라도 1~2시간이면 다 써 버렸다. 어리고 서툴렀던 나는 휴지를 챙겨 오지 않은 날이 더 많아 하루종일 콧물을 삼키거나 옷이나 다른 데에 닦아야 했다. 학생이 학교에서 휴지를 얻을 수 있는 방법은 별로 없었다. 몇몇 학생들이 내게 더럽다고 말했다. 생각해 보면 그때 왜 교사에게 휴지를 달라고 말하지 못했을까 하는 답답함이 든다. 심지어 학생들 모두 교사가 쓸 곽 티슈 하나씩을 3월에 제출했고 교사 책상 위에는 늘 그 하얀 크리넥스가 놓여 있었는데 말이다. 하긴 지금도 학교 화장실에 화장지를 비치하지 않는 학교가 제법 많다.

중·고등학교 6년 동안은 매일 교문 앞 복장 단속을 "당했다". 옷에 영어가 적혀 있으면 빼앗아 갔다. 유행하는 운동화를 신었다는 이유로 학생 머리를 잡고 벽에 갖다 박는 학생부장 교사가 있었다. 그 사람이 아니더라도 교사 중 절반은 몽둥이를 들고 다녔다. 지금은 강의식 수업 방식이 비판받기도 하지만 나는 학생 시절 강의식 수업도 거의 듣지 못했다. 수업 시간엔 시험을 치거나 번호가 불리면 칠판에 나와 문제를 풀어야 했고 틀리면 틀린 수만큼 맞아야 했다. 비가 오면 수업에 들어오지 않는 미술 교사도 있었다. 그 시간 동안 우리는 아무 소리도 못 내고 미술실에서 부동자세로 앉아 있어야 했다. 미술실에 여섯 가지 크기의 매를 진열해 두고 심지어 골고루 돌려 가며 사용하던 그는 학생들에게 공포의 대상이었다. 소문으로는 재단 이사장 사위라서 절대 잘릴 리가 없다고 했다. 교대에 와서도 마찬가지였다. 자신의 장인이 무슨 대학 재단 이사장이라던 교수는 학생을 때린 일로 문제 제기를 당해도, 학생에게 혼인 빙자 간음죄로 소송이 걸려도 교수직을 유지했다. 바닥에 쓰러진 학생을 발로 찼던 또 다른 교수는 벌금 30만 원만 낸 채 인간중심주의 상담의 전문가로 이름을 알리고 목회 활동까지 하고 있다. 이들 중 사과를 한 이는 아무도 없다.

 이런 시간들을 거쳐, 이런 기억들을 가지고, 이런 삶의 연장선 속에서 나는, 교사가, 되었다. 기억은 묻힐 순 있지만 사라지진 않는다. 물론 교사가 꿈인 사람도 있을 것이고 좋은 교사가 어떤 사람인지 구체적으로 경험하거나 상상해 낼 수 있는 사람도 있겠지만 나는 그렇지 못했다. 나는 괜찮은 교사가 될 수 있을 것이라는 확신도 가질 수 없었다. 새롭게 알게 된 것은 학생으로서도 참 싫었던 학교가 교사로서도 너무나 싫고 슬픈 공간이었다는 점이다. 학생들이 개학이 싫다고 말하면 반박하곤 한다.

"저도 학생일 때 개학이 정말 싫었는데 교사가 되고 나니 지금이 훨씬 훨씬 더 학교 오기가 싫어요."

용서하지 못하는 마음

교사가 되고 나서 몇 해간, 학교에 있는 그 모든 순간 영혼과 자아가 사포에 갈리는 느낌이 들곤 했다. 예전에 보았던 미국 드라마에 이런 장면이 나온다. 힘들어하는 청소년에게 어느 경찰이 말한다. 그때는 누구에게나 다 삶이 구리다고, 졸업하면 학교에서 벗어날 수 있다고, 그러니까 지금은 힘들겠지만 끝은 있으니 버티라고 말한다. 하지만 교사가 된 나는 학교를 벗어나지 못하고 있었다. 학교는 여전히 슬펐고 이 슬픔의 끝은 없는 것 같았다.

내 삶 속에서 교사 집단은 믿을 수 없는 존재였고 나는 그 믿을 수 없는 집단의 구성원이 되었다. 교사가 되고 나서도 종종 위에 언급한 교사들을 학교 홈페이지에 들어가 찾아보곤 했다. 그들은 아직 교사였다. 학생들과 어울린 체육대회 사진이 올라와 있고 무슨 상을 받았다고 했다. 그렇게 당당한 교사로, 나와 같은 직업을 가진 사람으로 살고 있었다. 이 사람은 날 때린 것을 기억할까? 내

목과 뺨을 쓰다듬은 것을 기억할까? 어떤 마음일까? 나는 아무에게도 사과받지 못했는데. 나는 아무것도 말하지 못했는데.

  물론, 그 시간들은 여전히 내 안에 존재하고 있지만 항상 자각하고 있는 것은 아니다. 그래서 많은 사람들이 과거를 잊기도 하고 잊은 척 살아갈 수도 있을 것이다. 하지만 내 안의 그 시간들에 불꽃이 튀면 다시 불타오를 때가 있다. 어느 연수에 강사로 섭외 받아 갔다 과거 날 가르쳤던 교사를 만났을 때도 그랬다. 지금 돌이켜 보면 그 사람은 열정을 갖고 열심히 노력하던 교사였다. 컴퓨터와 프린터가 없던 시절, 하나하나 손 글씨로 학생들의 글을 옮겨 적고 등사기를 돌려 문집을 만들었다. 문집 편집부원들을 데리고 부산으로 여행도 갔었다. 지금 같으면 미리 인터넷으로 맛집을 알아보고 동선도 짰겠지만 컴퓨터도 사용하지 않던 그 시절의 중학생들과 젊은 교사는 무작정 바다를 보러 가겠다고 기차를 탔다. 부산 기차역에서 바다까지 어떻게 가는지 몰라 헤매다 길을 잃었고 결국 해수욕장인지 아닌지 애매한 바닷가 화장실 앞에서 컵라면만 먹고 돌아왔다. 생각해 보면 굉장히 무모한 일이었다. 하지만 또 한편으로, 교사가 된 지금은 알 수 있다. 그야말로 열정과 용기, 애정이 있어야 할 수 있는 일이었다는 것을. 그는 그런 교사였다는 것을.

  그래서일 것이다. 제자인 나를 보고 그 사람이 반가워하며 웃을 수 있었던 것은. 그 사람은 내가 강사인 걸 알고 일부러 연수를 신청했다고 했다. 그 웃음 앞에서 나는 밝게 웃을 수 없었다. 나는 문집과 기차 여행도 기억하지만 그 사람이 계속 들고 다녔던 길다란 막대도 아직 기억하고 있다. 교사가 된 지금은 이해가 가는 부분도 있다. 체구가 작고 경력도 얼마 안 되는 여교사가 한 반에 60명씩 되는 학생들을 통제하기 위해 선택할 수 있는 수단은 그리 많지 않았을 것이다. 더구나 나이가 적다는 이유로 복도를 통제하는 '군기반장' 역할도 은연중 강요받았을 것이다. 하지만 그렇게 머리로 헤아린다고 해서 몽둥이를 들고 호통을 치던 그 사람의 모습이 잊히지는 않는다. 입학하자마자 교무실로 불러 '집에 가서 어머니께 육성회장이라고 말씀드려라. 그리고 교무실에 책장이 필요하다고 말씀드려라'라고 했던 순간도 뚜렷하게 기억하고 있다. 당시 나는 육성회장이 무슨 뜻인지 몰라 그대로 녹음기처럼 집에 가서 전했다. 당시 우리 집은 쌀이 떨어지거나 따뜻한 물이 끊기는 날도 있었지만 엄마는 육성회장 자리를 거절하지 못했다. 대신 교사 회식이 있을 때마다 돈을 빌리러 다녔다. 교사들이 먹은 식비만이 아니었다. 그들은 식당에서 집으로 돌아갈 때 각각 음식을 포장해서 갔고 엄마는 그 돈까지 빌린 돈으로 계산했다. 그렇게 쌓인 부채들을 보면서 나는 엄마의 허영과 학교의 부패와 그 교사의 '육성회장이라고 말씀드려라'라는 말을 종종 원망했다. 그리고 수십 년이 지난 연수장에서 그 사람을 마주했을 때 그 모든 것들이 한꺼번에 떠올랐다. 혹시 그 사람도 날 마주했을 때 그런 장면들이 떠올랐을까? 그 말을 할 때 어떤 마음이었을까.

그 와중에 나는 학생을 '잡지 못해' 무능력한 교사로 평가받고 있었다. 보호자들과 고경력 교사들은 내게 학생을 체벌하라고 조언했고 언제는 짧은 치마를 입고 왔다고 혹은 여름에 맨발로 출근했다고 교직원들 입에 오르내렸다. 하루는 여성인 부장이 날 불러, 남성인 교감이 내가 맨발에 슬리퍼형 실내화를 신고 있으니 쳐다보기조차 어려워한다고 전했다. 무슨 전족을 신는 시대 사람도 아니고 여성의 맨발을 보는 것이 그토록 어려운 일이고 나를 따로 불러서 조심스레 말을 전해야 할 일일까? 교사든 학생이든 학교가 사람을 대하는 방식은 여전하다. 나는 그 모든 것을 용서할 수 없기에 교사인 나 자신도 용서할 수 없었다. 시험 점수로 학생을 때리진 않지만 점수가 중요하다며 쪽지 시험을 치고 오차 없는 줄 서기를 강요하는 나는 보람찬 직장인도, 번듯한 교사도 아니었다. 행복하지도 않았다.

국가폭력의 피해자로 연대하기

그러다 청소년인권행동 '아수나로'를 만났다. 처음 알게 된 계기는 잘 기억나지 않는다. 청소년 활동가들은 교사인 나를 신뢰와 우정으로 받아들여 주었다. 학교의 비통함에 대해 이야기하고 저항할 수 있는 동료가 생긴 것은 기쁘고 더 자유로워지는 일이었다. 교사가 된 지금에도 교사가 되고 싶지 않아서인지 혹은 어른이 되기 싫어하는 피터팬 증후군인지 알 수 없었지만 나이에 상관없이 우애를 나눌 수 있는 경험은 짜릿했다. 그야말로 해방이었다.

한번은 한 교사단체와 아수나로 지부가 간담회를 하게 되었다. 당시 난 양쪽 모두에 멤버십을 가지고 있어서 이 만남의 중개인 같은 위치에 있었다. 마주 보고 앉아서 돌아가며 자기소개를 하던 와중에 한 교사가 말미에 웃으며 "나도 예전에 애들 많이 때렸는데"라는 말을 꺼냈다. 아수나로 활동가들이 앉아 있는 쪽 공기가 순식간에 차갑게 식었다. 그리고 나는 격양된 목소리로 따졌다. 지금 뭐 하시는 거냐고.

지금 생각해 보면 그 교사는 나름 자기 고백과 반성을 토로했던 것 같다. 하지만 청소년들 앞에서 말하기에 멋쩍어 농담하는 것 같은 태도로 체벌을 이야기한 것이다. 체벌이 절대 농담일 수 없는 청소년 활동가들의 표정은 그야말로 썩어 버렸다. 내 표정도 마찬가지였다. 그 순간 나는 내가 어느 쪽에 속하는지 확인할 수 있었다. 내가 인권 침해를 마주했을 때 피해자로서 반응하는지, 인권 침해를 선택지로 가지는 사람으로서 반응하는지를 확인했다.

동시에 그 순간 내가 학교에서의 삶을 어떻게 살아가야 하는지 체득했다. 교직의 역사가 폭력과 가해 행위로 점철되어 있음을 고백하고 폭로하는 것. 내가 교사라는 사실에서 회피하지 않으면서 그래서 내가 용서할 수 없는 '교사들의 모습'에서 도망치지 않는 삶. 내가 무엇을 잘못하고 있는지를 정면으로 마주 보고, 그 속에서 내가 바꿀 수 있는 것과 내가 바꿀 수 없는 것을 구별해 낼 수 있도록 민감해지는 것. 내가 별달리 뾰족한 수가 있는 잘난 인간이 아니며 그래서 지금의 학교에서는 결국 나 역시 그 용서할 수 없는 교사 중 한 명이라는 것을 인정하는 것. 그렇게 지금의 학생들이 경험하고 있는 이 국가적 폭력을 나 역시 과거에도 경험했고 지금도 마주하고 있음을 말하며, 피해자로서 나와 우리를 존중하라고 싸우기를 선택함으로써 학교에서 밥벌이를 할 수 있게 되었다.

아수나로 활동을 시작한 첫해, 나는 6학년 담임을 맡았다. 교직 생활 중 가장 교사의 '습'을 뺀 채 학생들을 만났던 해였다고 생각한다. 2년 동안 대학원 파견을 다녀온 직후라 교사보다는 학생의 자세가 더 깊게 배어 있을 때였다. 물론, 습이 빠졌다 해 봤자 그래도 나는 선생이었고 무능력해서 많은 학생들을 고통스럽게 했고 지혜롭지 않은 선택들을 했지만. 그해가 학생들이 날 이름으로 부른 처음이자 마지막 해였다. 학생들은 날 '진냥'이라고 부르는 걸 좋아했고 나 역시 좋았지만 그들이 날 '선생님'이라고 부르지 않는다고 해서 우리가 평등해지는 것은 아니었다. 오히려 평등해 보이는 그 호칭이 날 우쭐하게 하거나 왜곡된 감정에 빠뜨렸다. 그래서 지금은 학생을 부를 때 이름에 '씨'나 '님'이라는 존칭을 붙여 부르고 높임 선어말 어미 '-시-'가 포함된 존대어를 쓰고자 노력하고 있다. 그렇게 언어로 날 스스로 규제하려는 노력이 적어도 내게는 유효했다.

한번은, 날 '진냥'이라고 불렀던 그 학생들이 졸업하고 나서 찾아왔다. 중학교 생활은 어떠냐고 물었다. 한 학생은 얼굴에 선크림을 발랐는데 교사가 비비 크림처럼 보인다며 '퐁퐁'으로 얼굴을 문댔다고 했다. 말문이 막혀 순간 아무 말도 못 하다가 서로 안고 엉엉 울었다. "같이 학교에 가서 싸울까요?"라는 내 말에 그 학생은 눈물을 뚝뚝 흘리면서도 고개를 저었다. 그 사람도 나도 학교에 발목 잡혀 있었고 어떤 일이 있어도 탈주할 수 없는 학교라는 벽 앞에서 싸움을 결심하는 것은 쉽지 않았다. 싸우지 않고 견디기를 그 학생은 선택했고 나는 같이 우는 것을 선택했다. 그렇게 우리는 함께할 수 있었다.

나와 다른 이의 피해를 분리하기

그렇다고 내가 늘 학생들 편에 선 것은 아니었다. 입장을 정리했다고 해서 그 입장을 고수하고 실천하는 것이 저절로 되지는 않는다. 한번은 교과 교사 수업이 끝나고 학생들이 씩씩거리며 교실에 돌아왔다. 무슨 일이냐고 물으니, 교과실에서 자리를 바꿔 달라고 교사에게 말했더니 다음 주 수업에서 바꾸자는 대답을 들었다고 한다. 그런데 그 다음 주가 되니 수행평가를 쳐야 해서 지금은 자리를 못 바꾸겠다고 해서 평가가 끝나기를 기다렸다고 했다. 평가가 끝나자 이번 주에는 자리를 바꾸겠지 하고 기다렸는데 수업이 끝날 때까지 자리를 바꾸자는 이야기가 없었단다. 이에 학생들이 따져 묻자 번호 순서대로 앉게 했다는 것이었다. 이게 자리를 바꾼 게 맞냐고 학생들이 격양되어 화를 냈고 교사도 화가 나서 심지어 서로 물건을 집어던지며 소리를 질렀다는 것이다.

매우 심각한 상황이라 나도 마음이 무거워졌다. 학생들도 선을 넘었고 교사도 선을 넘었다. 이걸 어떻게 해야 하나 하고 고민하는 찰나 학생들이 내게 그 교사에게 가서 말을 대신 해 주면 안 되느냐고 부탁했다. 나는 대답했다.

"저를 뭘 믿고요? 저도 교사인데요."

나도 교사인데 교사 편을 들지 학생 편을 들지 어떻게 알 수 있으며, 내가 그 교사에게 가서 말을 한들 여러분이 직접 하는 것만큼 여러분의 생각을 잘 전달할 수 없을 거라고 답했다. 대리인이란 그런 것이라고. 그러나 원한다면, 여러분들의 생각을 하나로 모으고 다음 그 선생님의 수업에서 회장이나 다른 학생 대표가 중심이 되어 그 생각을 전달할 수 있도록 말을 정돈하는 것을 위해 수업 시간을 2시간 정도 할애하여 내어줄 수 있다고 제안했다. 학생들은 그 제안을 받아들였고 회의를 해서 내용과 역할을 정했다.

다음 교과 수업 시간이 다가오자 교실에 긴장이 고조되기 시작했다. 나는 학생들을 보내며 당부했다. 이것은 싸움이 아니라고. 서로 이야기하고 문제를 해결하자는 거라고. 싸워서 이기자는 마음으로 이야기하진 말았으면 좋겠다고. 잘 이야기하고 와서 내게도 어땠는지 말해 달라고 했다.

수업이 끝나고 학생들이 시무룩하게 교실로 돌아왔다. 이유를 묻기 전에 먼저 교과 전담 교사가 교실로 전화를 했다. 그는 오늘 수업이 너무 잘됐다며, 학생들을 잘 지도해 주어서 고맙다고 내게 인사를 했다. 말문이 막혔다. 서로 물건을 던지며 소리를 지른 다음 첫 수업이었던 그날, 학생들은 긴장해서 먼저 이야기를 꺼내지 못했다고 했다. 교사가 먼저 이야기를 꺼내리라고 짐작하기도 했을 것이다. 그렇게 긴장된 채로 교사가 이제나저제나 말을 꺼낼까 손짓 하나 입 모양 하나 바라보며 수업을 했는데 그걸 교사는 학생들이 차분하게 수업에 집중하는 것으로 오해했던 모양이다. 아무 말 못 하고 돌아온 학생들은 맥이 풀려 버렸다. 하필이면 그날이 방학 전 마지막 교과 수업이었다. 나라도 그 교사에게 이야기를 해야 할까 고민했지만 비정규직 교사였던 그는 그해로 계약 해지가 되어 만날 수 없었다. 내가 비겁하기도 했고 찝찝하게 끝나버린 것 같은 느낌도 들었지만 그렇게 흘러간 일이 되었다. 그러나 내내 슬픈 학교에서 나의 슬픔을 학생에게 투영하지 않는 것은 정신 건강의 차원에서도, 직업 윤리에서도 중요한 일이었다. 학생의 피해에 나의 과거를 섞지 않음으로써 학생과 거리를 유지하는 것이 중요하다는 것을 배울 수 있었다. 학생을 존중하고 학생에게 친절한 태도를 유지하면서도 감정적 거리를 통제하는 것은 교직 생활에서 내가 가진 가장 중요한 과제 중 하나가 되고 있다.

대리자가 아닌 나 자신으로

　때로 피할 수 없는 일이 닥치기도 했다. 학교 비정규직 파업이 있던 시기, 우리 학교 급식 노동자들도 파업에 참여하기로 예정되어 있었다. 교과서에는 인권과 노동권, 파업과 직장 폐쇄에 대한 내용이 제시되어 있기도 해서 6차시 정도에 걸쳐 관련 수업을 했다. 인권과 노동권에 대해 그림책으로 알아보고, 내가 보장받고 싶은 노동권을 구체화해 보고, 학교 비정규직 노동자들이 보장받지 못하고 있는 노동권을 조사해 보았다. 그리고 우리 학교에서 파업에 참여하는 분들을 지지하는 현수막이나 손 피켓을 만드는 활동을 선택 활동으로 제안했다. 파업을 지지하지 않는 경우에는 자신의 생각을 글로 쓰는 활동을 제안했다. 파업에 반대하는 글을 쓰는 학생들도 있었고 파업 지지 선전물을 만든 학생도 있었다. 만들어진 선전물을 전지에 모아 급식소 문에 붙였다.

　그날 오후, 교감이 나를 불러서 물었다. 수업 내용을 설명하자 교감은 우려하는 교사들이 있다고 했다. 그때까지만 해도 괘념치 않고 교실로 올라왔다. 그런데 시간이 좀 지나 학년부장이 나를 찾아왔다. 지금 나 때문에 부장 회의가 열렸다는 것이다. 어이가 없었다. 나는 내 수업에 궁금한 점이 있으면 내 교실로 오라고 했다. 어느 학교에서 수업 때문에 부장 회의를 열어서 교사를 오라 가라 하느냐고 했다. 학년부장은 중간에 끼여 난처해했고, 회의장과 내 교실 사이를 세 번쯤 오갔다. 그 회의는 2시간쯤 내가 오기를 기다리다가 해산했다고 했다. 그러고는 교무부장이 찾아왔다. '선배 교사'들이 나를 걱정한다고 하며 그 선전물을 떼라고 종용했다. 정말 화가 나고 기분이 나빴지만 관리자가 아니라 교사들로부터 오는 압박은 오히려 싸우기 어렵고 부담스러웠다. 결국 나는 그건 학생들이 만든 것이고 내가 혼자 결정할 수 없으니 내일 학생들과 학급 회의를 해 보겠다고 대답했다.

다음 날 나는 학생들에게 설명했다. 이 선전물에 공감하지 않는 사람들이 있고 그 사람들이 이걸 떼 달라는 요청을 했다고. 솔직히 나는 이 요청을 거절하기가 조금 부담스럽다는 말과 함께 세 가지 선택지를 제안했다. '1번, 그대로 둔다. 2번, 지금 있는 곳에서 떼서 우리 학교 급식 노동자분들이 휴식하시는 공간 안에 붙인다. 3번, 학교 비정규직 노동조합에 지지의 마음과 함께 전달한다.' 학생들에게 다른 의견이 있는지 질문하고 지지 선전물 만들기에 참여했던 학생들이 참여해 표결했다. 학생들은 1번을 선택했다. 교실로 전화가 왔고 나는 학생들의 회의 결과를 전했다. 그리고 그날 또 나는 불려 다녔고 학생들과 똑같은 회의를 두 번이나 더 열었다. 비겁하고 나약한 못난 교사인 나와 다르게 학생들은 끝까지 자신들의 선전물이 학교 안에 게시되어 있길 바랐다. 마지막 표결에서는 11명의 학생들 중 8명이 '1번, 그대로 둔다'를 선택했다. 그리고 그날은 금요일이었다.

주말을 보내고 월요일. 학생들이 와서 현수막과 손 피켓들이 사라졌다고 말했다. 급식소로 가 보았다. 파업 지지 선전물들이 온

데간데없었다. 그걸 떼서 학생들에게 돌려주지도 않고 그냥 처분해 버린 것이다. 아마도 버려졌을 거라고 짐작하며 나는 분노했다. 온 학교의 교사들에게 정이 떨어졌고 나 자신이 그야말로 상처받았다는 것이 느껴졌다. 왜 이렇게 될 것을 예상하지 못했는지, 나의 순진함에 대해서도 화가 났다.

그날 이후 이 싸움은 나의 싸움이 되었다. 누가 그것을 버렸는지는 알 수 없었고, 날 부르고 2시간이나 기다렸던 회의에 누가 있었는지도 몰랐다. 그러니 누구와 싸우는 것인지 정확하진 않지만, 그리고 이길 가능성이 있는지도 모르지만 나는 계속 학교에서 싸웠다. 학생들의 대리인인 것처럼 결정에서 빠져나가려 했지만 결국 싸움을 피할 수 없었다.

줄타기로 연명하기

매번 확인하게 되지만, 나의 마음은 나약하기 그지없다. 학생과 연대하기로 굳건히 결심하더라도 분명한 것은 내가 학생이 아니라는 사실이다. 교사가 싫어 언제나 사직할 수 있을지 늘 고민하지만, 내가 교사를 그만둘 때까지 나는 교사로 학교에 존재해야 한다. 인정할 수밖에 없었다. 교사를 미워하는 것은 곧 나 자신을 부정하는 것이라는 것을. 모든 교사를 다 불신하는 것에서 벗어나 '잘못된' 교사들의 모습에 저항하기를 선택함으로써 자기 혐오에서는 벗어날 수 있었다.

하지만 그 선택은 나를 종종 다른 교사들에게 나쁜 선택을 한 사람, 혹은 배신자로 보이게 했다. 어떤 교사는 나를 냉대했고 어떤 교사는 학생인권 실태 조사 설문지 30부에 'X표'를 해서 돌려주었다. 적대받는 느낌은 외롭고 아프고 사람을 불안하게 만든다. 동료 교사들로부터 완전히 떨어져 나가고 싶지는 않은 마음도 있다. 그래서 종종 '저도 선생이에요'라는 의미를 담은 몸짓과 눈빛을 일부러 내보이기도 한다. 드물게 학생들 뒷담화에 동참하고 퇴근길에 자책하기도 한다. 교직 사회 내부로 포함되고 싶어 꼬리를 흔드는 셈이다. 하지만 또 한편으로는 '저는 그런 선생 아니에요'라는 단호한 표정으로 자리를 박차고 나오는 행동 등을 일삼기도 한다. 매 순간 줄타기를 하며 교직 사회의 경계인으로 살아가는 느낌이랄까. 처음에는 위태위태함이 가장 크게 느껴졌지만 나중에는 어디에도 속할 수 없다는 고립감이 더 컸다.

그런 줄타기도 허망하진 않았다. '그런 선생'이고 싶지 않다는 호소는 또 다른 호소를 부른다. 다른 교사들 앞에서는 하지 않을 이야기들을 내 앞에서는 하는 사람들이 생겨났다. 그리고 '그런 선생'으로 살았다면 보지 못했을 것들을 볼 수 있게 되었고, 격려받을 수 있었다.

날 주워 준, 나의 구원자들

사람들에게 종종 내게는 6명 혹은 좀 더 많은 구원자들이 존재한다고 말하곤 한다. 나와 말을 처음 놓았던 청소년도 내게 구원자였다. 그로 인해 내 삶은 완전히 변했으니까. 내가 운동을 계속해야 할지 그만두어야 할지 고민된다고 할 때, 그렇게 힘들면 그만두라고. 운동은 그렇게 벼랑 끝에 매달려 있듯이 하는 게 아니라고 말해 준 한 사람 역시 날 구원했다.

또 한 사람은 10년쯤 전에 만났던 교사다. 그녀는 나보다 5년에서 10년쯤 교직 경력이 길었다. 예쁜 외모에 원피스를 자주 입는, 살면서 큰 어려움을 겪어 본 적도, 집회 같은 데 나가 본 적도 없을 것 같은 중산층 교사로 보이는 사람이었다. 일대일로 대화해 본 적도 없다. 나와 다른 사람이랄까. 나의 주변머리 탓도 있겠지만, '부당한 업무 분장에 화가 나 새빨개진 얼굴로 발을 구르면서도 지금껏 단 한 번도 교장, 교감에게 '아니오'라고 말해 본 적 없고 지금도 못 하겠다'는 말을 듣고 그에게 별 기대를 하지 않아서이기도 했다. 그런데 우연히 알게 되었다. 그녀가 대학 때부터 친하게 지낸 친구들과 함께 학생들에게 청소를 시키지 말자는 이야기를 나누었고 그것을 지금껏 지키고 있다는 것을. 방과후 수업을 하는 교사에게는 매번 청소하고 퇴근하라고 공지하는 학교에서 그녀는 학생들이 하교하고 텅 빈 교실을 혼자서 매일 청소하는 유일한 정규직 교사였다. 교무실 청소를 학생에게 강요하지 말라는 요구를 담아 인증 사진을 찍자고 제안하기도 어려운 학교라는 곳에서, 그 '여교사' 친구들은 그렇게 매일 자신들의 신념을 지켜 나가고 있었던 것이다. 관리자에게 '아니오'라고 말하지 못하는 그녀를 무시하는 마음을 가슴 한편에 가지고 있었던 나는 빗자루로 쌓아 온 그 시간들 앞에서 숙연해질 수밖에 없었다.

언젠가는 합동 체육 시간이 있어서 학년 전체가 운동장에 나갔다. 학교 규모가 커서 한 학년이 작은 학교 전교생 규모는 되는지라 나를 포함해 모든 교사들이 빨리 학생들을 통제하려고 목청을 돋우고 있었다. 그때 내 옆에서 한 교사의 목소리가 들렸다.

"어린이 여러분, 줄을 좀 서 주시겠습니까?"

장난기가 묻어 있는 존대가 아니었다. 담백한 목소리와 여상한 표정으로 그는 운동장에 서서 학생들을 향해 말했다. 학생들에게 경어를 쓴다고 해도 높임 선어말 어미 '-시-'를 쓰는 교사를 본 건 그가 처음이었다. 너무 궁금해 참을 수가 없어 그날 교실로 찾아갔다. 교실 곳곳에, 그리고 나와의 대화 속에서 나오는 어말 어미와 존칭들이 '줄을 좀 서 주시겠습니까?'와 다를 바 없었다. 그와의 만남이 없었다면 나는 지금껏 '요'와 '까'를 붙이는 정도로 학생들에게 존대어를 사용하고 있다는 오만한 착각을 하고 있을지도 모른다.

구원자 중 한 명은 우리 반 학생이었다. 그는 특수교육 대상자는 아니었지만 무언가 좀 다른 형태의 지원이 필요한 학생이었다. 그러나 나는 그것이 무엇인지 잘 몰랐고 학교나 교육 제도는 그런 일에 무관심했다. 아니, 나도 무관심했다. 그저 나는 그 학생이 학교 밖으로 뛰쳐나가지 않기를, 자해를 그만하기를, 소리를 그만 지르기를 전전긍긍 바라며 통제할 뿐이었다. 이 글을 쓰는 지금 깨달았는데, 나는 그 학생에게 어떤 지원이 필요한지를 단 한 번도 고민해 보지 않았었다. 그냥 벽처럼 그 사람을 둘러싸고 막고 있을 뿐이었다. 하루는 그 학생이 머릿속에서 너무 큰 목소리가 계속 들려서 머리가 아파 견딜 수 없다고, 학교 밖으로 나가야겠다고 울며 벽에 머리를 계속 부딪쳤다. 나와 그 학생은 몸싸움을 했고 나는 협박도 하고 폭언도 했다. 이럴 거면 학교를 그만두라고 소리 지르고 그 학생의 책상을 교실 밖으로 끌어내기도 했다. 그리고 다른 학생들은 아무 말 없이 그 옆에 있었다. 그들은 날 말릴 수도 없었고 다른 방법도 떠오르지 않았을 것이다.

　학생들이 하교하고 나서 빈 교실에서 탈진한 채 엎드려 있었다. 그 학생과 몸싸움을 한 것이 그날 처음 있는 일은 아니었지만 그날의 나는 유난히 폭력적이고 끔찍하게 느껴졌다. 한참 엎드려 있다 일어나 사과문을 썼다. '미안해요' 같은 글이 아니라 단체나 조직에서 공식적으로 쓰는 것과 같은 정식 사과문을 썼다. 그리고 학생 수만큼 뽑아 책상 위에 한 장 한 장 올려놓고 퇴근했다. 그리고 다음 날 아침, 내가 교실에 들어섰을 때 거의 모든 학생이 사과문을 읽고 있었다. 교실은 그야말로 고요했다. 내가 그 학생과 몸싸움을 하던 내내 아무 소리 없이 있던 학생들은 내 사과문 또한 아무 소리 없이 읽고 있었다. 긴장된 교실의 공기 속에서 나는 무슨 말을 해야 할지 떠올리지 못했다. 다만 나와 몸싸움을 한 그 학생 역시 사과문을 읽고 있는 것만 확인했다. 그리고 1교시가 시작되었고 그냥 나는 수업을 했다. 이유를 알 순 없지만 그날 오후쯤 학생들이 내 사과를 받아들였다는 느낌이 들었다. 그 학생이 나를 용서했을지는 모르겠다. 사과를 받아들임이 곧 상대방을 용서한다는 의미는 아니니 말이다.

내가 무조건 완수해야 하는 미션처럼 생각했던 3Rs(읽기, 쓰기, 셈하기)가 왜 반드시 초등교육에서 완성되어야 하느냐고 질문했던 임용 시험 준비생도 나의 구원자 중 한 명이다. 모든 사람이 다 동일한 학습 수준을 성취해야 하는 것이 아니라면, 사람들의 학력의 최종점이 천차만별이 되는 것을 인정한다면 3Rs를 습득하는 데도 더 오랜 시간이 걸릴 수 있는 것 아니냐고. 그 목표 시간은 사람마다 달라도 되지 않느냐고 이야기했다. 사람마다 다른 속도를 존중해야 하지만 '기본은 해야지'라는 사고에 여전히 집착하던 내가 또 하나의 껍질을 깰 수 있던 대화였다. 만약 그렇다면 나는 학생들을 기초 학력 성취 수준까지 끌어당기며 달려 나가는 것이 아니라 학생들 저마다의 속도를 먼저 관찰해야 하는 사람이었다. 그런 생각을 한 번도 하지 못했었는데! 아마 그가 내게 교사의 역할에 대해 처음으로 스스로 고민하게 해 준 사람일 것이다.

교사인 듯 교사가 아닌 듯, 학교 안에 속한 듯 아닌 듯 줄을 타며 살던 내게 위태위태한 순간들은 많았다. 그 줄타기 속에서 제법 많이 줄에서 떨어졌을 것이다. 하지만 줄타기는 허망하지 않았고, 삶 곳곳의 구원자들이 땅에 떨어진 나를 주워 주었다.

'복수'를 도모하다

이제 나는 '젊은' 교사가 아니다. 여전히 수업을 싫어하고 학교를 싫어하지만 20년이라는 교직 경험은 그리 나쁘지 않은 수업과 학교생활을 수행할 수 있게 나를 연성해 주었다. 편해진 부분도 있고 익숙해진 부분도 있다. 그렇게 경계는 시간이 지날수록 흐릿해진다.

내가 타고 있는 이 줄도 예전보다 많이 흐릿해졌다. 어떤 사람은 날 보고 예전보다 둥글둥글해졌다고 칭찬하고 어떤 사람은 타협적으로 변했다고 비판한다. 둘 다 맞는 말일 것이다. 경계선이 넓어진 것일 수도 있고 그러면서 회색 지대가 커졌을 수도 있겠다. 하지만 나는 완전히 선생이기만 할 수는 없을 것 같다. 아직 나는 용서하지 못한 선생들이 있고, 용서를 구하지 못한 학생들이 있다. 사회적, 국가적 폭력의 피해자로서, 그리고 나 또한 배우는 자로서 사과를 받아야 직성이 풀릴 것 같다. 더불어 나 역시 제대로 사과할 기회를 허락받을 수 있을까 하는 고민도 든다.

조효제 교수는 기후 위기 교육을 이야기하면서 어린이와 청소년들이 기후 위기에 대응하는 실천적 행동을 현재 바로 할 수 있어야 하는데 그게 현실적으로 어렵다면, 그들이 나중에 기후 소송이나 다른 형태로 기성세대들에게 '복수'를 할 수 있도록 그 증거를 잘 남기고 전달하는 것 역시 기후 위기 시대의 교육일 수 있다고 말한 적이 있다. 물론 그 복수가 드라마 〈더 글로리〉에서 다루는 것과 같은 사적 복수는 아닐 것이다. 강제 징집이나 일본군 위안부 문제처럼, 역사적으로 피해가 인정되고 공적 사과가 이루어짐으로써 이 일은 절대 일어나서는 안 되는 일이라는 사회적 공감대가 만들어지는 형태의 역사적이고 정치적인 복수일 것이다. 학교 안에서 살아가는 동안 끊임없이 줄을 타며 살아야겠지만, 나는 복수하려고 한다. 복수는 단일하지 않다. 교사로서 학생으로서 그리고 피해자이자 가해자로서 하는 복수이자 싸움이다. 학교가 슬프고 고통스럽고 폭력적인 제도라는 것에 대한 인정과 사과, 그리고 변화를 받아 내고 싶다.

경로 이탈의 삶이
배움이 될 수 있을까

―――

대학 밖에서 모색한
자립의 경험을 나누다

―――

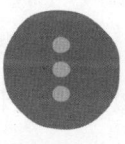

김은지

출신 학교를 밝히지 않습니다?

올해 2월, 8년의 대안학교 교사 생활을 마쳤다. 20대 후반, 학생들에게 비빌 언덕이 되겠노라 다짐하며 연고 하나 없는 산골 속으로 발걸음을 옮겼다. 보통 교사라고 자기소개를 하면 '어떤 과목 가르치세요?'라는 질문이 뒤를 잇는다. 이에 '자립 교과를 가르치고 있습니다', '인문학 수업을 합니다', '치유하는 글쓰기 수업을 하고 있어요'라고 답변하곤 하는데, 어김없이 상대방의 아리송한 표정을 마주하게 된다. 이런 내가 교사의 삶을 시작할 수 있었던 건 경쟁 위주 입시 교육에 반대하며 설립된 학교에서 대학 졸업 여부를 묻지 않고 학력이 아닌 삶의 이력을 근거로 함께하자고 제안해주었기 때문이다. 흔히 생각하는 보편의 길을 걷지 않은 내가 교사라는 이름으로 불릴 수 있었던 건 어찌 보면 행운이었을지도 모르겠다. 그럼에도 불구하고 전공을 향한 물음은 끊임없이 나를 따라다닌다.

'출신 학교와 학번을 밝히지 않습니다'

한동안 유행처럼 번진, 학벌주의에 반대하는 사람들이 SNS 자기소개란의 학력란에 기재하곤 하는 문구다. 대학을 나오지 않은 나로서는 팬스레 있어 보이기까지 하는 당당함에 멈칫거리는 한편 저 한 줄로 무엇을 말하고 싶은 건지 종종 궁금했다. 대학을 다니지 않아서인지, 학력이 드러나는 게 싫은 건지, 학벌주의에 잠식된 세상에 대항하는 메시지인지……. 일일이 붙잡고 물어보진 않았다. 저마다의 사연과 나름의 이유가 있으리라 짐작할 뿐이다. 그와 동시에 떠오르는 물음이 하나 있다. '그럼 안 밝히면 되는 거 아닌가?' 밝히지 않겠다는 의지와는 달리 SNS 상단을 떡하니 차지하고 있는 강력한 한 줄은 없던 궁금증도 만들어 내곤 한다. SNS에 게시하지는 않았지만 출신 학교와 학번을 밝히고 싶지 않은 것은 나 역시 마찬가지다. 조금 더 정확하게 말하자면 밝힐 만한 이력을 쌓을 기회조차 주어지지 않았다고 할 수 있지 않을까.

두 살 무렵 교통사고로 아빠가 돌아가시고 홀로 자녀를 돌보기 힘들었던 엄마는 재혼을 하셨다. 스스로를 아빠라 자처하며 나타난 낯선 아저씨는 하루가 멀다 하고 술을 마셨고 폭언과 폭력을 일삼으며 우리 모녀를 한시도 가만두지 않았다. 맞고 숨기를 반복하며 동네에 소문이 파다하게 퍼지고 나서야 출동한 경찰은 별다른 조치 없이 아저씨를 집으로 보내 주었다. 결국 원가정으로부터 분리된 대상은 아저씨가 아닌 내가 되었다. 폭력으로부터 보호하겠다는 구실로 여섯 살에 보육원에 보내져 그로부터 스무 살까지 그곳에서 자라게 되었다.

모든 것이 낯설고 눈치 보는 삶의 연속이었지만 더 이상 아저씨와 같이 살지 않아도 된다는 생각에 안도했다. 하지만 보육원의 삶은 개인의 '선택'보다 '통제'와 '규칙'이 우선되는 곳이었고 개인의 소유와 욕구를 끊임없이 삼키고 억누르는 연습과 단련이 필요한 곳이었다. 부모 없는 서러움이 시시때때로 찾아왔고 내 것에 대한 욕망이 커질수록 결핍의 흔적이 짙어져 갔다. 책 읽기를 좋아하고 습득이 빨라 똘똘하다는 칭찬을 들으며 자랐다. 새로운 것을 알아가는 것에 즐거움을 느껴 배우고자 하는 욕구가 컸지만 제약이 많은 보육원 환경의 특성상 배우고 싶다고 다 배울 순 없었다. 학원을 다니는 것은 당연히 어려웠고 월 수강료 2만 원 하는 방과후 바이올린 교실조차 다닐 수 없었다. 다른 아이들은 하지 않는 활동을 혼자만 해서는 안 된다는 이유였다.

퇴소를 한 지 10여 년이 지났지만 아직도 잊히지 않는 소리가 있다. 정해진 식사 시간에 맞춰 쨍하게 귓가를 때리던 종소리다. 보육원에서는 밥종 두 번이 울린 후 줄을 서는데 신기하게도 언제나 앞줄엔 작은 아이들이 서 있고 뒤로 갈수록 나이 많은 언니, 오빠들이 줄을 선다. 모르는 사람이 보기엔 동생들에게 양보하나 보다 하겠지만 실상은 밥 줄 하나 내 마음대로 설 수 없는 수동적 삶의 단면이다.

기상과 취침부터 밥 먹는 시간, 식사 당번, 하다못해 머리카락 자르는 것까지, 다 함께 지켜야 하는 일상의 규칙은 물론 진로를 정하는 데까지 모두가 지켜야 하는 암묵적인 룰이 있었다. 그 룰 때문에 고등학교 입학 무렵부터 고민의 끝자락이 보이던 졸업 즈음까지도 스스로 진로를 선택할 수 있다는 생각을 하지 못했다. 정해진 운명처럼 여학생들은 간호조무사를 권유받았고 남학생은 상업고등학교나 공업고등학교 졸업 후 공장에 취업하는 등 알아서 먹고살 방법을 찾아야 했다. 물론 모든 사람이 간호조무사가 되거나 공장에 취직을 한 건 아니었지만 그 당시 내가 보았던 선배들 중 절반 이상이 그 길을 갔다. 보육원에서 간호조무사나 공장직을 제안한 건 오로지 '기술직이라 먹고살 수 있다'는 이유 하나였다. 내 꿈은 간호조무사가 아님에도 불구하고 정해진 삶에 올라타야 하는 현실이 부당하게 느껴졌다. 억울함에 정부 부처에 민원을 넣어 보기도 했지만 소리 없는 아우성일 뿐 어떠한 미동도 전달되지 않았다.

 자라 온 환경이 이렇다 보니 출신 학교를 밝히니 마니 운운하는 것은 그저 고상한 의미 부여이자 선택할 수 있는 자의 특권으로밖에 느껴지지 않았다. 나도 누군가처럼 경쟁 위주의 교육과 입시 제도에 반대하며 당당하게 한 줄 띄우면 좋을 텐데, 하고 생각했다. 빈한한 가정 형편에 경쟁만이 살길이라 생각했던 학창 시절에는 대학을 가지 않는다는 것이 삶의 경로가 제한되는 것으로만 느껴졌다.

대학 아닌 대안으로

"은지 니가 대학 억수로 가고 싶어 했는데……."

퇴소한 지 몇 해가 지나고 인사 차 들렀을 때였다. 보육원에서 삼시 세끼를 챙겨 주시던 주방 할머니의 한마디가 귓가를 울렸다. 내가 그렇게 대학을 가고 싶어 했었나? 나조차도 기억이 가물한데 할머니는 별걸 다 기억하신다 생각했다. 얼마 전 학창 시절 이용하던 싸이월드 다이어리가 복구되어 들여다보게 됐다. 추억에 젖어 감상에 빠지긴커녕, 고개를 휘저을 만큼 두 번 다시 마주하고 싶지 않은 감정들이 곳곳에 남아 있었다. 대학 진학을 향한 갈망과 가지 못함에 대한 분노를 마주하며 가난이 지웠던 나의 어떤 면을 다시금 떠올렸다.

대학에 간다는 것, 그것은 내게 보편적인 삶의 궤도에 오르는 것과 같았다. 아니, 오를 수 있는 유일한 방법이라 생각했다. 대학에 가고 싶은 마음은 무언갈 배우고 싶다는 희망찬 꿈이라기보다 나도 남들처럼은 살고 싶다는 마음에서 비롯된 것이었다. 초등학생 무렵, 보육원의 한 언니가 입시 준비를 가로막혀 여러 날 눈물을 쏟는 모습을 지켜봤다. 공부를 썩 잘해 학교 선생님께서 집(보육원)으로 전화를 할 만큼 공부에 열을 내던 언니였다. 보육원에서는 '다른 애들 다 안 가는데 너만 가면 어떡하냐'라며 불공평과 형평성을 운운했다. 그때부터였을까. 언니의 눈물은 대학만이 살 길이란 생각을 더 깊게 새기게 했고 나 역시 대학엔 갈 수 없는 삶임을 인지하자 패배감에 휩싸였다. 살길을 잃은 것이라고 느꼈다. 선택할 수 없는 삶을 살아야 함에 억울함을 삼키며 다시 보통의 삶에서 한걸음 물러났다. 나에게 대학에 갈 수 없음은 가난으로 인한 제약이었고, 그 사실 앞에서 세상에 발붙일 곳 없는 나는 더욱 움츠러들었다.

'어떻게 먹고살 수 있을까?' '병에 걸리거나 아프면 어떡하지?' '혹시나 죽으면 며칠 안에 발견될까?' 생각만으로도 벅찬 고민과 함께 퇴소 시기는 코앞으로 다가왔다. 스무 살, 대학은 갈 수 없으니 상경이라도 해야 성공한다며 무작정 서울행 버스에 몸을 실었다. 연고 하나 없는 고행길 시작임을 그때는 미처 몰랐다. 기대와 두려움을 느끼는 한편 '인 서울'했다는 것 하나만으로 성공에 다가선 양 뿌듯했다. '눈 뜨고도 코 베인다'는 서울살이를 시작해 낸 것이다. 하지만 낯섦에서 온 설렘은 그리 오래가지 않았다. 어떻게든 서울에서 살아 내겠다는 다짐은 하루가 갈수록 약해져 갔다. 자립 아닌 고립 생활이 될 수 있겠단 생각에 정신이 퍼뜩 들었다.

눈물은 나지만 앉아서 향수병 타령만 하기엔 당장에 먹고살 돈이 없었다. 첫 번째로 시작한 알바는 동네 마트에서 계산을 하는 일이었다. 계산대에서 마트 조끼를 입고 서 있을 때면 아줌마, 아가씨, 이모 등 이름 없는 호칭으로 불리곤 했다. 서 있는 자리와 입고 있는 옷만으로 아무렇게나 불릴 수 있음에 신기했다. 두 번째 알바는 콜센터였다. 단순 전화 업무일 거라 생각했지만 대면하지 않음에서 비롯된 예측할 수 없는 상황이 빈발해 수화기를 들 때마다 심장이 벌렁거렸다. 구인 공고의 '학력 무관' 문구가 내가 함부로 대해지는 상황으로부터 나를 보호하지 못한다는 말처럼 느껴졌다. 가난으로 인해 누군가의 삶 아래 깔리듯 존재하고 싶지 않았다. 물론 누구도 그렇게 대해져서는 안 될 일이지만 현실은 녹록지 않았다.

보호 종료 아동(자립 준비 청년)을 두고 사람들은 물질적인 어려움이 가장 클 거라 생각하겠지만 보육원에서 십수 년을 살며 느낀 가장 큰 어려움은 정서적 빈곤이다. 경제적 빈곤은 하소연이라도 할 수 있지, 사회 진출을 앞두고 불안에 떠는 마음과 그 마음 하나 들어 줄 이 없음에서 오는 정서적 어려움은 철저하리만큼 나만의 몫으로 남겨졌다. 나이 앞자리가 1에서 2로 바뀌었을 뿐인데 하루아침에 모든 것을 혼자 감당해야 했다. 아직 모르는 것이 너무나 많음에도 불구하고 세상은 나이가 찼으니 이제 어른이 되었다 했다. 조금만 천천히 알려 주면 좋을 텐데 나의 인생은 뭐가 그리 급해서 독학을 하고 속독을 해야 하는 걸까, 생각했다.

상경 5년 차, 친구들은 대학을 졸업하거나 취업 준비에 열을 올렸다. 나 역시 학원을 다니고 일을 하며 바쁘게 살았지만 시간이 지나면 어느 정도 해결될 거라는 예상과는 달리 엄혹한 현실엔 큰 변화가 없었다. 난 여전히 무얼 해야 할지, 무엇으로 먹고살아야 할지 몰라 막막해하며 어려움을 곱씹곤 했다. 괜한 오기로 서울에 올라와 사서 고생을 하는구나 싶었다.

그러던 중 우연한 계기로 대학 비진학 청(소)년 창업 프로젝트에 참여하게 되었다. 참가자 사전 인터뷰를 위해 발을 내딛은 곳은 서울 영등포구에 위치한 청소년 센터로 '무엇이든 해 보자!'라는 뜻을 담은 '하자센터'였다. 이곳은 상호 존중을 이야기하며 모두가 별칭을 쓴다고 했다. 낯선 공간, 낯선 사람들과 함께하는 창업 프로그램에 참여하는 시간이 길어질수록 프로그램 기획자를 의심쩍게 바라볼 수밖에 없었다. '저 사람들은 왜 나를 궁금해하지?' '자본금도 내놓지 않고 창업을 할 수 있다고?' '나한테 왜 이렇게 잘해 주는 거야?' 수많은 질문이 내 안에 쌓여 갔다. 여태껏 어느 누구도 나의 환경에 물음을 던지거나 함께 고민해 준 적 없었기에 이들의 관심을 경계할 수밖에 없었다.

청(소)년 창업 프로젝트는 '밥 걱정은 하지 않게 하자'란 슬로건으로 친환경 도시락 가게 '소풍가는 고양이'를 오픈하는 데까지 이어졌다. 자격증과 스펙으로만 자신을 증명하는 사회에 대학 진학을 하지 않고 세상에 조금 일찍 나온 나와 같은 청년들을 위한 '배움이 있는 일터'를 만든 것이다. 믿을 수 있는 어른들의 손길과 시선 속에 무에서 유를 창조했고, 내 평생의 숙제였던 먹고살 걱정은 하지 않아도 되는 길이 열렸다. 살아가는 것이 아닌 살아 내는 데 급급했던 일상에 여유가 더해진 것이다. 그리고 자신의 삶을 오롯이 부어 내 삶에 비빌 언덕이 되어 주는 어른들을 만났다. 그들은 내가 잘못된 것이 아니라 세상이 잘못된 것이라 얘기해 주었고, 나의 삶은 보통의 삶과 다른 것일 뿐 틀린 것이 아니라 일깨워 주었다. 덕분에 나의 삶의 고민과 방향이 달라졌다. 나는 출발선에서 뒤처져 있는 게 아니라 달리는 트랙이 다름을, 누군가의 트랙은 내가 참고 노력한다고 해서 넘볼 수 없음을 깨달았다. 그 깨달음이 불평에 그치지 않고, 남과 같은 트랙을 돌지 않아도 된다는 것을 인지하고 바깥으로 나올 수 있었던 것은 그들의 지지 덕분이었다. '나도 그런 어른이 될 수 있을까?', '누군가에게 마음 한편 내어주며 비빌 언덕이 되겠노라 말하는 사람으로 살아갈 수 있을까?' 하는 생각을 하게 했다.

'스펙 없이 먹고살기.' 군더더기 없이 명료한 프로젝트 슬로건을 충실히 따라갔다. 스펙 없음이 쪽팔리지 않는 안전한 공간 속에서 내 결정을 지지해 주는 사람들과 함께하며 인생의 경로가 달라지기 시작했다. 이로 인해 결핍으로 가득했던 나의 학창 시절과 현재의 모습이 스펙의 부재가 아닌 다른 길을 가는 것일 뿐이라고 받아들일 수 있었다. 소위 진보 교육을 실천하는 청소년 센터와 일과 인문학 공부를 병행하는 일터에서 삶의 경로를 걸으며 자연스레 대학이 삶에서 차지하는 비중을 점점 가볍게 생각하게 되었다.

경험은 교육이 될 수 있을까

대학에 가지 않은 대신 수천 번의 밥을 짓고 수많은 사람들을 만나며 세상살이를 배웠다. 나는 소풍가는 고양이에서 주방 일을 맡아 했다. 처음에는 너무 싫어 이대로 부엌데기로 전락하는 것은 아닌지 몸서리치며 왜 내가 주방을 맡아야 하냐며 따져 묻는 날도 있었다. 그 배경에는 주방에서 살아온 어린 시절의 기억이 있다. 보육원에서 살던 시절, 나는 초등학생 때부터 부엌일을 해야 했다. 경상도 지역 특유의 보수적 분위기로 꽤 오랫동안 여성 원생들만 식사 당번을 맡았다. 요즘 들어서는 집에서 요리를 하는 일이 자기 돌봄의 대표적인 요소로 이야기되지만, 내가 자라 온 시절 부엌일은 돌봄 노동의 핵심이자 여성이 하는 일, 무엇보다 나의 선택이 아닌 어쩔 수 없이 해야 하는 일이었다. 바깥 사회에서도 주방에서 일하는 노동자들은 대부분 여성이고, 무언가 주도적으로 해내기보다는 뒤처리에 가까운 일을 하는 모습이었다. 긍정성을 느끼지 못했고 노동의 가치를 확인할 여지가 없었다.

어른 동료들은 그런 내게 화를 내기보다 귀천 없는 직업의 가치와 노동의 의미를 알려 주었다. 하나하나 손으로 만든 음식에 손님들이 전해 주는 애정 어린 피드백을 받으며 조금씩 음식을 만드는 일에 정성을 들이게 되었다. 내가 지은 밥에 자부심을 가지고 애정과 마음을 담아내는 법을 배웠다. 소풍가는 고양이에서는 수거와 설거지까지 해야 하는 번거로움이 있음에도 불구하고 일회용 용기 대신 다회용 용기를 사용했다. 가까운 거리는 차 대신 자전거로 배달을 하고 바른 먹거리를 지향하며 친환경 재료를 사용하려 노력했다. 이윤은 적고 손은 많이 가는 시스템이었지만 무엇이 옳은 것인지를 고민하며 선택한 방법이었다. 그 과정에서 나는 거리낌 없이 쓰던 편리한 물건들이 자연에 미치는 악영향을 알게 되었다. 함께했던 어른 동료들은 우리가 단순히 돈벌이에만 급급하지 않고 일과 인문학 공부를 병행하며 좋은 삶이란 무엇인지 고민하며 바르게 사는 법을 배우기를 바랐다.

다 함께 영화 〈마녀 배달부 키키〉를 보았던 어느 날이 생각난다. 영화는 주인공 키키가 부모의 품을 떠나 자립하려 고군분투하다 한 마을에 정착하는 이야기다. 어리숙하고 때로 자기 감정에 빠져들지만 끝내 자신의 삶을 꾸려 나가고 때로는 누군가를 돕기도 한다. 그 곁에는 그를 따뜻하게 품어 주는 어른과, 그에게 장난을 걸며 든든하게 좋아해 주는 친구가 있다. 모든 사람들이 그에게 친절하지는 않지만 많은 관계 속에서 자기 생각을 키워 나간다. 우리 가게에는 그런 키키의 검은 고양이 인형이 항상 함께 있었다.

하자센터에서 인문학 강의가 열릴 때면 가게 문을 닫고 다 함께 들으러 가기도 했는데 특히 기억에 남는 경험은 고정희 시인을 추모하며 떠난 생명 여행이다. 나눠 준 자료도 채 읽지 않았고, '많은 사람들이 시간을 내서 가는 걸 보면 의미가 있나 보다' 하는 가벼운 마음으로 따라나섰다. 그 기행을 계기로 그의 시를 좋아하게 되었고, 교사가 되고서는 나도 학생들과 그런 시간을 가지고 싶다는 마음을 품었다. 한마디로 정의할 수 없는, 그러나 좁은 틈으로만 세상을 바라보던 나에게 빗장을 조금씩 열어 준 시간들이었다. 남들이 정해 준 원칙과 규율을 중요히 여기고, 주어진 환경에 최선을 다해 살던 나에게 다양한 세상이 연결되며 다른 삶의 태도가 스며들었다.

'대학 그거 안 나와도 괜찮더라'라는 말을 품고

녹록지 않은 시간이었지만 안전한 사회망이 되어 준 이들을 보며 세상의 다양한 삶을 보여 줄 수 있는 창이 되자 다짐했다. 그러려면 어떤 사람으로 살 것인지, 어떤 길을 갈 것인지 스스로 결정해야 했다. 따듯한 보살핌과 배움 속에서 마음밭 고르며 떠날 채비를 마쳤다. 다짐을 따라 발걸음을 옮긴 곳은 깊은 산골 속 작은 대안학교였다.

꿈꾸지 않으면 사는 게 아니라고 별 헤는 마음으로 없는 길 가려네
 사랑하지 않으면 사는 게 아니라고 설레는 마음으로 낯선 길 가려 하네

경쟁 위주의 입시 교육을 벗어나 더불어 함께 행복한 삶을 꿈꾼다는 학교의 방향과 철학이 좋았다. 대학만이 살길이라는 시대의 상을 벗어나 대안적인 삶과 교육을 실천하겠다는 의지는 거칠지만 단단했다. 각양각색 자유로운 학생들을 보며, 가르친다기보다 함께한다는 마음가짐으로 임할 때 살아가는 모습을 통해 직

접 삶의 다양한 이면을 보여 줄 수 있겠다 생각했다. 살아온 경로는 다르지만 살아갈 경로에서 맞닥뜨릴 비슷한 어려움에 대해 들어 주고 경험을 나눠 줄 수 있다고 생각하니 설렜다. '대학 그거 안 나와도 괜찮더라'라는 멘트를 가슴에 품고서 말이다.

세상을 보여 주는 창이 되겠다는 야심찬 포부는 처음 써 보는 수업 계획서 앞에서 흔들리기 시작했다. 무엇을 어떻게 가르칠지에 대한 답을 내리지 못한 채 교사라는 이름으로 먼저 불리기 시작한 것이 무겁게만 느껴졌다. 너무 쉽게 생각한 것은 아닌지 나의 선택을 의심하기도 했다. 동료 교사들 중에 누구도 내게 대학 전공이 무엇이냐 묻지 않았지만 교무실 칠판 옆에 붙어 있는 교사 주소록을 볼 때면 교과 구분에 표기되어 있는 내 이름 옆 '통합'이란 두 글자가 유난히 눈에 크게 들어왔다. 다양한 배움의 가능성을 아우르는 포괄적인 개념이라기보다 역할을 명확하게 정의할 수 없어 두루뭉술하게 뭉개어 표현되었다 느껴졌다. 대학의 부재가 경험으로 대체될 수 있을지 의심하던 자격지심이었다.

"드디어 이런 쌤이 왔어"

학교에 오고 학생들 이름을 익힌 지 얼마 되지 않았을 즈음의 일이다. 고등 과정에 재학 중인 한 학생이 내게 물었다.
"쌤은 대학 어디 나왔어요?"

발갛게 달아오르는 얼굴을 어찌할 줄 모른 채 애써 태연한 얼굴로 답했다.

"나 대학 안 나왔는데?"

태연한 척 답했지만 그 찰나에 수많은 감정과 물음들이 머릿속을 스쳤다. 벌렁거리는 가슴을 더 빠르게 뛰게 했다.

"왜?"

상황을 모면할 순 없었지만 뭐라도 물어야 할 것 같아 던진, 궁금하지 않은 질문의 답변은 내 예상을 완전히 빗나갔다.

"헐 대박, 드디어 우리 학교에도 이런 쌤이 왔어!"

'드디어' '이런 쌤!' 귓가를 스치는 격앙된 어조에서 의도의 긍정성을 확인하고 되물었다.

"무슨 뜻이야?"

"맨날 우리한텐 대학 안 가도 된다 얘기하고서 정작 본인들은 다 좋은 대학 나왔잖아요. 근데 이제 진짜 대학 안 나온 쌤이 온 거죠."

필터 없이 깨끗했던 학생의 한마디는 선택할 수 없어 억울하기만 했던 지난 학창 시절과 상황을 위로했고 움츠린 어깨를 펴게 했다.

그렇다고 해서 대학에 진학하지 않음에 대한 편견으로부터 마냥 자유로워진 것은 아니었다. 나는 차마 입이 떼어지지 않는 질문을 서슴없이 던졌던 그 학생처럼 학부모님들의 순수한 궁금증도 자주 마주치게 되었다. 얼굴을 트고 인사를 하고 나면 자연스레 "전공이 어떻게 되세요?", "어떤 교과 가르치세요?"라는 질문이 이어졌다. 질문을 받을 때마다 구구절절 사연을 앞세울 수도 없는 노릇이고 그저 그때마다 질문을 한 사람의 성향을 떠올리며 대략의 답변으로 의중을 살피기 바빴다. 답변을 하면서도 '이렇게 말해도 괜찮을까?' 하며 스스로를 검열했고 여전히 가방끈 길이에서 벗어나지 못함을 확인하곤 했다. 대안학교의 특성상 인성교육을 중심에 둔다고는 하나 학생들이 배우고 있는 실질적 교과 구성이 궁금하기도 했을 테고 나를 향한 관심에서 비롯된 질문이라는 것을 잘 알고 있다. 하지만 그 질문으로 나는 가볍게 던진 관심 앞에 억겁의 고민을 하고 답을 내리지 못해 안절부절못하는 스스로를 발견했다. 다양한 세상을 보여 주는 창이 되겠다며 큰 포부를 갖고 내딛은 발걸음이었는데, 정작 그 첫걸음부터 대학 비진학이 곧 나의 부족함을 예단하는 근거로 쓰이게 되는 것은 아닐지 조바심 내고 있었다. 대학 진학 여부가 곧 내 전부를 설명하는 것은 아니었지만 나를 대표하는 설명 중 명확한 한 줄을 차지하는 것은 분명했다. 대학을 가지 않았다는 한 줄의 설명은 고유성을 띠었고 때론 부끄러움이 되고 때론 뿌듯함이 되는 양면을 가지고 있었다.

나는 무엇을 가르칠 수 있을까?

우리 학교 학생들은 교사들이 준비한 수업 중 듣고 싶은 수업을 자유롭게 선택해 시간표를 구성한다. 떨리는 마음으로 개설했던 첫 수업은 비누와 향초 등을 만드는 핸드메이드 교과였다. 자립의 고민을 거쳐 계획한 수업인 만큼 창업 이야기와 더불어 자본주의와 사회적 경제 개념까지 풀어내고 싶었지만 계획처럼 되진 않았다. 학생들은 실기 수업에 흥미를 보이며 집중했고 방학에도 만남을 이어 가며 특별한 관계를 만들었지만 깊이 있는 배움을 얻었다기보다 함께하는 시간과 만들기에서 즐거움을 느낀 것 같았다. 2학기에는 《3만엔 비즈니스 - 적게 일하고 더 행복하기》 책을 교과서 삼아 인문학 수업을 진행했다. '3만엔 비즈니스'란 소풍 가는 고양이를 운영할 때 알게 된 프로젝트로, 자본주의와 성과주의 사회에서 벗어나 자급을 위한 적정한 돈을 벌며 자신의 생활 주기에 중점을 두고 지역의 일원으로 살아가자는 지향을 가지고 있다. 수업을 설명하는 날, 대상은 고등 과정 학생들이었는데 나보다 3~4년은 먼저 학교에 온 학생들 앞에서 수업을 하는 것만으로도 바짝 긴장해, 준비했던 내용을 충분히 설명하지 못했다. 미흡한 수업 설명에도 불구하고 꽤 많은 학생들이 신청했다. 우리는 10주간 학교 안과 밖을 넘나들며 다양한 삶의 형태를 알아 가고자 했다. 학생들의 반짝이는 눈동자를 볼 때면 내 몫을 제대로 해내고 있는 것 같아 뿌듯했지만 날카로운 질문에 답변을 얼버무리게 될 때는 잘 준비하지 못했다는 자책감에 얼굴을 붉히기도 했다.

학기 말이 되고서 학생들에게 들어온 수업 평가 종이를 읽었다.

애쓰는 게 보여 안쓰러웠다는 평가와 고생 많았다는 위로의 평가에 고마우면서도 민망했다. 학생들에게 생각의 확장이 일어나는 시간이길 바랐는데 나의 부족이 전해진 것 같아 미안함이 몰려왔다.

학생들의 배움은 계획된 수업보다 오히려 내 삶을 진솔하게 나누는 순간에 일어나곤 했다. 한번은 '진로 프로젝트'라는 이름으로 특강을 진행하는 일이 있었다. 진로 프로젝트는 고등 과정의 학생들이 세상에 나가기 전 다양한 진로를 모색하고 탐색할 수 있도록 전문 분야 또는 자신의 삶을 개척해 나가고 있는 이들을 초청해 강의를 진행하는 형식의 프로그램이다. 학생들과 비슷한 학창시절을 보낸 졸업생부터 지역에서 살고 있는 활동가, 좋아하는 것을 업으로 삼고 있는 예술가, 많은 사람들이 택하게 되는 회사원 등 다양한 형태의 삶을 들여다보는 시간을 가진다. 나의 경우엔 무엇으로 어떻게 살지 몰라 막연했던 20대 초반부터, 먹고살 길을 찾았다 말할 수 있는 창업 프로젝트 소풍가는 고양이 이야기, 새롭게 내딛은 걸음으로 산골 속 대안학교까지 오게 된 20대 후반까지, 20대 전반에 걸친 나의 진로와 고민에 대해 나누었다. 어떻게 살아갈지 막연했던 내 삶에 괜찮다 말해 주었던 어른들처럼 나 역시 나와 비슷한 고민을 시작하고 있을 동생에게 이야기하고 싶었다. 힘들었던 과정과 고민의 흔적을 지우지 않고 진솔하게 풀어낸 것이 통했는지 생각했던 것보다 훨씬 반응이 좋았다. 지금껏 들었던 특강 중 가장 인상 깊었다 말하며 "이게 진짜 진로 프로젝트지!"라고 말해 주는 학생들을 통해, 나라는 존재가 학생들에게 도움이 되는 사람으로 자리하고 있음을 피부로 느낄 수 있었다. 삶의 경험은 살아 있는 교육이 될 수 있었던 것이다.

6년 차에는 소풍가는 고양이에서 배운 것을 오롯이 담아낼 수 있는 프로젝트를 꾸릴 수 있는 기회가 찾아왔다. 우리 학교는 매년 '움직이는 학교'라고 해서 전 학년 학생들이 학교 밖 배움의 시간을 가질 수 있게 하는 프로젝트를 진행한다. 그해의 프로젝트는 중등 과정 1학년 학생들과 직접 음식을 만들어 마을 어르신들과 나누는, '간디 식당' 프로젝트였다. 학교가 마을의 일부, 즉 마을 학교로서 주민들과 함께 산다는 것이 어떤 의미인지 몸소 알아가기 위해 기획되었다. 6~7명씩 모둠을 나누어 5일 동안 진행했고 한 끼에 최대 100인분까지 만들어야 했다. 다른 교사들은 할 수 없는, 나만이 이끌 수 있는 프로젝트였다. 이를 계기로 마을 어르신께서 직접 농사지은 수확물을 가져다 주시기도 하고 학생들이 발표하는 날 노인 회장님께서 편지를 읽어 주기도 하며 학교와 마을 사이에 관계가 형성되고 있음을 확인할 수 있었다. 학생들도 기획의 의미를 정확하게 이해하고 참여했기에 몸은 힘들었지만 우리 학교에 꼭 필요한, 의미 있는 배움이었다고 평가했다. 내가 살아온 시간이 이 학교에서 빛을 발하는구나. 나의 지난날이 소중한 경험이자 배움이었음을 스스로 인정하게 되는 의미 있는 시간이었다.

부끄러움을 딛고 배움길을 걷다

더 이상 신입 교사 수식어가 붙지 않는 3년 차 때 일이다. 여느 때와 다름없이 분주한 학기 말 일정을 소화하던 중 교장 선생님으로부터 호출이 들어왔다. 평소와 달리 숙연함이 감도는 교장실 분위기에 무슨 말을 하시려고 저리 조심스러울까 생각할 즈음 교장 선생님의 한마디가 생각을 멈추게 했다.

"은지 쌤, 공부를 해 보시면 어떨까요? 대학 공부를 해 보면 좋을 것 같아 제안 드려요"

조심스레 건네는 질문 속에 깊은 고심의 흔적이 느껴졌지만 찰나의 순간에 스친 수많은 생각이 머릿속을 뒤집은 탓에 상대의 감정까지 고려할 여유는 내게 없었다. 혹여나 마음이 상하진 않을까 염려하시며 나의 갖은 장점과 대학의 이점을 나열하셨지만 얼굴은 빠르게 달아오르고 심장은 쿵쾅대기 시작했다.

"대학 안 나온 교사 하나쯤은 학교에 있어야 하는 거 아닐까요? 학생들에게는 가지 않아도 된다고 말하잖아요."

부끄러움으로부터 나를 건지며 꺼낸 말이었다.

초임 시절 한 학생으로부터 들은 드디어 우리 학교에도 대학을 나오지 않은 쌤이 왔다는 기쁨에 찬 한마디는, '대학에 가지 못한' 내가 '대학에 가지 않은' 내가 될 수 있게 해 주었다. 내 삶이 학생들에게 배움이 될 수 있다는 것을 확인한 순간들은 더 이상 주어진 대로 사는 것이 아닌 선택하는 삶을 살 수 있게 해 주었다. 그렇게 대학으로부터 떨어져 나의 일상을 온전히 살아가고 있을 즈음 들은 교장 선생님의 제안은 갑작스러웠고 나를 혼란스럽게 만들었다. 모든 교사가 나온 대학을 혼자만 나오지 않아서 그런 것일까? 아니면 나의 부족이 보인 것일까? 어떤 이유에서 대학 공부를 제안하시는 건지 궁금했다.

평소 남다른 눈치로 학생들 사이에서 '쌤은 돗자리 깔아야 한다'는 말을 수시로 들을 정도로 학교 내 돌아가는 상황에 빠삭했다. 그러다 보니 학생들 내 관계 문제나 심적인 어려움을 겪는 학생을 빠르게 파악했다. 학교가 휘청한다는 구성원 간의 폭력 사건과 같은 굵직하고 어려운 일을 맡는 경우도 잦았다. 세심하게 접근해야 할 사안인 만큼 심적으로 많이 지치는 시간을 보냈는데 그런 내게 상담 심리 공부가 도움이 되길 바란다는 이유였다. 더불어 '대안교육법'이 제정될 경우 국가에서 교사들에게 학력 기준 충족을 요구할 수 있다는 현실적인 어려움도 함께 전해 주었다.

듣고 나니 어떤 맥락에서의 제안인지 고개를 끄덕이게 됐지만, 한편으로는 대학 학위가 아닌 삶으로 학생들을 만나겠다는 나의 의지와는 달리 결국 교사가 될 자격을 '대학'으로 증명해야 하는 상황을 다시 마주하는 것만 같아서 마음이 편하지 않았다. 성인이 된 지 10여 년이 지났지만 여전히 대학의 굴레로부터 벗어나지 못한 것이다. 학창 시절과 다른 점이 있다면 그땐 가고 싶어도 갈 수 없었던 내가 지금은 선택할 수 있는 상황이 되었다는 것이다. 더 이상 전공의 부재가 나의 부족과 원망으로 이어지게 하고 싶지 않았다. 철저하게 나의 선택이자 몫으로 남은 제안을 받아들이며 뒤늦게 따라가는 배움길을 걸어 보기로 마음먹었다.

그렇게 나는 사이버대학교 상담심리학부 새내기가 되었고 학교 일과 대학 생활을 병행했다. 업으로 삼고 있는 학교 일이 우선되다 보니 학생 신분으로 배우는 즐거움은 찾을 겨를 없이 신입생 시절을 흘려보내기 바빴다. 천근만근 몸을 이끌고 퇴근해 보통은 180분, 어떤 날은 360분짜리 수업을 듣고 있다 보면 나랑은 맞지 않는 곳이란 생각이 절로 들었다. 매 학기 장학금과 함께 격려 메시지를 전하는 교장 선생님의 응원에 꾸역꾸역 배움을 삼켰다.

어김없이 돌아온 수강 신청 기간, 수업 계획서를 훑어보다 처음으로 '이건 한번 듣고 싶다' 생각되는 수업이 눈에 들어왔다. 수업명은 '통합교육'으로, 교사 생활을 하며 내 안에 고민으로 남겨 두었던 물음에 도움이 될 수 있을지 궁금했다. 고민이란 흔히 경계성 지능 장애라 말하는 학생과 그 주변 관계에 대한 것이었다. 교사의 모름에서 비롯된 오류를 학생 개인의 특성으로 치부하거나 얼버무리듯 넘어가지는 않았나 돌아보며 든 생각이다. 부족함에서 비롯된 무지함과 학생에게 쌓여 있는 미안함을 조금이라도 덜기 위해 시간과 공을 들여 공부에 박차를 가하기 시작했다. 새롭게 알게 되는 정보는 꽤나 큰 도움이 되었고 유사 케이스를 생각하며 어떻게 적용하면 좋을지 고민했다. 쌓여 가는 지식에 재미가 붙으며 학기가 거듭될수록 학점이 올랐다. 학기 말이면 으레 교장실에 드나들며 어린아이처럼 성적표를 자랑하기도 했다. 졸업하던 해에는 성적 장학금 대상자에 오르며 대학 과정의 마침표를 찍었다. 돈만 날리는 건 아닌지 걱정하던 지난날의 내게 그건 아니었다고 말해 주는 것 같아 다행이었다. 그렇게 내게도 대학 졸업장이 생겼다.

"제가 상담 심리를 전공했어요"

 새 학기를 맞이하고 얼마 되지 않았을 무렵 한 학부모로부터 전화가 걸려 왔다.
 "선생님…… 바쁘신데 죄송하지만 이번 주말에 상담을 할 수 있을까요?"
 불안과 힘겨움이 수화기 너머 목소리에 서린 떨림으로 전달됐다.
 "당연하지요. 조심히 오시고 만나서 이야기 나누어요."
 전국 각지에서 모이는 기숙형 대안학교인 만큼 부모 역시 학교에 한번 올라치면 평균 2~3시간은 기본이다. 장시간 운전에 주말까지 반납하며 자녀를 위한 발걸음을 떼는 심정을 감히 헤아릴 수 없다. 상담실에 들어서자마자 바쁜 시간 빼앗아 죄송하다는 말과 함께 금방이라도 울 것 같은 얼굴을 마주하며 어떻게 해야 도움이 될지 머릿속이 복잡했다. 상담을 신청한 부모의 자녀는 심리적 불안과 정서적인 어려움을 동시에 겪고 있는 상황이었고 부모는 걱정과 동화됨 사이에서 어쩔 줄 몰라 했다. 방법을 모르겠다는 두 분의 이야기를 쭉 들은 후 내 입에서 튀어나온 한마디는 나조차도 흠칫거리게 만들었다.

"어머니, 제가 상담 심리를 전공했어요. 큰 도움이 될진 모르겠지만 잘 살피며 도울 테니 너무 염려 마세요."

부모의 마음을 조금이나마 안심시키기 위한 말이었다지만 묻지도 않은 전공을 어필하고 있는 내 모습이 낯설게 느껴졌다.

"정말요? 너무 잘됐네요. 감사해요 선생님. 정말 감사합니다."

나의 전공은 부모로부터 감사 인사를 받게 했고, 두 분의 근심 가득하던 표정에는 생기가 돌았다. 부모의 눈동자는 반짝거리며 빛났지만 내 안에서는 알 수 없는 찜찜함이 피어올라 마음 곳곳에 스며들었다.

최종 학력과 학번은 밝힐 기회조차 없던 나는 '전공이 뭐냐'는 물음에 학을 떼곤 했다. 그런 내가 이제는 묻지도 않은 전공을 스스로 살짝 흘린다. 세상으로부터 터득한 전공 앞세우기를 활용하며 보편의 세상에 한발 크게 들이고 있음을 깨닫는 지금, 앞으로 어떻게 살아갈 것인지 자문하게 된다. 학부모의 반짝이던 눈빛은 단순히 나의 전공에만 의지한 것이 아님을 알고 있다. 전문적으로 공부했음과 더불어 경험으로 쌓인 교사 생활에 대한 신뢰이기도 할 것이다. 그럼에도 불구하고 쉽사리 지워지지 않던 찜찜함은 무엇일까. 주말 밤낮 할 것 없이 학생, 학부모와 함께하며 관계와 신뢰를 쌓았다. 주말엔 집에 놀러 오는 학생들과 떡볶이를 해 먹고 하루가 멀다 하고 부모님들과 통화를 했다. 개인 시간이란 것 없이 학교에만 올인하는 모습을 보며 친구들은 연예인보다 얼굴 보기 힘들다며 아쉬움을 토로했고 주변 동료 교사들은 적당히 하란 말을 심심찮게 전했다. 대학의 부재를 메우기 위한 것만은 아니었지만 혹여나 부족할까 싶어 할 수 있는 최선을 다해 시간과 마음을 쏟았다. 그랬던 내가 이제는 전공 한 줄로 내 역량을 설명하고 인정받는다. 퍼져 있는 찜찜함을 깨끗하게 정리할 순 없겠지만 나름대로 설명해 본다면, 매 순간 최선을 다했음에도 불구하고 전공으로 전문성을 증명할 수 없었던 지난날의 나에게 느끼는 미안함 같은 것 아니었을까.

대학은 정말 선택일 뿐일까

신입 교사 티는 찾아볼 수 없을 무렵 고등 졸업반 담임을 맡았다. 중고등 통합 과정을 운영하는 우리 학교 교육과정 특성상 졸업반은 6년의 시간을 마무리하는 굵직한 교육과정을 이수한다. 1학기의 경우 본인의 관심사를 중심에 두고 모색과 탐색의 시간을 거쳐 14주 이상 기관이나 단체에서 인턴십 과정을 거치며 현장에서 배움을 얻는다. 2학기에는 인문학 캠프를 준비하며 한 주제를 깊이 있게 파고들며 발제 및 토론, 발표 등을 통해 공부하는 시간을 가진다. 공교육에서는 수능 준비로 한창 바쁠 시기에 상상도 못 할 교육과정이다.

여느 때와 다름없이 인문학 캠프 준비로 바쁜 일상을 보내던 가을 무렵 반 학생이 찾아왔다.

"수능을 볼까 고민 중이에요."

초등부터 대안교육을 시작해 초졸도 없어 완전 무학이라는 말을 자랑하듯 우스갯소리로 하던 학생이다. 흔히 대안교육 코스를 정석으로 밟아 냈다고 할 수 있는 그 학생의 한마디는 '그간 학교가 지향하던 교육이 제대로 이뤄지지 않았나?' 하는 말도 안 되는 고민으로까지 번졌다.

지금까지도 수능을 보겠다는 학생이 간혹 있었지만 학사 일정 운영이 학교 교육과정 중심이다 보니 매해 수능 날은 정규 학사 일정과 겹치기 일쑤였다. 학교는 입시를 위한 지원은 하지 않는다는 원칙에 따라 수능을 볼 학생은 알아서 보되 외출·외박 규칙을 위반하며 나가야 하는 상황이었다.

"왜 대학에 가려고 해?"

궁금한 답변이 있었다기보다 회유를 위한 질문의 시작이었다.

"그냥 실력이 궁금해서요."

음악을 좋아해 늘 기타를 끼고 살던 그 학생은 실용음악과에 지원하려면 최소 점수가 필요해 수능은 보기만 해 볼까 한다고 했다. 그간 대안교육과 학생의 서사를 엮으며 굳이 지금 수능을 보지 않아도 되지 않겠냐는 말을 얹었다. 그는 본인도 확고한 결심을 한 건 아니고 비슷한 고민과 생각을 하고 있다 말했다. 결국 학생은 당해에 수능을 보지 않았다. 성인이 된 지금도 연락을 하며 가깝게 지내고 있지만 한 사람 인생에 너무 깊이 관여해 꿈을 꺾은 것은 아닌지 미안함이 남아 있다. 나는 가고 싶어 했으면서 학생에게는 왜 가지 않아도 된다고 했을까?

대학 진학에 대한 온도 차이가 학생과 교사 사이에 가로놓여 있다. 물론 교사마다 인식의 편차도 있다. 학생은 '쌤들은 대학 가는 걸 싫어해'라고 생각하거나 학교 철학이 '대학을 가지 않아야 한다'라고 파악하고 있는 경우가 허다하다. 살펴보면 학생들의 생각이 완전히 틀린 것도 아니다. 나 역시 학생에게 '바로 대학에 가지 않아도 되는 거 아닌가?' 하는 마음을 언뜻 내비치며 수능을 보겠다는 학생을 회유하기도 했다. 가지 않아도 된다는 말이 가지 말라는 말로 느껴졌을 수 있겠다 싶다. 학교의 입장은 자신의 인생 설계에 필요하다 판단할 때 대학 진학을 진로로 선택하는 것은 개인의 자유지만 학교에 재학 중일 때 입시를 동시에 준비하려 한다면 우리의 교육과정 목표와 실행 과정을 온전히 충족하기는 불가능하므로 협조하지 않는다는 것이다. 학생들 입장에선 뭐든 다 해 보라고 말하는 학교가 대학만은 예외로 두는 상황을 납득하기 힘들 수도 있을 것 같다. 점점 대학을 필수로 생각하는 재학생과 졸업생이 늘고 있다. 필수가 아닌 선택이라 말해 보지만 정작 학생들로부터 듣는 '요즘은 애들 다 가더라고요', '잠깐 시간이라도 벌어 보게요' 하는 말에 답할 말을 찾지 못했다. 나는 무슨 말을 해야 할까.

부끄러운 고백이지만 우리 학생들에게는 대학을 가지 않아도 된다 말하는 내가 보육원에서 함께 자란 동생들에게는 될 수 있으면, 할 수만 있다면 무조건 대학에 가라고 말하고 있다. 대안학교 교사라는 사람이 상충되게 말한다고도 할 수 있겠지만 '살아온 삶이 그렇게 알려 주더라'라고밖에 답할 수 없을 것 같다. 한때 대안학교에 '귀족 학교'라는 프레임을 씌우는 언론 플레이를 보며 손볼 곳 넘쳐나는 학교 곳곳을 떠올렸다. 보통은 학비가 몇천만 원씩 하고 원어민 영어 수업을 하던데 내가 있는 곳은 사뭇 다른 모습이다. 그런 한편 아이의 행복을 바란다며 공교육을 떠나 물질적으로나 시간적으로 품을 들일 수밖에 없는 대안교육을 택하는 데에는 부모의 지원과 관심이 절대적으로 필요하다는 점도 무시할 수 없다. 이런 배경을 가진 학생들은 대학에 가지 않고도 본인이 지향하는 가치에 부합하는 꿈을 찾아 비슷한 사람들의 공동체에 자연스럽게 섞여 들어가 나름의 진로를 탐색하기도 한다. 하지만 보육원 동생들은 상황이 다르다. 가진 것도 없는데 가방끈마저 짧은 사람이라는 세상의 야박한 시선과 가난의 대물림을 막기 위한 수단으로서 대학 졸업장이 하나뿐인 동아줄처럼 느껴지는 것이다. 학생들에게는 "대학은 필수가 아니다"라고 하고 보육원 동생들에게는 갈 수 있으면 꼭 가라 말하는 게 모순된다는 점은 누구보다 내가 제일 잘 알고 있다. 그럼에도 불구하고 오늘도 나는 한 입으로 두말을 한다.

우린 언제쯤 대학의 굴레에서 편안해질 수 있을까? 대학에 가지 않고도 잘 살 수 있는 세상은 올 수 있을까? 진학만이 살길인 세상의 한계는 나날이 뚜렷해지고 있다. 세상에 나온 청년들이 자유로워지기보다는 소속된 곳이 없어 불안해하는 모습을 종종 보게 된다. 대학을 제외하면 소속감을 가지거나 배움을 얻을 수 있는 곳이 현저하게 적다 보니 대학을 첫 번째 선택지로 삼는 것은 어찌 보면 당연한지도 모르겠다. 대학 진학 여부와 출신 대학에 따라 바라보는 시선과 대우 역시 달라지는 것도 문제인데 이와 더불어 대학을 나오지 않고서는 할 수 있는 일 또한 현저히 제한적인 것이 지금의 현실이다. 이러한 시대를 살아가는 청년들에게 대학은 선택이 아닌 필수 요건이 될 수밖에 없고 이는 그들이 변하지 않는 문제와 구조에서 벗어나지 못하게 하고 있다. 그럼에도 불구하고 진학이 당연하지 않은, 비진학이 낙인이 되지 않는 세상이 속히 오길 바랄 뿐이다.

상상을 넘어 존재가 되기까지

어떻게 살아갈지를 걱정하던 내게 기꺼이 자신의 시간과 물질, 마음 냄으로 삶 곳곳을 메워 준 이들 덕에 받은 것 나누며 살겠다는 다짐으로 교사가 되었다. 덕분에 교육이 얼마나 중요한지 깨닫는 시간을 보내기도 했다. 흔히 사람들은 나의 지난날의 이야기를 들으면 '잘 컸다', '다행이다'라고 말하곤 한다. 힘들게 보낸 어린 시절을 딛고 교사가 되었다는 것에 주목해 흐뭇함을 감추지 못하는 모습을 보인다. 나와 같은 교사가 더 많이 나오기 위해선 이 이야기가 기특한 성장기로만 끝나서는 안 될 것이다. 주목해야 할 것은 배움의 기회는 왜 균등하지 못한지, 결핍은 어떻게 채워 갈 수 있는지이다. 언제까지고 가난과 결핍을 들먹이며 내 잘못이 아니라고 우는소리 하고 싶지는 않다. 가난이 개인의 몫으로 돌려짐에 더불어 교육의 기회를 박탈당하는 일들이 더 이상은 당연하지 않길 바라는 마음에서 비롯된 것임을 알아 주길 바란다.

전공 하나 없었지만 비빌 언덕이 되겠다는 다짐은 남들이 가지 않은 길을 걸을 수 있게 해 주었다. 부족하고 어려움 많았던 지난날을 통해 배운 것이 있다면 내가 보낸 시간과 경험은 무엇으로도 대체될 수 없다는 것이다. 빈한했지만 버텨 냈고 그 시간을 통해 초등학교 시절 막연하게 꿈꾸던 교사가 될 수 있었다. 교사라는 무겁고도 벅찬 이름 앞에서 내게 자격이 있는지, 스스로 자질을 묻게 되는 날들을 보내기도 했지만 내가 개설한 수업이라 무조건 듣고 싶었다거나 입학할 때부터 우리 반이 되고 싶었다는 학생의 이야기, 내 살아온 이야기를 담은 인터뷰가 입학 결정에 큰 이유가 되었다 말하는 학부모까지……. 내 삶의 경험과 존재가 인정받는 여러 날들을 통해 비었던 내면이 단단히 메워지고 있음을 느낀다.

전공 대신 경험을 인정해 준 학교를 통해 교사의 삶을 시작할 수 있었다. 대학 졸업장보다 삶의 이력을 보는 곳이 얼마나 있을진 모르겠지만 적어도 내가 다닌 학교의 경우는 그러했다. 함께 일했던 어른 동료에게 대안학교 교사로 가게 되었다는 소식을 전했을 때 누구보다 기뻐하던 모습이 생각난다. 자신의 돌봄으로 경로를 달리했으니 그럴 만도 하겠지만 어찌 보면 상상할 수 없던 일이 벌어져 그런 것이 아닐까 하는 생각도 든다. 누군가 내게 나와 같은 교사가 앞으로 더 나올 수 있을지 묻는다면 안타깝지만 '그렇다'라고 확답은 하지 못하겠다. 교사로서 내가 부족하거나 특출나게 여겨졌다는 의미가 아니라 변하지 않는 세상 속에서 기회가 생길 수 있을까 하는 걱정에서 비롯된 생각이다. 하지만 적어도 조금씩 더 많아져야 하는 것 아니겠냐는 말은 남기고 싶다. 삶의 다양한 형태와 그로부터의 배움을 몸소 거치고 기꺼이 나누겠단 이들이야말로 살아 있는 교육을 실행할 수 있는 자격을 갖췄다 말할 수 있지 않을까. 대학의 유무를 떠나 살아온 이력을 바탕으로 학생들과 나눌 수 있는 다양한 형태의 비빌 언덕이 학교에 존재하길 바란다. 나는 이제 교사 생활을 마무리 지었지만 끝이 아닌 새로운 시작이라 말하고 싶다. 나와 같은 청소년, 청년들을 생각하며 다시금 없는 길을 찾아 떠나는 것이다. 나의 걸음이 새로운 지도가 되길 바라며, 누군가에게 안전한 비빌 언덕이 될 나를 꿈꾼다.

교육공동체 벗

교육공동체 벗은 협동조합을 모델로 하는 작은 지식공동체입니다.
협동조합은 공통의 목적을 가진 사람들이 모여서 만든
권력과 자본으로부터 독립된 경제조직입니다.
교육공동체 벗의 모든 사업은 조합원들이 내는 출자금과 조합비로 운영됩니다.
수익을 목적으로 하지 않기에 이윤을 좇기보다
조합원들의 삶과 성장에 필요한 일들과
교육운동에 보탬이 될 수 있는 사업들을 먼저 생각합니다.
정론직필의 교육전문지, 시류에 휩쓸리지 않는 정직한 책들,
함께 배우고 나누며 성장하는 배움 공간 등
우리 교육 현실에 필요한 것들을 우리 힘으로 만들고 함께 나누고 있습니다.

조합원 참여 안내

출자금(1구좌 일반 : 2만 원, 터잡기 : 50만 원)을 낸 후 조합비(월 1만 5천 원 이상)를 약정해 주시면 됩니다. 조합원으로 참여하시면 교육공동체 벗에서 내는 격월간 교육전문지 《오늘의 교육》과 조합통신을 받아 보실 수 있습니다. 출자금은 종잣돈으로 가입할 때 한 번만 내시면 됩니다. 조합을 탈퇴하거나 조합 해산 시 정관에 따라 반환합니다. 터잡기 조합원은 벗의 터전을 함께 다지는 데 의미와 보람을 두며 권리와 의무에서 일반 조합원과 차이는 없습니다. 아래 홈페이지나 카페에서 조합 가입 신청서를 내려받아 작성하신 후 메일이나 팩스로 보내 주세요.

홈페이지 communebut.com
카페 cafe.daum.net/communebut
이메일 communebut@hanmail.net
전화 02-332-0712
팩스 0505-115-0712

교육공동체 벗을 만드는 사람들

※ 하파타순

후쿠시마 미노리, 황지영, 황정일, 황정원, 황이경, 황윤호성, 황영수, 황봉희, 황규선, 황고운, 홍지영, 홍정인, 홍승희, 홍순성, 홍성근, 홍성구, 홍서연, 현복실, 허창수, 허읍영, 허성실, 허성근, 허보영, 허광영, 함점순, 함영기, 한학범, 한채민, 한진, 한지혜, 한은옥, 한송희, 한성찬, 한석주, 한민호, 한민혁, 한만중, 한낱, 한길수, 한경희, 하주현, 하정호, 하정필, 하인호, 하승우, 하승수, 하순배, 탁동철, 최희성, 최현숙, 최현미, 최한나, 최진규, 최주연, 최정윤, 최정아, 최은희, 최은정, 최은숙, 최은경, 최윤미, 최유리, 최원혜, 최우성, 최영식, 최연희, 최연정, 최승순, 최승복, 최선자, 최선경, 최봉선, 최보람, 최병수, 최미영, 최류미, 최대현, 최광용, 최경미, 최경련, 채효정, 채종민, 채민정, 차종숙, 차용훈, 진현, 진주형, 진용용, 진영준, 진낭, 지정순, 지수연, 주예진, 주순영, 조희정, 조혜원, 조현민, 조향미, 조해수, 조준혁, 조진희, 조지연, 조정희, 조윤성, 조원희, 조원배, 조용진, 조영현, 조영옥, 조영실, 조영선, 조여은, 조여경, 조성희, 조성실, 조성배, 조성대, 조석현, 조석영, 조남규, 조경애, 조경아, 조경삼, 조경미, 제남모, 정희영, 정흥윤, 정현숙, 정혜레나, 정한경, 정춘수, 정진영a, 정진영b, 정진규, 정주리, 정종헌, 정종민, 정재학, 정이든, 정은희, 정은주, 정은균, 정유진, 정유숙, 정유섭, 정원탁, 정원석, 정용주, 정예현, 정예슬, 정애순, 정소정, 정보라, 정민석, 정미숙a, 정미숙b, 정명옥, 정명영, 정득년, 정대수, 정남주, 정광호, 정광필, 정광일, 정관모, 정정원, 전혜원, 전지훈, 전정희, 전유미, 전세란, 전보애, 전민기, 전미영, 전명훈, 전난희, 장주연, 장인하, 장은정, 장윤영, 장원영, 장시준, 장상옥, 장병훈, 장병학, 장병순, 장근영, 장군, 장경훈, 임혜정, 임향신, 임한철, 임하영, 임지영, 임중혁, 임종길, 임정은, 임천수, 임수진, 임성빈, 임선영, 임상진, 임동헌, 임덕연, 임경환, 이희옥, 이희연, 이효진, 이호진, 이혜정, 이혜영, 이혜린, 이현, 이혁규, 이향숙, 이한진, 이하영, 이태영, 이태영, 이지형, 이충근, 이진희, 이진혜, 이진주, 이진욱, 이지홍, 이지혜, 이지향, 이지영, 이지연, 이중석, 이주희, 이주영, 이종은, 이정희a, 이정희b, 이재익, 이재은, 이재영, 이재두, 이인사, 이은희a, 이은희b, 이은향, 이은진, 이은주, 이은영, 이은숙, 이은민, 이윤엽, 이윤승, 이윤선, 이윤미, 이윤경, 이유진a, 이유진b, 이월녀, 이원님, 이용환, 이용석, 이용기, 이영화, 이영주, 이영아, 이연진, 이연주, 이연숙, 이연수, 이승헌, 이승애, 이승아, 이슬기, 이수현, 이수정a, 이수정b, 이수연, 이수미, 이성희, 이성호, 이성채, 이성숙, 이성수, 이선표, 이선영a, 이선영b, 이선애a, 이선애b, 이선미, 이상훈, 이상화, 이상직, 이상원, 이상미, 이상대, 이병준, 이병곤, 이범희, 이민정, 이민아, 이민숙, 이미옥, 이미숙, 이미라, 이문영, 이명훈, 이명형, 이동철, 이다연, 이남숙, 이난영, 이나경, 이기자, 이기규, 이근철, 이근영, 이규빈, 이광연, 이계삼, 이경화, 이경은a, 이경은b, 이경화, 이경언, 이경림, 이건희, 윤희연, 윤홍은, 윤지형, 윤종원, 윤영훈, 윤영백, 윤수진, 윤상학, 윤병일, 윤규식, 유효성, 유재을, 유영길, 유병준, 위양자, 원지영, 원윤희, 원성제, 우창숙, 우지영, 우완, 우수경, 오중근, 오정오, 오재홍, 오은정, 오은경, 오유진, 오수진, 오세회, 오민식, 오명환, 오동석, 염정신, 여희영, 여태돈, 엄재홍, 엄재훈, 엄기호, 엄기숙, 양해준, 양지선, 양은주, 양은숙, 양영희, 양애성, 앙신아, 양서영, 양상진, 양근라, 안효천, 안찬원, 안지윤, 안준철, 안정선, 안옥수, 안영신, 안영빈, 안순억, 심은보, 심우향, 심승희, 심수환, 심동우, 심나은, 심정일, 신혜선, 신충일, 신창호, 신창복, 신중휘, 신중식, 신근식, 신유준, 신소희, 신성연, 신선옥, 신미정, 신미옥, 송효영, 송헤란, 송한별, 송정은, 송인애, 송용석, 송아미, 송승훈a, 송승훈b, 송수연, 송명숙, 송경화, 손현아, 손진근, 손정란, 손은경, 손성연, 손민정, 손미승, 소수영, 성현석, 성열관, 성보란, 설은주, 설원민, 선미라, 석옥자, 석미화, 석경은, 서지연, 서정오, 서인선, 서은지, 서예원, 서명숙, 서금숙, 서강선, 상형규, 변현숙, 변나은, 백희철, 백승범, 배희철, 배주영, 배정현, 배이상헌, 배영진, 배아영, 배성연, 배경내, 방득일, 방경내, 반영진, 박희진, 박희영, 박환조, 박혜숙, 박형진, 박현희, 박현숙, 박춘애, 박출호, 박철희, 박진환, 박진수, 박진교, 박지희, 박지홍, 박지원, 박중구, 박정희, 박정미, 박재선, 박은하, 박은아, 박은경, 박용빈, 박옥주, 박옥균, 박영실, 박연지, 박신자, 박수진, 박수경, 박소현, 박세일, 박성규, 박선영, 박복학, 박용학, 박미희, 박범신, 박도정, 박대영, 박노해, 박내현, 박나실, 박기용, 박고형준, 박경화, 박경거, 박건형, 박건진, 박건오, 민병석, 문호진, 문용석, 문영주, 문연심, 문수현, 문수영, 문수경, 문명숙, 문경희, 모은정, 맹수용, 마승희, 류창모, 류정희, 류재향, 류우종, 류명숙, 류대현, 류경원, 도정철, 도방주, 데와 타카유키, 노한나, 노영원, 노주성, 남효숙, 남효정, 남은정, 남원호, 남예린, 남미자, 남궁역, 나여준, 나규환, 김희옥, 김홍구, 김훈태, 김효미, 김홍구, 김홍겸, 김혜영, 김혜림, 김현진, 김현주a, 김현주b, 김현영, 김현실, 김현택, 김현웅, 김해경, 김필임, 김태훈, 김태원, 김찬영, 김찬, 김진희, 김진주, 김진숙, 김진, 김지훈, 김지혜, 김지원, 김지운, 김지연a, 김지연b, 김지광, 김중미, 김준연, 김주영, 김종현, 김종진, 김종완, 김종숙, 김종섭, 김종선, 김재광, 김재원, 김인숙, 김인순, 김인순, 김은재, 김은아, 김은식, 김은숙, 김은수, 김윤주, 김윤자, 김윤우, 김원예, 김원석, 김우영, 김용휘, 김용양, 김용만, 김요한, 김영희, 김영진, 김영주, 김영재, 김영삼, 김영미, 김영모, 김연정a, 김연정b, 김연일, 김연미, 김아현, 김순천, 김수현, 김수진a, 김수진b, 김수정, 김세호, 김수연, 김소희, 김세호, 김세원, 김세일, 김성탁, 김성숙, 김성복, 김성모, 김선희, 김선철, 김선우, 김선미, 김선구, 김석규, 김서화, 김서영, 김상회, 김상정, 김보석, 김보경, 김병희, 김병훈, 김병기, 김범주, 김민희, 김민섭, 김민선, 김민준, 김민철, 김미향, 김미진, 김미선, 김문옥, 김무영, 김묘선, 김명희, 김명섭, 김동현, 김동일, 김동원, 김도석, 김다희, 김다영, 김남철, 김나혜, 김기훈, 김기언, 김규태, 김규빛, 김광백, 김광민, 김고종호, 김가연, 김수영, 기세라, 금현진, 금현숙, 금명준, 권혜영, 권혁천, 권태윤, 권자영, 권유나, 권용수, 권미지, 국찬석, 구자숙, 구원회, 구완희, 구수연, 구본희, 구미옥, 광흠, 곽혜영, 곽현주, 곽진경, 곽노현, 곽노근, 공현, 공진하, 공영아, 고춘식, 고진소, 고은경, 고윤정, 고영주, 고영실, 고병천, 고병연, 고민경, 고미아, 강화정, 강혜인, 강현주, 강현정, 강한아, 강태식, 강준희, 강인성, 강이진, 강은영, 강윤진, 강유미, 강영일, 강영구, 강순원, 강수돌, 강성규, 강석도, 강서형, 강경모

※ 2024년 12월 10일 기준 750명

※ 이 책의 본문은 재생 용지를 사용해서 만들었습니다.